DUDONG
DANGNEI FAGUI

读懂党内法规

秦 强◎著

中国人民大学出版社
·北京·

前　言

法治体系二元框架下的党内法规

法治是人类文明进步的重要标志，是治国理政的基本方式。法治兴则国兴，法治强则国强。[①] 从地位、作用上看，全面依法治国是坚持和发展中国特色社会主义的本质要求与重要保障，是实现国家治理体系和治理能力现代化的必然要求，事关我们党执政兴国，事关人民幸福安康，事关党和国家长治久安。从全面依法治国与新时代中国特色社会主义建设的关系来看，中国特色社会主义法治是中国特色社会主义的重要组成部分，是中国特色社会主义事业发展前进的基本保障。从发展过程上看，中国特色社会主义法治建设经过了一个长久的历史过程，每一个发展阶段都体现着党和国家领导人治国理政的基本理念，凝聚和反映着不同历史时期的时代精神和社会发展要求。中国特色社会主义法治是中华人民共和国成立七十多年来中国共产党艰辛探索依法执政基本规律的智慧凝结，是改革开放四十多年来以来中国共产党领导人民进行中国特色社会主义建设的重大成就和经验结晶。

从历史进程来看，中国特色社会主义法治建设与中国社会主义现代化建设基本上是同步伐、共命运。早在 1978 年 12 月 13 日，邓小平同志就明确提出："为了保障人民民主，必须加强法制。必须使民主制度化、法律化，使这种制度和法律不因领导人的改变而改变，不因领导人的看法和注意力的改变而改变。"[②]

---

① 中共中央印发法治中国建设规划（2020—2025 年）. 人民日报，2021-01-11.

② 邓小平文选：第 2 卷. 北京：人民出版社，1994：146.

这就为以后的中国特色社会主义法治建设确定了基调，奠定了基础。党的十一届三中全会后，党中央进一步提出了“健全社会主义民主，加强社会主义法制”的目标，确定了“有法可依，有法必依，执法必严，违法必究”的社会主义法制建设方针，为中国特色社会主义法治建设确立了制度依据，奠定了理论基础。1997 年 9 月，江泽民同志在党的十五大报告中第一次明确指出：“依法治国，是党领导人民治理国家的基本方略。”把依法治国作为治国方略，标志着中国共产党在执政方式和治国理念上取得了重大进展和历史性突破。1999 年 3 月 15 日，九届全国人大二次会议通过了宪法修正案，把“中华人民共和国实行依法治国，建设社会主义法治国家”写进了宪法，标志着中国特色社会主义法治正式成为中国特色社会主义建设事业的有机组成部分和重要奋斗目标，同时也标志着中国特色社会主义法治建设进入了新的历史时期。2002 年 11 月 14 日，党的十六大修改《中国共产党章程》，增写了“实行依法治国，建设社会主义法治国家”的内容。党的十六大以后，以胡锦涛同志为总书记的党中央，高度重视中国特色社会主义法律体系建设，认真践行社会主义法治理念，全面推进依法治国基本方略的实施，坚持党的领导、人民当家作主和依法治国的有机统一，有力推动了中国特色社会主义法治建设的继续前进。2011 年 10 月 27 日《中国特色社会主义法律体系》白皮书的公布，宣告了中国特色社会主义法律体系的正式形成，标志着中国特色社会主义法治建设取得突破性进展。党的十八大以后，以习近平同志为核心的党中央高度重视法治建设，厉行法治，将全面依法治国纳入“四个全面”战略布局，推动法治建设取得历史性进展。2014 年 10 月 20 日至 23 日，党的十八届四中全会首次以中央全会的形式专题研究部署“全面推进依法治国”这一基本治国方略，其通过的《中共中央关于全面推进依法治国若干重大问题的决定》明确提出，坚持走中国特色社会主义法治道路，建设中国特色社会主义法治体系。这标志中国特色社会主义法治建设开始迈入新的发展实施阶段。

从改革开放时期的社会主义法制建设开始，到中国特色社会主义法律体系的基本形成，再到当前的中国特色社会主义法治体系建设，中国特色社会主义法治建设已经走过了四十多年的历史进程。在这四十多年中，中国的现代化建设取得了巨大成就，中国共产党在执政方式和治国理念上也积累了宝贵的经验，取得了重大进展，最终明确了“依法执政，既要求党依据宪法法律治国理政，也要求党依据党内法规管党治党”的执政方式和治理理念。

党的十八大以来，以习近平同志为核心的党中央以前所未有的力度全面推进依法治国，坚持依法治国和制度治党、依规治党有机统一、统筹推进，抓住科学立法、严格执法、公正司法、全民守法关键环节，加快推进中国特色社会主义法治体系建设，法律规范体系、法治实施体系、法治监督体系、法治保障体系和党内法规体系建设相互促进、共同发展，社会主义法治国家建设取得了历史性成就。

2014 年 10 月 20 日至 23 日党的十八届四中全会通过的《中共中央关于全面推进依法治国若干重大问题的决定》（以下简称《全面依法治国决定》），在新中国法治发展建设史上具有里程碑意义。其重大意义主要体现在：

一是确定了新时代中国特色社会主义法治建设的顶层设计。《全面依法治国决定》明确了全面推进依法治国的总目标、重大任务，作出了一系列关于全面推进依法治国的新论断、新部署，深刻回答了在当今中国建设什么样的法治国家、怎样建设社会主义法治国家等一系列重大理论和实践问题，为坚持走中国特色社会主义法治道路提供了根本遵循，指明了前进方向。《全面依法治国决定》是中国共产党在新的历史条件下对社会主义法治建设历史经验的深刻总结，是着眼未来全面推进依法治国的重大部署，是指导中国特色社会主义法治建设的纲领性文件。

二是明确了中国特色社会主义法治体系的丰富内涵。党的十八届四中全会提出，全面推进依法治国，总目标是建设中国特色社会主义法治体系，建设社会主义法治国家。《全面依法治国决定》提出的“形成完备的法律规范体系、高效的法治实施体系、严密的法治监督体系、有力的法治保障体系，形成完善的党内法规体系”，不仅构成了全面依法治国的总目标，同时还确定了中国特色社会主义法治体系的丰富内涵和二元框架。这是中国法治发展史上第一次将党内法规体系与国家法律体系并列，一起作为管党治党、治国执政的基本方式；也为进一步将党内法规纳入中国特色社会主义法治体系之中，将形成“完善的党内法规体系”确立为全面依法治国的总目标和中国特色社会主义法治体系建设的重要内容，具有重要的引领性作用、开创性意义。

三是拓展了新时代“法”的范畴的内涵和外延。《全面依法治国决定》突破了传统意义上“法”的范畴，将党内法规纳入依法治国之“法”的视野中。从此以后，党内法规也属于广义的法的范畴。新时代法治建设中的“法”，不仅包括传统意义上的国家法律，而且包括党内法规。因此，随着“法”的范畴的内涵和外延发生了改变，依法治国、依法执政的概念自然也发生了改变：既要求中国共产党依据宪法法律治国理政，也要求中国共产党依据党内法规管党治党。在两者的关系上，党内法规与宪法法律都是党和人民意志的反映，都是国家治理体系的重要组成部分，都是中国特色社会主义法治建设的重要内容，但两者的制定主体和制定程序、调整对象、适用和约束范围、实施手段都有不同：宪法法律是所有公民的行为底线，党内法规是各级党组织和全体党员的纪律规矩。中国共产党是中华民族的先锋队，由中国人民中的先进分子构成，其先锋队性质和先进性纯洁性要求决定了党内法规要严于宪法法律。

四是提出了加强党内法规制度建设的决策部署。《全面依法治国决定》指出：党内法规既是管党治党的重要依据，也是建设社会主义法治国家的有力保障。完善党内法规制定体制机制，加大党内法规备案审查和解释力度，形成配套完备的党内法规制度体系。注重党内法规同国家法律的衔接和协调，提高党内法规执行力，运用党内法规把党要管党、从严治党落到实处，促进党员、干部带头遵守国家法律法规。

从内容上看，中国特色社会主义法治体系主要包括五个部分：完备的法律规范体系、高效的法治实施体系、严密的法治监督体系、有力的法治保障体系、完善的党内法规体系。其中，前四个属于国家法律制度范畴，后一个属于党内法规制度范畴。这就确立了中国特色社会主义法治体系的二元框架和复合结构。依法治国是实现国家治理体系和治理能力现代化的必然要求，依法执政是依法治国的核心和关键。国家治理主要依靠国家法律规范体系，而要实现依法执政，不仅要依靠国家法律规范体系，同时还要依靠党内法规制度体系，坚持依法治国和依规治党有机统一，实现国家法律与党内法规的良性互动。因此，在中国特色社会主义进入新时代以后，从全面依法治国战略布局的政治高度看待当前的党内法规制度建设，不仅有利于依法治国、依法执政的实施开展，同时还有利于中国特色社会主义法治建设的推动推进。

从性质上看，党内法规是党的中央组织、中央纪律检查委员会，以及党中央工作机关和省、自治区、直辖市党委制定的，体现党的统一意志、规范党的领导和党的建设活动、依靠党的纪律保证实施的专门规章制度。作为一种特殊的行为规范，党内法规与国家法律既有联系也有区别，这种区别主要体现在适用对象上的不同：国家法律是对全体公民的要求，党内法规制度是对全体党员的要求，而且党内法规制度比国家法律体系要求更严格。① 中国共产党是中国工人阶级的先锋队，是中国人民和中华民族的先锋队，是中国特色社会主义事业的领导核心，代表中国先进生产力的发展要求，代表中国先进文化的前进方向，代表中国最广大人民的根本利益，中国共产党党员是中国工人阶级的有共产主义觉悟的先锋战士，由中国公民中的政治先进分子构成，所以对共产党员的要求要比对普通公民的要求更高一些、更严一些。因此，全面推进依法治国，一方面要依靠国家的法律法规来治国理政，另一方面要依靠党内法规来管党治党。全面依法治国是党内法规制度建设和国家法律法规制度建设统筹推进、一体建设的双轨模式，最终要形成国家法律法规制度和党内法规制度相辅相成、相互促进、相互保障的二元格局，实现依法治国与制度治党、依规治党统筹推进、一体建设的目标，即“一手抓依法治国，一手抓依规治党”，两者并行不悖，并紧密结合。

① 王振民，施新洲，等. 中国共产党党内法规研究. 北京：人民出版社，2016：9.

作为中国特色社会主义法治建设的重要组成部分，党内法规制度建设关乎管党治党、治国理政的成败与否。加强党内法规制度建设是依法治国、依规治党的必然要求。党的十八届四中全会将“形成完善的党内法规体系”纳入中国特色社会主义法治体系之中，党内法规制度建设成为法治建设的重要组成部分。因此，制度治党、依规治党本身就是法治建设的重要表现；同时，加强党内法规制度建设是提升党员干部决策水平和工作能力的根本要求，有助于提升党员干部法治思维和依法办事的能力。党员干部是全面推进依法治国的重要组织者、推动者和实践者，要自觉提高运用法治思维和法治方式来深化改革、推动发展、化解矛盾、维护稳定的能力，尤其是高级干部，要以身作则、以上率下。为此，需要把法治建设成效纳入各级领导班子和领导干部政绩考核的指标体系，作为衡量其工作能力的重要指标；要把“能不能遵守法律法规、能不能依法办事”作为考察干部的重要内容。在相同的条件下，优先提拔使用法治素养好、依法办事能力强的干部。

为了更好地强化依靠党内法规管党治党的理念，进一步夯实依规治党的制度基石，2013 年 11 月，党中央颁发《中央党内法规制定工作五年规划纲要（2013—2017 年）》，对其后 5 年中央党内法规制定工作进行统筹规划，提出了指导思想、工作目标、基本要求、主要任务和落实要求，是做好党内法规制定工作的重要指导性文件，有力地推动了党内法规制度体系建设。2015 年 8 月，中共中央批准建立中央党内法规工作联席会议制度，进一步完善党内法规制定体制机制，统筹推进中央党内法规制度建设各项工作，极大地加快了党内法规制度建设的体系化进程，推动了党内法规工作的蓬勃发展。2018 年 2 月 23 日，党中央公布了《中央党内法规制定工作第二个五年规划（2018—2022 年）》。第二个五年规划深入贯彻落实习近平新时代中国特色社会主义思想和党的十九大精神，着眼于到建党 100 周年时形成比较完善的党内法规制度体系，对其后 5 年党内法规制度建设进行了顶层设计，提出了指导思想、目标要求、重点项目和落实要求，是推进新时代党内法规制度建设的重要指导性文件。该规划提出，要适应新时代坚持和加强党的全面领导、以党的政治建设为统领全面推进党的各项建设的需要，到建党100周年时形成以党章为根本、以准则条例为主干，覆盖党的领导和党的建设各方面的党内法规制度体系，并随着实践发展不断丰富完善。该规划的印发开辟了党内法规制度建设的新纪元，开创了全面从严治党的新局面。

总的来看，新时代党内法规制度建设成果集中体现在以下几个方面。

(1) 党内法规统筹机制不断完善。党内法规制度建设是一个系统工程，必须有计划、有步骤地推进，确保党内法规制度体系的系统性、统一性、协调性。为了确保党内法规制度建设的统筹性，强化顶层设计，突出规划指导，党中央分别于2013年11月、2018年2月颁布了《中央党内法规制定工作五年规划纲要（2013—2017年）》和《中央党内法规制定工作第二个五年规划（2018—2022年）》，对未来一段时期的党内法规制度建设进行部署安排，从而极大地加快了党内法规制度建设步伐，有力地推动了党内法规制度体系建设进程。

(2) 党内法规制度体系逐步完善。在党内法规发展过程中，党内法规制度体系逐步趋向科学化、制度化、规范化，逐渐形成了以党章为根本、若干配套党内法规为支撑的党内法规制度体系，党内工作和党内生活等党内主要方面基本实现了有规可依、有章可循。下一步要继续增强依法执政本领，加快形成覆盖党的领导和党的建设各方面的党内法规制度体系，全面建成内容科学、程序严密、配套完备、运行有效的党内法规制度体系。

(3) 党内法规执行力度不断加大。法律的生命在于实施。2014年8月27日，习近平同志在听取兰考县和河南省党的群众路线教育实践活动情况汇报时讲话指出，再好的制度如果不抓落实，只是写在纸上、贴在墙上、锁在抽屉里，制度就会成为稻草人、纸老虎。[①] 所以要增强制度执行力，制度执行到人到事，做到用制度管权管事管

---

① 中共中央纪律检查委员会，中共中央文献研究室. 习近平关于严明党的纪律和规矩论述摘编. 北京：中国方正出版社，中央文献出版社，2016：92.

人，做到制度面前人人平等、执行制度没有例外，坚决维护制度的严肃性和权威性，坚决纠正有令不行、有禁不止的行为，使制度成为硬约束而不是橡皮筋。2014 年 10 月 8 日，习近平同志在党的群众路线教育实践活动总结大会上再次强调：制度不在多，而在于精，在于务实管用，突出针对性和指导性。如果空洞乏力，起不到应有的作用，再多的制度也会流于形式。牛栏关猫是不行的！要搞好配套衔接，做到彼此呼应，增强整体功能。要增强制度执行力，制度执行到人到事，做到用制度管权管事管人。制定制度要广泛听取党员、干部意见，从而增加对制度的认同。要坚持制度面前人人平等、执行制度没有例外，不留“暗门”、不开“天窗”，坚决维护制度的严肃性和权威性，坚决纠正有令不行、有禁不止的行为，使制度成为硬约束而不是橡皮筋。① 在党内法规执行力建设上，党中央通过严格落实、严厉督促、严肃问责等一系列手段措施，建立一整套行之有效的党内法规执行机制，确保党内法规的贯彻执行、落地生根，党内法规执行力建设取得了令人瞩目的成效。

（4）党内法规工作机制不断健全。2011 年 7 月，中央层面成立了专门的党内法规工作机构——中共中央办公厅法规局，各地各部门也在不断推动建立党内法规工作机构。为了完善党内法规制定工作体制机制，统筹推进中央党内法规制度体系建设，2015 年 8 月，党中央还专门建立了中央党内法规工作联席会议制度，由中共中央办公厅法规局、中央纪律检查委员会、中央组织部、中央宣传部等 14 个部门参加，对推动党内法规制度建设起到了较好的统筹和协调作用。

党的十九大提出，中国特色社会主义进入了新时代。进入新时代后，党内法规制度建设也面临着新要求新任务新目标。新时代党内法规制度建设是一项系统工程，要牢牢把握正确政治方向，坚持目标导向和问题导向，坚持整体推进和重点突破结合，坚持制定和实施并重，扎实推进党内法规制度建设各项工作。新时代党内法规制度建设应该着重解决以下几个突出问题：首先，制度是前提。党内法规制度

① 习近平. 在党的群众路线教育实践活动总结大会上的讲话. 人民日报，2014－10－09.

建设的前提是有规可依、有章可循，这就要求要加大党内法规制定力度，尽快完善党内法规制度体系。现在，虽然党内法规的数量相对已经不少，但是从全面从严治党法规体系来说，这些党内法规的数量还远远不够，距离形成完善的党内法规体系还有较大差距。因此，需要继续加强党内法规制度建设，大力推进党内法规体系化进程。其次，执行是关键。党内法规制度制定出来之后，必须确保行之有效。“一分部署，九分执行”，制度规范再多，如果不具有应有的制度约束力、执行力，就是毫无意义的空气震动，因此需要进一步加大党内法规执行力建设。再次，人才是基础。党内法规相对于国家法律体系来说，毕竟还是一个新鲜事物。相对于对国家法律的研究，从事党内法规理论研究和实务工作的人员还相对较少，因此，要大力加强党内法规研究队伍建设，加强党内法规学科建设，加大党内法规研究力度，为党内法规制度建设提供源源不断的人才保障。最后，组织是保证。有了党的坚强领导，党内法规建设才能取得更大的进展，因此，深入推进新时代党内法规制度建设，必须坚持和加强党对党内法规制度建设工作的全面领导。

治国必先治党，治党务必从严，从严必依法度。党内法规正是我们管党治党、治国执政的基本遵循，正如习近平同志所说：从严治党，最根本的就是要使全党各级组织和全体党员、干部都按照党内政治生活准则和党的各项规定办事。[①] 因此，党的依法执政，既包括党依据国家法律法规治国理政，也包括党依据党内法规管党治党。在管党治党实践中，党中央以零容忍的高压态势严惩腐败，坚持制度反腐、彻底反腐、科学反腐，将易于任性恣意的权力关进制度的牢笼里，使党内法规制度建设成为治国执政的主题，在全面从严治党中发挥着根本性的支撑保障作用。在全面依法治国条件下，管党治党要靠党规党纪，坚持纪严于法、纪在法前，实现纪法分开，用严明的纪律管住全体党员。

① 中共中央纪律检查委员会，中共中央文献研究室. 习近平关于党风廉政建设和反腐败斗争论述摘编. 北京：中国方正出版社，中国文献出版社，2015：46.

党的十八大以来，中国共产党出台了很多党内法规制度，始终坚持全面从严治党与依规治党相结合，始终把党内法规作为全面从严治党的制度支撑、重要保障和根本遵循。随着《中国共产党章程》《关于新形势下党内政治生活的若干准则》《中国共产党廉洁自律准则》《关于改进工作作风、密切联系群众的八项规定》《中国共产党纪律处分条例》《中国共产党问责条例》《中国共产党党内监督条例》《中国共产党巡视条例》《中国共产党纪律检查机关监督执纪工作规则》等一系列重要党内法规的修订出台，意味着全面从严治党中的基础性、骨干性、支柱性党内法规已经基本齐全，标志着全面从严治党制度体系框架基本形成，为形成完善的党内法规体系打下了坚实的基础。① 全面从严治党与依规治党相结合，体现了治标和治本的统筹兼顾。如果说“打虎”“拍蝇”等反腐行动是治标的话，形成“不敢腐、不能腐、不想腐一体推进”的体制机制则是治本。新时代党内法规制度建设同时还体现了自律和他律的双管齐下：自律是内心的自觉，中国共产党是先锋队，党员是先进分子，要自觉地、模范地遵守国家法律、政治纪律和政治规矩、党内法规；他律是外在的约束，是指对违反党纪党规者进行的监督、处理和惩戒。全面从严治党与依规治党相结合，体现了德治和法治的有机统一、治标和治本的统筹兼顾、自律和他律的双管齐下，表明中国共产党对新形势下党的建设规律、治国理政规律有了新探索、新认识、新创见。伴随着党内法规制度体系的不断发展和完善，党内法规在全面从严治党中的地位和作用会越来越突出、明显。

① 宋功德. 党规之治. 北京：法律出版社，2015：309.

目 录

第一章　党内法规界定

党内法规作为一种特殊的制度形态和规范形态，有其自身特有的概念定义、特征分类和作用功能。在党内法规研究中，需要深入了解党内法规概念的历史演变，准确揭示党内法规的内涵外延，在此基础上深刻把握党内法规的实质特征和形式特征，充分发挥党内法规的社会作用和规范作用。

第一节　党内法规的概念

一、党内法规是党的最重要、最根本、最核心的制度形态

制度是一个国家稳定发展的基本保障，是一个社会正常运转的基本要素，是一个政党执政兴国的基本条件。对一个政党来说，制度建设是一个具有根本性、全局性、稳定性和长期性的问题，是衡量一个政党的治理能力、管理水平、组织力量、事业发展的关键要素和重要指标。中国共产党是一个大党，不仅党员人数众多庞大，而且使命任务艰巨重大。截至2021年6月5日，中国共产党党员总数为9 514.8万名，中国共产党现有基层组织486.4万个。[①] 建设好、管理好这样一个近亿名党员的大党，仅靠口号标语、文件会议、个人威望、领袖

① 中共中央组织部.中国共产党党内统计公报.人民日报，2021-07-01.

魅力是远远不够的，依靠人治型治理、运动式管理、短期性方式也是远远不行的，必须要形成稳定有序的长效机制，以制度来引导、激励、规范、惩戒各级党组织和广大党员的行为，以制度规范的权威有效确保党的初心使命的实现和确保党的奋斗目标的完成。基于制度建设在管党治党、执政兴国中的重要地位和突出作用，中国共产党高度重视党的制度建设，把党的制度建设作为坚持和完善党的执政能力的重要内容来加以看待，作为衡量和改进国家治理体系和治理能力现代化的重要因素来加以看待，把党的制度建设摆到更加突出的位置来加以看待，推动党的制度建设稳步推进，取得了长足进展。

作为中国的执政党，中国共产党是中国特色社会主义事业的领导核心，是做好党和国家各项工作的根本保证。党的领导是中国特色社会主义最本质的特征，是中国特色社会主义制度的最大优势，党是最高政治领导力量。坚持和巩固党的领导、完善和改进党的建设，必须坚持“党政军民学、东西南北中，党是领导一切的”，坚决维护党中央权威和集中统一领导，健全“总揽全局、协调各方”的党的领导制度体系，把党的领导落实到国家治理各领域各方面各环节。因此，不论是坚持和巩固党的领导，还是改进和完善党的建设，还是深入推进全面从严治党，都需要依靠制度这个主要抓手和长效机制来进行，而这种依靠制度管党治党的治理方略和管理方式其实就是制度治党的核心理念和根本要求。制度治党是现代社会管党治党的重要途径和基本方式，也是一个国家、一个社会完善治理制度体系、提升治理能力水平、实现治理现代化的首要前提和显著标志。现代政治一般是政党政治，当今世界各国通常也都是通过政党来领导国家政权、颁布实施执政纲领。因此，执政党的制度化水平往往决定了这个国家的制度化水平，执政党的治理能力和治理水平往往体现着这个国家的治理能力和治理水平。基于制度建设的重要性，中国共产党自诞生伊始，就特别注重制度建设，努力通过制度建设来团结带领全国人民，不断坚持和完善党的各项制度，以制度建设成果不断提高党的治理能力，进而推动国家治理体系和治理能力现代化。

党的制度是指调节党内关系、指导党内生活、实现党的意志、规范党员行为，从而保证党的事业顺利发展的党内规范性文件、党内规矩、党内惯例和党内法规等的总和。党的制度具有很多的表现形式，党内规范性文件、党内规矩、党内惯例和党内法规都是常见的党的制度形态，在这些诸多的制度形态中，党内法规是效力最高、刚性最强的制度形态，是党的制度形式的最高形态和集中体现。在地位作用上，党内法规是党的最重要、最根本、最核心的制度形态，在党的制度建设中占据着绝对主导地位，发挥着绝对核心作用。因此，加强党的制度建设，必须首先要加强党内法规制度建设；推进制度治党，必须首先要依靠党内法规管党治党。

二、党内法规的定义及其发展历程

在学理上，根据不同的标准可以对党内法规给出不同的定义。但在实践中，党中央对党内法规却有着明确的界定。党中央对党内法规的正式规范界定最早始于 1990 年 7 月 31 日印发的《中国共产党党内法规制定程序暂行条例》第 2 条，该条对党内法规给出了一个较为明确的界定："党内法规是党的中央组织、中央各部门、中央军委总政治部和各省、自治区、直辖市党委制定的用以规范党组织的工作、活动和党员的行为的党内各类规章制度的总称。"该定义在相当长的时间内成为党内法规的标准界定。该界定将党内法规的制定主体限定为党的中央组织、中央各部门、中央军委总政治部和各省、自治区、直辖市党委，将党内法规的调整对象明确为党组织的工作、活动和党员的行为，将党内法规的性质确定为党内各类规章制度的总称。这是党中央第一次对党内法规的内涵和外延给出明确的界定，对于厘清和规范党内法规的定义具有积极的促进作用。

随着制度治党的深入推进，党内法规日益成为党的制度建设的重要主题，党内法规在管党治党、治国执政中的作用越发凸显。2012 年 5 月 26 日和 2012 年 6 月 4 日，经中共中央批准，中共中央办公厅发布《中国共产党党内法规制定条例》《中国共产党党内法规和规范性文件备案规定》。2012 年 7 月 1 日，《中国共产党党内法规和规范性文件备案规定》开始施行；2012 年 5 月 26 日，《中国共产党党内法规制定条例》开始正式施行。这两部党内法规的制定发布和实施，对于推进党的建设制度化、规范化、程序化，提高党科学执政、民主执政、依法执政水平，具有十分重要的意义。在公布这两个党内法规的同时，党中央对党内法规的作用意义、任务目标、贯彻落实也提出了明确要求，强调党内法规是党的各级组织和全体党员开展工作、从事活动的基本遵循，必须要从全局和战略的高度充分认识做好党内法规工作的重要意义，切实把党内法规工作摆在更加突出的位置抓紧抓好；强调要加强统筹规划，提高制定质量，加快构建内容协调、程序严密、配套完备、有效管用的党内法规制度体系；强调要强化宣传教育，加大执行力度，切实维护党内法规的权威性和严肃性，努力在全党形成重视、学习、遵守党内法规的浓厚氛围；强调要加强组织领导，健全工作机构，充实工作力量，为做好党内法规工作提供坚实保证。由此可见，2012 年发布的《中国共产党党内法规制定条例》《中国共产党党内法规和规范性文件备案规定》两部党内法规，不仅为党内法规的性质定位进行了明确规定，而且为党内法规的制定实施提出了明确要求，成为新时代党内法规制度建设的先声，标志着党内法规制度建设进入了新的历史发展时期。

2012 年《中国共产党党内法规制定条例》第 2 条第 1 款规定："党内法规是党的中央组织以及中央纪律检查委员会、中央各部门和省、自治区、直辖市党委制定的规范党组织的工作、活动和党员行为的党内规章制度的总称。"与 1990 年《中国共产党党内法规制定程序暂行条例》相比，2012 年《中国共产党党内法规制定条例》对党内法规制定主体的规定有两点不同：第一，明确将中央纪律检查委员会作为党内法规的重要制定主体。中央纪委检查委员会，通常简称为中共中央纪委、中央纪委或中纪委，为中国共产党中央委员会的检查监督机关，主要职责是：维护党的章程和其他党内法规，协助党的委员会加强党风建设，检查党的路线方针政策和决议的执行情况；对党员进行遵守纪律的教育，作出关于维护党纪的决定；检查和处理党的组织和党员违反党章和其他党内法规的比较重要或复杂的案件，决定或取消对这些案件中党员的处分；受理党员的控告和申诉等。因此，明确将中央纪律检查委员会作为党内法规的重要制定主体，有利于推动党内法规制度建设、加快党内法规体系的发展完善。第二，基于军事领域立法立规的特殊性，在正文中取消了中央军委总政治部的党内法规制定权限，将军事领域党内法规制定问题规定在《中国共产党党内法规制定条例》附则部分的第 34 条中："中央军事委员会及其总政治部依照本条例的基本精神制定军队党内法规。"因此，军事领域的党内法规建设问题，这里将不再涉及。

党的十九大后，随着全面依法治国战略布局的深入推进，依法治国、依规治党理念更加深入人心，对党内法规的概念范畴、地位作用也有了更加深刻的理解认识。2019 年 8 月 30 日，中共中央政治局会议修订《中国共产党党内法规制定条例》，并于 2019 年 9 月发布。2019 年新修订的《中国共产党党内法规制定条例》第 3 条规定："党内法规是党的中央组织，中央纪律检查委员会以及党中央工作机关和省、自治区、直辖市党委制定的体现党的统一意志、规范党的领导和党的建设活动、依靠党的纪律保证实施的专门规章制度。"与 2012 年《中国共产党党内法规制定条例》中的党内法规定义相比，2019 年《中国共产党党内法规制定条例》对党内法规的界定具有以下几个鲜明特点：第一，在制定主体上，党内法规的制定主体仍然限定为三大类，分别为党的中央组织，中央纪律检查委员会以及党中央工作机关，省、自治区、直辖市党委，分别对应着中央党内法规、部委党内法规和地方党内法规的制定主体，逻辑清楚，层次分明。其中，根据 2017 年 3 月 1 日施行的《中国共产党工作机关条例（试行）》中的规定，将原来的"中央各部门"表述改为新的"党中央工作机关"，表述更加规范精准。第二，在规范内涵上，规定党内法规主要由三个逻辑要素构成，包括体现党的统一意志、规范党的领导和党的建设活动、依靠党的纪律保证实施，这三个逻辑要素分别从本质、行为和实施三个环节对党内法规进行全流程的界定。而 2012 年《中国共产党党内法规制定条例》中，党内法规的规范内涵仅仅被局限为"规范党组织的工作、活动和党员行为"，更多集中于行为环节。第三，在规范事项上，进一步明确规定党内法规主要规定党的各级各类组织的产生、组成、职权职责，党的领导和党的建设的体制机制、标准要求、方式方法，党组织工作、活动和党员行为的监督、考核、奖惩、保障，党的干部的选拔、教育、管理、监督等事项。其中，凡是涉及创设党组织职权职责、党员义务权利、党的纪律处分和组织处理的，只能由党内法规作出规定。

三、党内法规与相关概念的区别

（一）党内法规与党内制度的区别

党内制度是党的各级组织制定的用以规范党组织的工作、活动和党员行为的党内各类规章制度的总称。党内制度是一个范围较广的概念，不仅包括党内法规，还包括各级党组织制定的规范性文件，以及党长期实践中形成的具有制度性的政治规矩、组织约束、优良传统和工作习惯等。党内法规仅仅包括党的中央组织、中央纪律检查委员会以及党中央工作机关和省、自治区、直辖市党委制定的党内规章制度。党内法规是党内制度的主要成文表现形式，是党的制度的脊梁和骨干，多数党内制度是以党内法规的方式明文规定的。

党内法规与党内制度的区别主要有以下几点。

（1）从产生时间看，先有党内制度后有党内法规。从二者产生的时间来看，党内制度问题随着列宁明确提出“民主集中制”这一概念就已经出现了。中国共产党在创建之初就奉行民主集中制原则，并在党的一大纲领中明确提出“我们党承认苏维埃管理制度”，规定了各级党组织的机构和制度，经过以后的历次党代表大会，党内制度趋于完善。而“党内法规”这一概念则产生较晚。1938年，毛泽东提出：“为使党内关系走上正轨，除了上述四项最重要的纪律外，还须制定一种较详细的党内法规”①，这可以算是“党内法规”概念的第一次提出。

（2）从制定主体看，党内法规一般只能由特定党组织制定，而党内制度的制定主体可以是党的各级各类组织。从制定主体的范围来看，党内法规的制定主体包括党的中央组织以及中央纪律检查委员

---

① 毛泽东选集：第2卷. 北京：人民出版社，1991：204.

会、党中央工作机关和省、自治区、直辖市党委，而党的制度的制定主体是党的各级各类组织，也就是说，由于在党内生活中存在大量尚没有法规规范或者暂不需要以党内法规形式进行规范的领域和问题，可以通过建章立制来实现规范化，上至党中央，下至党支部都可以制定工作制度。

（3）从概念外延看，党内制度的外延明显大于党内法规。党内制度不仅包含党内法规，还包括党内规范性文件、党内惯例等。尽管多数党内制度是由党内法规明文加以规定的，但也有不少党内制度并不是由党内法规建构而成，有些党内制度是自发形成的。

（4）从内在体系来看，党内法规包括党章、准则、条例、规定、办法、规则和细则。而党内制度的体系则包括三个层面：一是以民主集中制为核心的党的根本制度；二是表现为党的组织体制和活动机制的基本制度，如党的领导体制、党的代表大会制度、党内选举制度、干部制度、党内监督制度等；三是党的各项具体制度，如党员发展制度、基层党组织“三会一课”制度、干部考察制度、公示制度等。

（二）党内法规与党内规范性文件的区别

根据2019年8月30日修订的《中国共产党党内法规和规范性文件备案审查规定》第2条的规定，所谓党内规范性文件，是指党组织在履行职责过程中形成的具有普遍约束力、在一定时期内可以反复适用的文件。具体来说，主要是指中央纪律检查委员会机关、党中央工作机关和各级党委（党组）在履行职责过程中形成的具有普遍约束力、可以反复适用的决议、决定、意见、通知等文件，包括贯彻执行中央决策部署、指导推动经济社会发展、涉及人民群众切身利益、加强和改进党的建设等方面的文件。党内法规与党内规范性文件的区别主要有以下几点。

（1）从制定主体看，党内法规的制定主体有三类：第一类是党的中央组织；第二类是中央纪委机关和党中央工作机关如中央组织部、中央宣传部、中央统战部、中央政法委等；第三类是省、自治区、直辖市党委。而党内规范性文件的制定主体除了这三类之外还有很多，如地方各级党委可以制定规范性文件，各级党组也可以制定规范性文件。因此，党内法规和党内规范性文件在制定主体上是不一样的，党内法规的制定主体只能是特定的党组织，规范性文件的制定主体更为广泛，既包括党内法规的制定主体，还包括党的其他组织。

（2）从制定程序看，党内法规有严格的制定程序，通常要依据《中国共产党党内法规制定条例》规定的制定程序要求，经过立项、征求意见、备案等一系列严格的程序来完成。而党内规范性文件的制定就没有如此严格的程序，某一级党委组织作出决议就可以形成文件，程序要求比较低。在实践中，从审核批准程序看，党内法规更为严格，一般要求采用会议审议批准方式，而党内规范性文件多采用领导传批方式。

（3）从文件名称看，党内法规的名称是特定的，分别是党章、准则、条例、规定、办法、规则、细则，而党内规范性文件的名称一般为规定、办法、决议、决定、意见、通知等。

（4）从表述形式看，党内法规的内容应当用条款形式表述，而党内规范性文件的表述形式比较多样，并不一定要用条款形式表述。

（5）从效力位阶看，党内法规是管党治党的重要依据，具有较强的刚性约束，党内规范性文件虽然也具有一定的普遍适用性，但在效力上同党内法规还是有不小的距离。一般来讲，同一主体制定的党内法规与规范性文件，前者的效力往往高于后者。

（6）从责任机制看。违反党内法规承担的是党纪责任，一般有警告、严重警告、撤销党内职务、留党察看、开除党籍等五种党内纪律处分形式。但是违反了党内规范性文件，承担的不一定是党纪责任，有可能是其他责任，如组织调整或者组织处理，包括停职检查、调整职务、责令辞职、降职、免职等措施。党内法规通常要对违规责任及其追究作出明确规定，规范性文件则不一定要作出这方面的规定。

（7）从公开要求看，党内法规是党组织和党员的行为依据，因此，党内法规一般都应当面向全体党员公开，因为特殊情况不予公开的党内法规在数量上较少。规范性文件很多情况下都是加密、涉密的，有的发到地师级，有的发到县团级，往往都限定在一定的群体范围之内。

第二节　党内法规的特征

党内法规作为一种特殊的规范形态，与国家法律和其他规范相比，具有自己独特的本质属性和规范表达特点。一般来看，党内法规的特征主要体现为实质上的内容特征和形式上的表述特征两个方面：

（一）党内法规的实质特征

（1）在制定主体上，党内法规制定主体严格限定为三大类：第一类为党的中央组织，主要包括党的全国代表大会、中央委员会、中央政治局、中央政治局常务委员会及其办事机构和职能部门；第二类为中央纪律检查委员会以及党中央工作机关，主要包括中央纪律检查委员会机关、中央办公厅、中央组织部、中央宣传部、中央统战部、中央对外联络部、中央政法委员会机关、中央和国家机关工作委员会等；第三类为省、自治区、直辖市党委。除了这三大类党组织之外，其他的党组织皆无制定党内法规的主体资格，不过，这不影响其他的党组织在其权限范围内制定具有一定规范效力的党内规范性文件。

（2）在调整对象上，党内法规的调整对象为两大类：一是规范党组织的工作、活动。这里的党组织的工作、活动主要包括党的中央组织、地方组织和基层组织等三个层级党组织的工作、活动。其中，党的中央组织主要包括党的全国代表大会、中央委员会、中央政治局、中央政治局常务委员会及其办事机构（中央书记处）和工作机关；党的地方组织主要是指省级党的委员会、地市级党的委员会、县级党的委员会；党的基层组织主要是党在企业、农村、机关、学校、科研院所、街道社区、社会团体、社会中介组织、人民解放军连队和其他基层单位设立的组织。《党章》规定，凡是有正式党员 3 人以上的基层单位，都应当成立党的基层组织。截至 2021 年 6 月 5 日，中国共产党现有基层组织 486.4 万个，其中基层党委 27.3 万个，总支部 31.4 万个，支部 427.7 万个。二是规范党员行为。这里的党员行为主要是《党章》中确定的党员的权利义务行为。截至 2021 年 6 月 5 日，中国共产党党员总数为 9 514.8 万名。党内法规规范党组织的工作、活动和党员行为，主要规范和聚焦于党内生活，主要调整党组织之间、党员个人和党组织之间、党员个人之间的党内关系。那些可以通过国家法律、社会道德规范调整的经济社会发展中的关系，则不是党内法规的调整对象。

（3）在适用范围上，党内法规在党内具有普遍适用性，对其调整和规范的党组织和党员具有普遍约束力。所谓党内法规的普遍适用性，是指党内法规在党内具有普遍性和反复适用性。这意味着，党内人事任免、表彰决定、内部机构设置、机关内部工作制度和工作方案等个别适用的文件，工作要点、会议活动通知等较短时间段适用的文件，因不具有普遍性和反复适用性，不能称作党内法规。在党内法规体系中，党的中央组织制定的党内法规，适用于各级党组织和广大党员；中央纪委机关、中央各工作机关制定的党内法规，一般适用于各级党组织和广大党员，有的则适用于本系统、本部门；省（自治区、直辖市）党委制定的党内法规，适用于本行政区域内的党组织和党员。

（4）在效力性质上，党内法规是党内规章制度的总称，具有规范性特征。党内法规本质上是法规，是中国特色社会主义法治体系的重要组成部分，因此必须具有法规的规范性、强制性、普遍性特点。作为法规的一种特殊表现形式，党内法规以党的纪律作保障，对党组织的工作、活动和党员行为进行规范，任何违反党内法规的行为都要受到党的纪律处分。根据党内法规制定主体的不同，党内法规也具有不同的名称，常见的有党章、准则、条例、规定、办法、规则、细则等七种。不同名称的党内法规具有不同的效力层级，也具有不同的调整范围。

（5）在规范形态上，党内法规往往表现为严格规范的结构形态。党内法规作为中国特色社会主义法治体系的重要组成部分和特殊表现形式，不仅具有法规的规范性、强制性、普遍性等实质性特征，同时也具有法规的形式性特征，即在表现形态上，党内法规往往采取法律法规常用的“章、节、条、款、项、目”等结构形式，而不是采用普通文件所采用的段落结构形式。对此，《中国共产党党内法规制定条例》第 6 条明确规定："党内法规一般使用条款形式表述，根据内容需要可以分为编、章、节、条、款、项、目。"因此，党内法规的内容一般应当用条款形式表述，不同于一般不用条款形式表述的决议、决定、意见、通知等规范性文件。另外，除了党内法规常用的"章、节、条、款、项、目"等表现形态外，还有一种特殊的党内法规形式是"编"。编是党内法规层次较高的结构单位，一般仅用于内容重大、结构复杂、层次较多、篇幅较长的党内法规，一般的党内法规很少使用"编"这种结构形式。例如，2018 年 8 月 26 日修订的《中国共产党纪律处分条例》是一部使用"编"的表述形式的重要党内法规，它坚持依规治党与以德治党相结合，围绕党纪戒尺要求，明确违反政治纪律、组织纪律、廉洁纪律、群众纪律、工作纪律和生活纪律等六类违纪行为，开列负面清单，重在立规，将党的十八大以来严明政治纪律和政治规矩、组织纪律、落实八项规定、反对"四风"等从严治党的实践成果制度化、常态化，划出了党组织和党员不可触碰的底线。由于《中国共产党纪律处分条例》的内容较多、篇幅较长，因此，在结构上就使用了"编"的形式，分为总则、分则、附则 3 编，共 11 章、142 条。

需要特别指出的是，在现行的党内法规体系中，除了 1980 年 2 月 29 日中国共产党第十一届中央委员会第五次全体会议通过的《关于党内政治生活的若干准则》和 2016 年 10 月 27 日中国共产党第十八届中央委员会第六次全体会议通过的《关于新形势下党内政治生活的若干准则》没有采取这种条款表述形式外，大多采取条款表述的体例。之所以这两部准则没有采取条款体例，主要是因为，准则在党内法规体系中位阶比较高，仅次于党章。在内容上，准则，尤其是《关于新形势下党内政治生活的若干准则》，是思想性、政治性、综合性很强的文件，总结中国共产党长期以来在开展党内政治生活方面形成的宝贵经验和基本规范，阐明党关于开展严肃认真的党内政治生活的原则和立场，有很多问题需要讲清道理。这是用条例那样的体例难以容纳的。因此，这两部准则采取的是文件段落式的表述形式。

(二)党内法规的形式特征

1. 政言政语

政治属性是党的首要属性,政治方向是党的建设的首要问题,事关党的前途命运和事业兴衰成败。党内法规本质上是政治立法,必须要旗帜鲜明讲政治,体现新时代党的政治建设要求;必须要以反映和实现党的政治主张和政治目的为直接要求,以坚持和加强党的全面领导为根本目标,以强烈的政治色彩和鲜明的政治取向为基本特征,体现党内法规的政治属性和政治功能。2018 年 2 月颁布的《中央党内法规制定工作第二个五年规划(2018—2022 年)》专门强调,做好党内法规制定工作,要坚持正确政治方向,以习近平新时代中国特色社会主义思想为指引,紧紧围绕坚持和加强党的全面领导、以党的政治建设为统领全面推进党的各项建设,确保全党坚定维护以习近平同志为核心的党中央权威和集中统一领导,确保党的领导更加坚强、党的执政地位更加巩固。基于党内法规的政治本性,所以在党内法规的语言表述中,大量的语言是政治性语言,体现和反映的是党的政治诉求和政治要求。①

2. 党言党语

顾名思义,党内法规是规范党组织活动工作和党员行为的制度规范的总称,因此,党内法规必然具有鲜明的政党性。“党规姓党”是党内法规的最鲜明特色,也是党内法规的最本质特征。从作用上看,党内法规是管党治党的基本方式和重要抓手,规定的大多是党的政治建设、思想建设、组织建设、作风建设、纪律建设、党风廉政建设等具体业务内容,在本质上以加强和完善党的全面统一领导为根本旨归。党的十九大报告指出,“党政军民学,东西南北中,党是领导一切的”。在这一语境下,政治和业务就具有十分密切的关系,没有离开业务的政治,也没有离开政治的业务。所有业务都是党领导下的具体工作,都是党的理论和路线方针政策的体现,这本身就是政治。在当代中国,讲政治的首个要义,就是坚持党的全面领导,把加强党的

① 秦强. 党内法规的规范表征. 中国社会科学报,2019-06-27.

全面领导贯穿于讲政治的全过程。因此，党内法规的政治属性与党内法规的政党属性在本质上是相通的，二者共同体现了增强“四个意识”、坚定“四个自信”、做到“两个维护”的政治要求。所谓政治意识是指党员干部在政治信仰、政治方向、政治立场、政治观点上表现出的对党的正确认知，实质是党的意识在思想认识上的政治反映。因此，党内法规的政党属性决定了党内法规必须以加强和完善党的全面统一领导，维护党中央权威核心，加强党的长期执政能力建设、先进性和纯洁性建设为出发点和归宿。

3. 法言法语

党内法规虽然具有鲜明的政治性和政党性，但党内法规毕竟还是“法规”，是中国特色社会主义法治体系的重要组成部分，是法律规范的一种特殊表现形式。因此，党内法规必然也要符合法律规范的表述形式。基于条款的表现形式，党内法规的规范结构与构成要素也与其他规范性文件有着明显不同。党内法规作为法律规范的一种特殊形态，具有严格的规范的逻辑结构。一般认为，法律规范是一种特殊的、逻辑周全的规范，一个完整的法律规范在结构上由三个要素组成，即行为条件、行为模式、法律后果。行为条件是指法律规范中规定适用该规范的条件的部分，它把规范的作用与一定事实状态联系起来，指出在发生何种情况或具备何种条件时，法律规范中规定的行为模式便生效。行为模式是指法律规范中为主体规定的具体行为模式，即权利和义务、权力和责任，它指明人们可以做什么、应该做什么、不能做什么，以此指导和衡量主体行为，包括作为和不作为。法律后果是法律规范中规定主体的行为违反法律要求时应当承担何种法律责任或引起何种国家强制措施的部分。因此，党内法规作为法律规范的特殊表现形式，其基本逻辑结构应当是“行为条件、行为模式、法律后果”。在党内法规的条款中，要规定适用情形和违反后果，具有刚性约束。也正因此，党内法规的语言结构一般都是表述为“应当”“可以”“必须”“不得”等，而普通党内文件一般都是口号式、倡导式的，大多表述为“要”“大力加强”“积极推进”“深入开展”等，与法规相比，往往主体不清、对象不明，要求也不具有刚性。条款化是党内法规的鲜明特征，也是党内法规与普通党内文件的最显著区别。因此，党内法规通常以条款方式表述，具有特定的体例格式和结构要求，一般由调整规范、适用范围、主管机关、行为规则、制裁措施等构成，便于理解、援引、执行。

4. 规言规语

“欲知平直，则必准绳；欲知方圆，则必规矩。”党内法规的目的是为全党建制度、立规矩，帮助全体党员树立和强化规矩意识、党员意识。所谓党内规矩，是党的各级党组织和全体党员必须遵守的行为规范和规则。党内规矩总的包括：第一，党章是全党必须遵循的总章程，也是总规矩；第二，党的纪律是刚性约束，政治纪律更是全党在政治方向、政治立场、政治言论、政治行动方面必须遵守的刚性约束；第三，国家法律是党员、干部必须遵守的规矩，法律是党领导人民制定的，全党必须模范执行；第四，党在长期实践中形成的优良传统和工作惯例。在所有的党内规矩中，政治纪律和政治规矩是党最根本、最重要的纪律，遵守政治纪律和政治规矩是遵守党的全部纪律的基础。2012 年 12 月 4 日，习近平同志在第十八届中央政治局会议上指出，新一届中央领导集体要定规矩，这是很重要的规矩。没有规矩，不成方圆。制定这方面的规矩，指导思想就是从严要求，体现党要管党、从严治党。① 因此，各级党组织和全体党员要自觉遵守政治纪律和政治规矩，不断增强政治意识、大局意识、核心意识、看齐意识，做到坚守政治信仰、站稳政治立场、把准政治方向。规矩之所以重要，是因为领导干部违纪往往是从破坏规矩开始的。在这个意义上，讲规矩是对党员、干部党性政治性的重要考验，是对党员、干部对党忠诚程度的重要检验。所以，党内法规作为管党治党的重要依据，必然强调党员、干部对政治规矩的服从和维护，必然带有明显的定制度、立规矩色彩。

---

① 中共中央纪律检查委员会，中共中央文献研究室. 习近平关于严明党的纪律和规矩论述摘编. 北京：中国方正出版社，中央文献出版社，2016：51.

5. 纪言纪语

党纪具有狭义和广义两种含义，狭义的党纪专指《中国共产党纪律处分条例》这部党内法规，广义的党纪泛指党内法规体系中关于党的纪律的规定。在概念上，党的纪律是党的各级组织和全体党员必须遵守的行为规则，是维护党的团结统一、完成党的任务的保证。在党内法规的构成中，有相当一部分党内法规是关于党的纪律规定。这部分党内法规往往由党的纪律检查部门制定，以党的纪律处分为后盾，具有鲜明的纪律色彩。治国必先治党、治党务必从严。党的先锋队性质和执政地位，决定了党的纪律必然严于国法，而不能等于国法。国家法律是公民的底线，党的纪律是党员的底线，两者不可混同。如果纪法不分，把公民都不能破的法律底线写到执政党的纪律里，党的各级组织、党员都退守到法律底线上，就降低了党员的行为标准，弱化了党作为政治组织的先进性。在实践中，这也会导致法在纪前，把违纪当成"小节"，党员不违法就没人管、不追究，造成"要么是好同志、要么是阶下囚"①。《中国共产党纪律处分条例》坚持纪严于法、纪在法前，实现纪法分开，与全面从严治党、把纪律挺在前面的要求完全吻合，是思想认识的一次飞跃，是管党治党的重大创新。《中国共产党纪律处分条例》将党的纪律分为政治纪律、组织纪律、廉洁纪律、群众纪律、工作纪律、生活纪律 6 类，为广大党员开列了一份"负面清单"，体现了对党员的高标准、严要求。因此，党内法规也要体现把纪律挺在前面的要求，坚持纪严于法、纪在法前、纪法分开，体现新时代党的纪律建设新要求。

第三节　党内法规的分类

根据不同的党内法规分类的标准，可以构建不同的党内法规分

① 中共中央纪律检查委员会，中共中央文献研究室. 习近平关于严明党的纪律和规矩论述摘编. 北京：中国方正出版社，中央文献出版社，2016：75.

类。根据党内法规的逻辑结构、内容框架、地位作用等，可以将党内法规作如下分类。

一、按照党内法规的名称来划分

按照党内法规的名称来划分，可以将党内法规分为党章、准则、条例、规定、办法、规则、细则7种。现行有效党内法规中，党章1部，准则3部，条例43部，规定850部，办法2 034部，规则75部，细则609部。①

1. 党章

党章是最根本的党内法规，是立党、治党、管党的总章程，是制定其他党内法规的基础和依据，由党的全国代表大会制定、修改并发布，在党内具有最高权威性和最大约束力。党章对党的性质和宗旨、路线和纲领、指导思想和奋斗目标、组织原则和组织机构、党员义务权利以及党的纪律等作出根本规定，对党内政治生活、组织生活的所有重大原则问题都提出了明确要求，既为全党统一思想、统一行动提供了根本准则，又为制定党内其他规章制度提供了根据和基础。民主集中制是党的根本组织原则，也是党的根本组织制度和领导制度，贯穿于党的组织和活动的各个方面，体现在党的路线方针政策的制定和实施的全过程，是党内法规制度体系的核心。党内各项制度，包括组织制度、领导制度、生活制度、工作制度，实质上都是民主集中制原则在党的建设和党内生活中的具体体现和实际应用。只有以党章为根本，以民主集中制为核心，推进党内根本制度、基本制度、具体制度的健全与完善，才能逐步形成完整、系统、配套、协调的党内法规制度体系。中国共产党在新民主主义时期制定过七部党章。其中一大到六大制定的六部党章，都是在共产国际的直接指导和帮助下制定的，反映出中国共产党幼年时期党的建设的一些特点。1945年七大制定的党章，则是在1943年共产国际解散后由中国共产党独立自主制定的，标志着中国共产党在政治上和党的建设上的完全成熟。现行党章

① 中共中央办公厅法规局. 中国共产党党内法规体系. 人民日报，2021-08-04.

是 1982 年 9 月党的十二大修改制定的。四十年来，在保持党章基本内容稳定的前提下，根据形势和任务发展变化，党的十三大、十四大、十五大、十六大、十七大、十八大和十九大都对党章作了不同程度的修改。

2. 准则

准则对全党政治生活、组织生活和全体党员行为等作出基本规定，是仅次于党章的重要基础性党内法规。准则是对党章的重要补充，集中体现了党章精神，是处理党内关系、开展党外活动、规范全体党员行为的基本标准或者原则，是全党必须遵循的基本行为规范。准则效力仅次于党章，由党的中央委员会全体会议或者中央政治局会议审议通过。目前共有 1980 年 2 月 29 日通过的《关于党内政治生活的若干准则》、2015 年 10 月印发的《中国共产党廉洁自律准则》和 2016 年 10 月 27 日通过的《关于新形势下党内政治生活的若干准则》等三部准则。

3. 条例

条例是对党的某一领域重要关系或者某一方面重要工作作出全面规定的党内法规，其规范对象通常是党内生活中某一领域或者某一方面比较重大的问题。条例是党章精神和党章规定的具体化，对党的某领域重要关系或者某一方面重要工作作出全面规定，是党的领导和党的建设的基本遵循，一般由中央政治局会议或者中央政治局常委会会议审议通过。当前，比较重要的条例级别的党内法规有：《中国共产党纪律检查委员会工作条例》《中国共产党组织工作条例》《中国共产党普通高等学校基层组织工作条例》《中国共产党党员权利保障条例》《中国共产党统一战线工作条例》《中国共产党地方组织选举工作条例》《中国共产党中央委员会工作条例》《中国共产党基层组织选举工作条例》《中国共产党党和国家机关基层组织工作条例》《中国共产党国有企业基层组织工作条例（试行）》《中国共产党党校（行政学院）工作条例》《中国共产党问责条例》《中国共产党党内法规制定条例》《中国共产党农村工作条例》《中国共产党机构编制工作条例》《中国共产党宣传工作条例》《中国共产党党员教育管理工作条例》《党政领导干部考核工作条例》《中国共产党党组工作条例》《党政领导干部选拔任用工作条例》《中国共产党重大事项请示报告条例》《社会主义学院工作条例》《中国共产党政法工作条例》《中国共产党农村基层组织工作条例》《中国共产党支部工作条例（试行）》《干部人事档案工作条例》《中国共产党纪律处分条例》《中国共产党党务公开条例（试行）》《中国共产党工作机关条例（试行）》《中国共产党党内监督条例》《中国共产党地方委员会工作条例》《中国共产党纪律处分条例》《中国共产党巡视工作条例》《干部教育培训工作条例》《党政机关厉行节约反对浪费条例》《党政机关公文处理工作条例》等。

4. 规定

规定是对党的某一方面重要工作的要求和程序等作出具体规定，是由中央纪律检查委员会机关、党中央工作机关和省、自治区、直辖市党委制定的党内法规。规定主要用来调整党内生活中的一般性问题或者某一方面工作，规范的范围和对象比较集中，措施和要求比较具体。规定层级的党内法规数量较多，比较重要的有：《中国共产党组织处理规定（试行）》《党委（党组）落实全面从严治党主体责任规定》《中国共产党党内法规和规范性文件备案审查规定》《中国共产党党内法规执行责任制规定（试行）》《党政主要领导干部和国有企事业单位主要领导人员经济责任审计规定》《中央生态环境保护督察工作规定》《法治政府建设与责任落实督察工作规定》《公务员职务与职级并行规定》《党组讨论和决定党员处分事项工作程序规定（试行）》《公职人员政务处分暂行规定》《地方党政领导干部安全生产责任制规定》《领导干部报告个人有关事项规定》《县以上党和国家机关党员领导干部民主生活会若干规定》《推进领导干部能上能下若干规定（试行）》等。

5. 办法

办法是对党的某一方面重要工作的要求和程序等作出具体规定，是由中央纪律检查委员会机关、党中央工作机关和省、自治区、直辖市党委制定的党内法规。办法主要就贯彻执行条例、规定或者开展某项工作的方法、步骤和措施作出具体规定，具有较强的程序性、针对性和可操作性。当前，比较重要的办法层级的党内法规有：《党委（党组）书记抓基层党建工作述职评议考核办法（试行）》《中国共产党党内关怀帮扶办法》《中央和国家机关基层党组织党建活动经费管理办法》《党委（党组）网络安全工作责任制实施办法》《信访工作责任制实施办法》《脱贫攻坚责任制实施办法》《党政机关办公用房管理办法》《党政机关公务用车管理办法》《领导干部个人有关事项报告查核结果处理办法》《公务员考试录用违纪违规行为处理办法》《党政领导干部生态环境损害责任追究办法（试行）》《节庆活动管理办法（试行）》《干部选拔任用工作监督检查和责任追究办法》等。

6. 规则

规则是对党的某一方面重要工作的要求和程序等作出具体规定，是由中央纪律检查委员会机关、党中央工作机关和省、自治区、直辖市党委制定的党内法规。规则主要用来规范党的领导机关的议事程序和工作方法，一般可以分为议事规则和工作规则两类。规则层级的党内法规较少，比较重要的有：《纪检监察机关处理检举控告工作规则》《中国共产党纪律检查机关监督执纪工作规则》《中国共产党党委（党组）理论学习中心组学习规则》《中央和国家机关党小组工作规则（试行）》等。

7. 细则

细则是对党的某一方面重要工作的要求和程序等作出具体规定，是由中央纪律检查委员会机关、党中央工作机关和省、自治区、直辖市党委制定的党内法规。细则是对条例、规定的内容作出明确解释或者更加详细具体的规定，以便理解、执行和遵守。细则有附属性的特点，不得同条例、规定相抵触，也不得超越条例、规定的框架创制新的规范。细则层级的党内法规主要有：《中共中央政治局贯彻落实中央八项规定的实施细则》《党委（党组）网络意识形态工作责任制实施细则》《中国共产党发展党员工作细则》等。

二、按照党内法规的制定主体来划分

按照党内法规的制定主体来划分，可以将党内法规分为中央党内法规、部委党内法规和地方党内法规。

1. 中央党内法规

中央党内法规是由党的中央组织制定的党内法规，主要规定下列重大事项：（1）党的性质和宗旨、路线和纲领、指导思想和奋斗目标；（2）党的各级各类组织的产生、组成和职权职责的基本制度；（3）党员义务权利方面的基本制度；（4）党的领导和党的建设各方面的基本制度；（5）涉及党的重大问题的事项；（6）党的纪律处分和组织处理方面的基本制度；（7）其他应当由中央党内法规规定的事项。其中，凡是涉及党中央集中统一领导的事项，只能由中央党内法规作出规定。中央党内法规既可以表现为党章、准则、条例形式，也可以表现为规定、办法、规则、细则形式。

2. 部委党内法规

部委党内法规是由中央纪律检查委员会以及党中央工作机关就其职权范围内有关事项制定的党内法规，主要规定以下事项：（1）为贯彻执行中央党内法规作出配套规定；（2）履行党章和中央党内法规规定的党的工作相关职责。特殊情况下，确有必要的，经党中央批准，有关中央国家机关部门党委可以就特定事项制定党内法规。在名称上，中央纪律检查委员会、党中央工作机关制定的党内法规，一般只能称为规定、办法、规则、细则，不能称为准则、条例。部委党内法规的制定主体主要包括：中共中央纪律检查委员会机关、中共中央办公厅、中共中央组织部、中共中央宣传部、中共中央统战部、中共中央对外联络部、中共中央政法委员会机关、中共中央对外宣传办公室、中国共产党中央和国家机关工作委员会等。

3. 地方党内法规

地方党内法规是由省、自治区、直辖市党委就其职权范围内有关事项制定的党内法规，主要包括：（1）为贯彻执行中央党内法规作出配套规定；（2）履行党章和中央党内法规规定的领导本地区经济社会发展和负责本地区党的建设相关职责。在名称上，省、自治区、直辖市党委制定的党内法规，也只能称为规定、办法、规则、细则，不能称为准则、条例。《关于加强党内法规制度建设的意见》提出，探索赋予副省级城市和省会城市党委在基层党建、作风建设等方面的党内法规制定权。2017 年 5 月，党中央决定，在沈阳、福州、青岛、武汉、深圳、南宁、兰州等 7 个副省级城市和省会城市开展党内法规制定试点。各试点城市将围绕基层党建、作风建设，率先探索制定出台符合地方实际、操作性强、务实管用的党内法规，为推动全面从严治党向基层延伸提供制度支撑，为全国提供可复制可推广的经验。据此，上述 7 个副省级城市和省会城市在授权范围内也可以制定党内法规。

三、按照党内法规的内在运行逻辑来划分

按照党内法规的内在运行逻辑来划分，可以将党内法规分为党的组织法规、党的行为法规和党的监督保障法规三大类。一个完善的制度体系应当是主体、行为、监督三位一体的完整闭环系统。全面从严治党、依规治党，需要解决党组织的产生和职责、党的工作和活动（包括党的领导和党的建设）和党内监督保障等三个基本问题。据此，将党内法规制度体系划分为党的组织法规制度、党的行为法规制度、党的监督保障法规制度三个平行板块，符合党内法规制度建设的内在逻辑。其中，党的组织法规制度侧重从“主体”上解决各级各类党组织的产生、职责和运行问题；党的行为法规制度侧重从“行为”上对外解决党的领导和执政活动问题，对内解决党的政治建设、思想建设、组织建设、作风建设、纪律建设等问题；党的监督保障法规制度侧重从“监督保障”上解决党内监督、问责、党纪处分、党员权利保障、党的机关运行保障等问题，据此形成主体、行为、监督保障三位一体的制度结构。①

1. 党的组织法规

“徒法不足以自行”，再好的法律法规也需要主体来执行实施。党内法规的执行实施主体主要是各级党组织以及党组织机构中的党员干部。因此，党的组织法规主要用以规范党的组织建设方面的工作和活

① 宋功德. 党规之治. 北京：法律出版社，2015：292.

动，主要包括规范党的组织制度、组织机构、党员队伍、干部队伍、人才工作等法规。

2. 党的行为法规

党内法规是党的各级组织及全体党员领导执政、开展工作、从事活动的基本遵循。党的各级组织的工作活动以及全体党员的行为都要接受党内法规的监督，以党内法规为基本遵循。在这个意义上，党内法规就是党的各级组织和全体党员的行为规范。党的十九大提出了新时代党的建设总要求，新时代党内法规建设要体现新时代党的建设新要求，使得党内法规涵盖党的政治建设、思想建设、组织建设、作风建设、纪律建设，并把制度建设贯穿其中。

3. 党的监督保障法规

对各级党组织和全体党员来讲，义务和权利是不可分的，权力和责任也从来都是一体的。在对主体和行为作出规范之后，紧接着需要对主体和行为的监督保障给予规定。党的监督保障法规主要规范对党组织的工作、活动和党员行为的监督、考核、奖惩、处理、保障等事项，重点是规范领导机关、领导干部用权行为，保障党员民主权利，形成有权必有责、有责要担当、用权受监督、失职必追究的权力运行和制约机制，确保党和人民赋予的权力不被滥用。

第四节　党内法规的作用

党内法规的作用是指党内法规对党员与党组织之间所形成的党内关系所发生的一种影响，表明了党内关系的运行和党的意志的实现。党内法规的作用可以分为规范作用和社会作用。规范作用是从党内法规是调整党组织和党员的行为的社会规范这一角度提出来的，而社会作用是从党内法规在党内生活中要实现一种目的的角度来认识的，二者之间的关系为：规范作用是手段，社会作用是目的。作为一种秩序形态，党内法规自然具有规范功能；作为一种治理方式，党内法规在对执政党进行规范的同时，自然又会对社会中的政治、经济、文化产生影响，因此，必然也带有社会作用。“徒法不足以自行，徒善不足以为政。”在看到党内法规的重要作用的同时，也要看到管党治党并非党内法规越多越好，而是要求其科学合理，减少社会的协调治理成本，要把制度的改革与创新作通盘思考，提高党内法规制度的制定质量，降低党内法规制度的执行成本，发挥党内法规制度的整体合力作用，使党内法规获得最大的功能效应。

一、党内法规的社会作用

1. 党内法规是党的目标任务的规范标尺

在不同的历史时期，党的建设的目标任务、价值取向也会有所不同，为了让各级党组织和全体党员都清楚无误地了解党的目标任务，明确职责使命，规范言行举止，党一般会以制度规范的形式对此加以明确。因此，党内法规就成为衡量和判断各级党组织的工作和活动、全体党员的行为是否符合党的要求的行动指南和行为标尺。

2. 党内法规是党的思想教育的有益补充

思想建设是党的基础性建设，没有正确的思想来指引，党员迟早会误入歧途。因此，加强思想教育、提高政治站位是党员干部政治建设的重要手段。但思想教育不是万能的，在对党员进行思想教育的同时，必须要加强制度建设，坚持思想建党和制度治党同向发力、协同发展，在制度规范中体现党的思想意志、反映党的声音主张，以制度的刚性确保思想教育的有效性。

3. 党内法规是党的建设的有力保障

党内法规具有相对的稳定性和权威性，党内法规出台之后，就会具有强制力，任何违反者都会受到党内法规制度的制裁和约束。这种强制性的效力，不会因领导者的更迭而废止，也不会因领导者的看法和注意力的改变而改变，在党的建设中可以长期发挥作用。

4. 党内法规是管党治党的重要依据

党内法规意识是党员干部对党内法规制度的基本看法、对党组织活动和党员行为的一种客观评判标尺，也是党员干部党性修养的重要一环。提高党内法规意识，是管党治党、增强自我约束的根本。因为对权力的约束，主要有两种途径：一方面是权力的外部监督和制约，另一方面是党员主体自我的约束。而这一切的前提就是提高党内法规意识。如果缺失这种意识，就难以评判出制度的好坏、行为的好坏，也就无法指导或约束自己的行为。早在改革开放时期，邓小平同志曾指出："我们过去发生的各种错误，固然与某些领导人的思想、作风有关，但是组织制度、工作制度方面的问题更重要。这些方面的制度好可以使坏人无法任意横行，制度不好可以使好人无法充分做好事，甚至会走向反面。"① 所以，党规党纪是我们管党治党的重要依据。只有完善党内法规，才不会给腐败分子的违纪行为留下漏洞，才会推动党风廉政建设和反腐败斗争更加走向深入。

二、党内法规的规范作用

党内法规的规范作用，主要是对各级党组织的工作、活动和党员的行为进行指引、预测、评价、教育等，发挥规制和明示作用，从而更好地保障党组织履行职责、党员发挥作用，深入推进党的建设伟大工程。

1. 指引作用

指引功能是党内法规的第一位的功能，是中国共产党管党治党、增强自我约束的重要准绳。因为，党内法规以义务和权利、权力和责任的规范形式，提供一个既定的行为模式，各级党组织和全体党员可以通过具体的行为立场或态度的明示，来对自己的行为形成一个大致的判断预期，提前预判违规所应承担的违纪后果以及守规可能会带来的益处，从而理性地选择遵守党内法规，避免因违规而需要承担一定的后果。和国家法律一样，党内法规的指引功能也可以分为确定性指引和选择性指引。党内法规的确定性指引可以概括为对党员行为模式进行了明确限制，如果没有遵守相应的义务就要承担一定的后果，没有选择性，只有唯一性，在有关条文的表述中，一般以"应当、必须、不得"等字样居多；选择性指引是指党内法规对某一行为的规定并没有明确具体的限制，具有选择性，可以选择这样做也可以选择那

---

① 邓小平文选：第 2 卷. 北京：人民出版社，1994：333.

样做，在有关条文的表述中，一般表现为“可以”“有权”等字样。

2. 预测作用

党内法规的预测功能是指各级党组织和党员根据党内法规的明确规定，能够预先估计自己的行为及行为将会带来的后果等，从而形成预判进而对是否继续某些行为或活动作出取舍。预测功能是党员和各级党组织自觉遵守党内法规的基本前提。正是行为主体可以根据党内法规简单衡量出某个行为的利弊，才有为或不为的自觉。这就避免党员和党组织因不明或不理解法规的内涵而作出自认为不违规违纪的行为，保证自己的行为符合党规的要求，从而不承担不利的后果。不管是法律条文还是党内法规的具体规定，在表述上往往都采用简洁明快、简便易懂的表达方式，没有修饰性的语言和复杂语法，句式简单简短，目的就是要充分发挥法律和党规的预测功能，便于人们学习宣传和执行遵守。

3. 惩戒作用

惩戒不是立法的根本目的，通过惩戒达到警示教育效果才是立法的根本目的。同样，党内法规的制定也不是以惩戒违纪行为为最终目的。作为管党治党之重器，党内法规发挥作用、维护权威的主要途径是惩戒处理，这也是发挥党内法规其他作用的重要保障。列宁曾说：“倘若法律失去权威，则法律不过是毫无意义的空气震动罢了。”党内法规只有发挥惩戒作用才能令行禁止。党内法规条文中，不仅明确规定哪些行为可以为、哪些行为不可为，同时也明确规定，哪些行为为与不为将会有什么样的后果。对此，《中国共产党纪律处分条例》第二章第 7 条明确规定：“党组织和党员违反党章和其他党内法规，违反国家法律法规，违反党和国家政策，违反社会主义道德，危害党、国家和人民利益的行为，依照规定应当给予纪律处理或者处分的，都必须受到追究。重点查处党的十八大以来不收敛、不收手，问题线索反映集中、群众反映强烈，政治问题和经济问题交织的腐败案件，违反中央八项规定精神的问题。”

4. 教育作用

法律的教育作用主要是通过法律的实施，把体现在法条中的某种思想、观念和价值灌输给社会人，使人们在内心确立对法律的信念，从而达到法的外在规范内在化，使人们形成尊重和遵守法律的习惯。党内法规作为一种特殊类型的法，同样也具有教育功能。这种教育功能除了体现为对党内法规的严格遵守执行，还表现为对中国共产党的忠诚和对马克思主义的信仰，把遵纪守规作为基本底线。党内法规的教育作用主要通过三个方面来实现：一是在全体党员中开展党内法规的大学习，通过学习教育加深对党内法规的认识和理解；二是通过警示教育，即通过对违纪违规行为实行制裁，从而对包括违规违纪者本人在内的一般党员起到警示和警告作用；三是通过正面教育，即通过对优秀共产党员和优秀党组织的先进行为进行保护、赞许或奖励，发挥表率、示范作用，树立正确的党内法规所要求的行为模式，从而起到教育作用。

5. 激励作用

从理论上来说，激励价值是对通过满足个体的各种需要、调动人的积极性的原则和方法的概括总结。激励的目的在于激发人的正确行为动机，调动人的积极性和创造性，以充分发挥人的主观能动效应，作出最大成绩。对于党内法规功能而言，不管是指引、预测、惩戒还是教育价值，其最终落脚点是党内法规的激励价值。这种激励价值主要体现在三个方面：首先，党内法规通过保护党员的权利，能够给党员带来组织上的认同感与归属感，使其精神上受到激励，从而能够深切地感受到自己作为一个党员所拥有的荣誉与责任；其次，很多党内法规中规定了一些直接激励各级党员及党组织的制度措施，如评选优秀党员、党务工作者、党组织等，这些制度措施会对党员形成直接的激励；最后，对于那些违反党纪国法的党员，党内法规会在行为人被追究国家法律责任之前给予党纪处分，这对于那些对党负责、敢于举报这些党员的、遵规守法的党员会形成激励，从而激励其更加自觉模范地遵守党内法规。①

---

① 殷啸虎. 中国共产党党内法规通论. 北京：北京大学出版社，2016：21.

第二章　党内法规历史

党内法规的历史实际上是对中国共产党百年发展历程的制度见证，是党的制度建设发展史的缩影和集中体现。欲明大道，必先学史。学习党内法规，首先要了解党内法规发展史，从历史的流变中认识党内法规的重要性，认清楚当下的任务，担负起今后的使命。从发展历程看，党内法规发展史可以简要概括为奠基成长、探索前进、改革发展、全面推进等四个时期。

第一节　奠基成长时期（1921—1949年）

中国共产党成立于1921年。在中国共产党第一次全国代表大会召开前，我国早期的共产主义者普遍认识到建设党组织首先要有一个章程。1921年7月，中国共产党第一次全国代表大会通过了《中国共产党第一个纲领》。这是中国共产党历史上第一个具有党章性质的党内法规，它确定了党的名称，规定了入党的条件、党的组织等内容，宣告了中国共产党的诞生。但它还不是完整意义上的党章，仅仅具有党章的性质。

1922年7月，中国共产党第二次全国代表大会通过了《中国共产党章程》，共6章29条，近4 000字。《中国共产党章程》首次提出反帝反封建的民主革命纲领，对党组织的设置、党的会议制度、党的纪律等作了规定。这是中国共产党历史上第一个党章，也是第一个正式党内法规，对党的建设和中国历史进程产生了重大影响。自此，通过党内法规来推动党的革命、进行党的建设，就成为中国共产党一直坚持不变的优良传统。

1923 年 6 月，中国共产党第三次全国代表大会对党章进行了第一次修正，通过了《中国共产党中央执行委员会组织法》，这是中国共产党的第一个组织法规。1923 年 10 月，中共中央颁布了《教育宣传委员会组织法》，这是第一部规范党的工作部门的党内法规，也是中国共产党第一个宣传领域的党内法规。1924 年 5 月，中共中央通过了《SY 工作与 CP 关系议决案》，这是第一部有关共产党和共青团关系的党内法规。1925 年 1 月，党的第四次代表大会对党章进行了第二次修正。

1927 年 4 月 12 日，蒋介石掀起了“四·一二”反革命政变，大肆屠杀共产党人和革命群众。在白色恐怖弥漫的紧急时刻，中国共产党第五次全国代表大会于 1927 年 4 月 27 日至 5 月 9 日在武汉召开。限于当时的危险形势，党的五大没有专门对党章进行讨论修改，而是在五大通过的《组织问题决议案》中提出“根据本党自第四次大会以来党员数量激增这一事实并根据本党目前的任务，第五次大会认定必须改正并补充旧时党章”。党的五大设置了中央监察委员会，这是中国共产党历史上的第一个中央监察机构。

党的五大闭幕后不久，根据《组织问题决议案》，中共中央政治局于 2017 年 6 月 1 日通过了《中国共产党第三次修正章程决案》，这是中国共产党历史上唯一一部没有由党的全国代表大会制定和通过的党章。按照党章修改的以往惯例，党章都是由党的全国代表大会制定并通过，五大党章也就成为党的历史上唯一一部由中共中央政治局直接通过的党章。在内容上，它第一次在组织原则和组织制度方面明确规定党的“指导原则为民主集中制”，这是从党的根本法规的高度第一次出现民主集中制的提法。

与党的三大、四大仅仅对党章进行部分调整不同的是，五大党章虽然不是由党的五大修改通过的，但这次的修改却不是局部的修改，而是自制定以来对党章进行的一次全面修改，在内容上进行了充实补充，在结构上进行了调整优化，在框架上进行了修改完善，确立了今后党章发展的基本模板。同时，五大党章的修改适应了当时中国革命发展的形势和党的建设的需要，对建党以来党的发展和建设的优良做法和正确经验进行了总结固化，对加强和改进党的建设、推动和促进党的发展起到了较为积极的作用。在性质上，五大党章是中国共产党成立以来对党章进行的第一次全面修改，在党章发展史上具有极为重要的里程碑意义，树立了党章修改的典范，成为以后党章修改的蓝本。

1928 年在莫斯科召开的中国共产党第六次全国代表大会，是一次比较特殊的大会，它是党的历史上唯一一次没有在中国国内召开的党的全国代表大会。这是因为 1927 年蒋介石集团叛变革命后，大革命宣告失败，国内形势比较危急，在这种情况下召开党的全国代表大会比较危险。迫于形势的需要，党中央根据革命发展的实际情况，最终决定在莫斯科召开党的第六次全国代表大会，并对《中国共产党党章》进行了第四次修改。1931 年 5 月，中共中央通过了《中央巡视条例》，这是党的历史上第一个关于巡视方面的党内法规。

1934 年 10 月，第五次反“围剿”失败后，中央主力红军为摆脱国民党军队的包围追击，被迫实行战略性转移，进行长征。在长征途中爆发了张国焘另立中央、分裂党和红军的严重事件。红军长征胜利后，又爆发了王明在长江局工作期间闹独立、不执行党的决定的严重事件。这两个事件给党的工作和革命事业带来了重大损失。为了纠正错误、吸取教训，1938 年 9 月 29 日至 11 月 6 日，党中央在延安召开了党的六届六中全会。毛泽东同志针对张国焘、王明的错误思想，专门在全会上作了题为《抗日民族战争与抗日民族统一战线发展的新阶段》的政治报告，指出：“必须重申党的纪律：（一）个人服从组织；（二）少数服从多数；（三）下级服从上级；（四）全党服从中央。谁破坏了这些纪律，谁就破坏了党的统一。经验证明：有些破坏纪律的人，是由于他们不懂得什么是党的纪律；有些明知故犯的人，例如张国焘，则利用许多党员的无知以售其奸。因此，必须对党员进行有关党的纪律的教育，既使一般党员能遵守纪律，又使一般党员能监督党的领袖人物也一起遵守纪律，避免再发生张国焘事件。为使党内关系走上正轨，除了上述四项最重要的纪律外，还须制定一种较详细的党内法规，以统一各级领导机关的行动。”① 这是党内第一次正式使用“党内法规”这个概念。

根据毛泽东同志的建议，党的六届六中全会通过了《关于中央委员会工作规则与纪律的决定》和《关于各级党部工作规则与纪律的决定》等一系列关于党内政治纪律的规定，强调要把纪律教育作为“党的建设的一课”，对促进党的团结统一发挥了重要作用。《关于中央委员会工作规则与纪律的决定》和《关于各级党部工作规则与纪律的决定》，正式确立了“四个服从”原则，对各级党委权力的形成与行使，以及领导成员与领导集体、领导成员之间、上下级之间的关系如何处置，作出了明确和具体的规定，对于全党树立纪律和规矩意识，做到按程序和规矩办事起到了极为重要的作用。党的六届六中全会以后，“四个服从”成为中国共产党民主集中制领导制度形成的显著标志。“四个服从”既反映了民主，又体现了集中，是正确处理党内各种关系的基本准则。同时，在这次会议上，刘少奇同志作了关于党规党法的报告，这是党的领导人第一次在讲话使用“党规党法”的名称。1945 年，刘少奇同志在《关于修改党章的报告》（即《论党》）这篇文章中进一步提出“党章，党的法规，不仅是要规定党的基本原则，而且要根据这些原则规定党的组织之实际行动的方法，规定党的组织形式与党的内部生活的规则”②，把党章、党内法规的内涵作用进行了进一步的界定和完善。

1945 年 6 月，中国共产党第七次全国代表大会通过了新党章，这个党章是党在民主革命时期独立自主制定的第一部党章。原来的党章受其他因素的影响比较多，七大党章是中国共产党独立自主制定的，是党发展成熟的一个标志，在党内法规发展史上也具有里程碑意

---

① 毛泽东选集：第 2 卷. 北京：人民出版社，1991：528.

② 中共中央文献研究室，中共中央党校. 刘少奇论党的建设. 北京：中央文献出版社，1991：46.

义。七大党章第一次增加了总纲部分，第一次把毛泽东思想作为党的指导思想写入党章。

总的来看，在萌芽生长阶段，党内法规的发展具有如下特点：一是这一时期比较重视党的制度建设，不断健全党的民主集中制，规范党的集体领导制度、工作制度和党的纪律，保证了党的团结统一，保证了革命战争的胜利。二是由于所处的外部环境条件和制定技术等原因，党内法规主要是把党的纪律以规范形式表现出来，政治性较强，规范性较缺。三是这一时期的党内法规强调的是保密性、时效性和灵活性，稳定性不足。这一时期党内法规数量较多，但往往是针对同一内容或同一法规的反复修改，主要基于现实需要，因形势变化而不断修正规范，强调党内法规与社会现实的适应性。

建党之后到中华人民共和国成立之前这段时期，我们称之为新民主主义革命时期，革命往往伴随的是战争。西方法谚曾说“枪炮隆隆，法律无声”，“紧急状态无法律”，说的是在战争、突发事件等特殊情况下，法律的作用是较为有限的，甚至可能无法发挥正常情况下的应有作用。通过这一阶段的党内法规发展历史也可以看出，党内法规的发展受到革命形势、战争形势的影响比较大，作用的发挥也受到一定限制。但即使是在革命时期、在白色恐怖的特殊时期，中国共产党仍然注重党内法规制度建设，这种从一开始就注重依规治党的优良传统，为后来尤其是改革开放后的党内法规制度建设奠定了良好的历史基础。

第二节　探索前进时期（1949—1978 年）

中华人民共和国成立后，社会主义改造逐渐完成，以党的八大召开为标志，中国进入了社会主义社会建设阶段，开始了艰辛的社会主义建设探索，党内法规制度建设也随之进入了探索摸索阶段。从 1949 年中华人民共和国成立到 1978 年改革开放，这个时期我们称之为党内法规的曲折前进时期。

1949 年 1 月 1 日，蒋介石政权面对节节败退的战局，提出了国民党接受中共和谈的最低条件：“只要和谈无害于国家的独立完整，而有助于人民休养生息，只要神圣的宪法不由我而违反，民主宪政不因此而破坏，中华民国的国体能够确保，中华民国的法统不致中断，军队有确实的保障，人民能够维持其自由的生活方式与目前最低的生活水准，则我个人更无复他求。”针对蒋介石的这个和谈申明，1949 年 1 月 14 日，中共中央发表了《中共中央主席毛泽东关于时局的声明》，提出和谈的八点主张：惩办战争罪犯；废除伪宪法；废除伪法统；依据民主原则改编一切反动军队；没收官僚资本；改革土地制度；废除卖国条约；召开没有反动分子参加的政治协商会议，成立民主联合政府，接收南京国民党反动政府及其所属各级政府的一切权力。1949 年 2 月 22 日，中共中央发布了由中央法律委员会主任王明代写的《关于废除国民党六法全书确定解放区司法原则的指示》，明确指出：“法律是统治阶级以武装强制执行的所谓国家意识形态，法律和国家一样，只是保护一定统治阶级利益的工具。国民党的《六法全书》和一般资产阶级法律一样，以掩盖阶级本质的形式出现。国民党的全部法律只能是保护地主与买办官僚资产阶级反动统治的工具，镇压与束缚广大人民群众的武器。”这个指示直接决定了当时党内法规建设的指导方向，明确确定了不论是法律还是党内法规，当时都被认为是维护统治阶级的一个工具，理应予以废除。

1949 年 10 月发布的《关于中央人民政府成立后宣传工作中应注意事项的指示》进一步提出：“在中央人民政府成立后，凡属政府职权范围者应由中央人民政府讨论决定，由政府明令颁布实施。其属于全国范围者应由中央政府颁布，其属于地方范围者由地方政府颁布，不要再如过去那样有时以中国共产党名义向人民发布行政性质的决定、决议或通知。”由此可见，中华人民共和国成立之后，中国共产党已经意识到了党的制度和政府制度的区别，并为此制定了好几个党内法规。1956 年 9 月，党的第八次全国代表大会通过了党章，这是中国共产党的第一部执政党章，第一次规定了全国、省、县三级实行党的代表大会常任制。1963 年颁布了三个条例：《中国共产党农村基层组织工作条例试行草案》、《中国共产党国营工业企业基层组织工作条例试行草案》和《中国共产党商业企业基层组织工作条例试行草案》。这都是党内法规建设的成果。但由于受到当时的政治大形势影响，尤其是受到“以阶级斗争为纲”的影响，这些党内法规并没有严格地执行下去。

中华人民共和国成立初期，没有严格区分党内文件和党内法规，更没有明确党内文件、党内规范性文件和国家法律之间的区别。在这种思维的主导之下，1969 年中国共产党第九次全国代表大会修订了党章，确定了以阶级斗争为纲，删除了党内民主集体领导、党员的权利和义务等条文，取消了党的监察机关。1973 年 8 月，中国共产党第十次全国代表大会召开，党章整体上是第九次全国代表大会党章的延续。1977 年，中国共产党第十一次全国代表大会又修改了党章，这一时期的党章带有两面性：一方面坚持了以阶级斗争为纲的一些观点，另一方面进行了某种程度的拨乱反正。

这一时期的党内法规经历了比较曲折的发展历程，具有以下几个特点：一是这一时期的党内法规注重规范党与国家的关系，注重解决如何执政、如何处理好党与国家及政府的关系问题，通过党内法规主动设定执政规范，逐步形成了有中国特色的党委领导下的分工负责制。二是这一时期党章的指导思想和组织原则出现混乱，党内法规体系的基石不稳，严重影响了党内各种关系的稳定和发展。三是这一时期党内法规的规范体系仍然没有建立，具体名称种类繁多，效力等级不定，更多地被看作党中央对全党的指示命令，体系化建设明显滞后。四是这一时期党内法规制度体系建设受到各种“运动”影响，缺乏稳定性，运动治理带有浓厚的人治色彩，冲击了法制，破坏了法规体系，对党内法规制度体系建设更多的是一种消极的消解作用。

第三节　改革发展时期（1978—2012 年）

党的十一届三中全会开启了改革开放和社会主义现代化建设新时

期。在总结中华人民共和国成立之后兴衰变化的经验教训的基础上，中国共产党对制度建设的认识越来越深入。改革开放以后，以邓小平同志为核心的党的第二代中央领导集体重视党的制度建设，确立了制度建党思想，标志着党内法规建设由自发阶段走向自觉阶段。

1978 年 12 月 13 日，邓小平在中央工作会议闭幕会上强调，国要有国法，党要有党规党法。“党章是最根本的党规党法。没有党规党法，国法就很难保障。”① 这是第一次把党规党法与国家法律放在同等重要的位置，深刻揭示了党内法规的地位和作用，阐述了党规党法与国家法律的关系。1978 年 12 月 18 日至 22 日，党的十一届三中全会召开，提出了“健全党规党法，严肃党纪”的要求。随后，中央接连发布了《关于党内政治生活的若干准则》《关于高级干部生活待遇的若干规定》等一批重要党内法规，总结了历史上党内政治生活的经验教训，把党章的有关规定和民主集中制的原则具体化，成为从法规制度上加强党的建设的重要举措，为实现党风根本好转发挥了重大历史作用、产生了深远影响。在 1980 年中央颁布的《关于党内政治生活的若干准则》中，明确提出“必须认真维护党规党法”，这是在中央文件中首次使用了党规党法这一概念。

1982 年 9 月，中国共产党第十二次全国代表大会修改了党章。第一次规定党必须在宪法和法律的范围内进行活动。

1987 年 11 月，中国共产党第十三次全国代表大会通过了《中国共产党章程部分条文修正案》，第一次规定了党组织决定重要问题要进行表决，第一次规定了实行差额选举，第一次突出了党的领导要逐步走向制度化，为制度治党提供了规范依据，奠定了制度基础。

1990 年 7 月，党中央颁布了《中国共产党党内法规制定程序暂行条例》，这是党的历史上首次以党内法规的形式界定“党内法规”，对党内法规的名称、适用范围、制定主体、制定程序等作了规定，极大地推进了党内法规制定工作制度化、规范化。《中国共产党党内法规制定程序暂行条例》是关于党内法规制定方面的一个专门法规，因

---

① 邓小平文选：第 2 卷. 北京：人民出版社，1994：165.

此它被称为党内的第一个“立法法”。1990 年 11 月，党中央发布《中共中央办公厅关于党内法规备案工作有关问题的通知》。1991 年 2 月，党中央印发《关于加强党对国家立法工作领导的若干意见》，凸显了党对立法工作和制度建设工作的重视。

1992 年 10 月，中国共产党第十四次全国代表大会修改的党章明确提出党的各级纪委的主要任务是“维护党的章程和其他党内法规”。这标志着“党内法规”这个概念首次得到党的根本大法——党章的正式确认，这在党内法规制度建设史上具有极为重要的里程碑意义，为我们实现“在各方面形成一整套更加成熟更加定型的制度”提供了有力保障。1997 年 9 月，中国共产党第十五次全国代表大会通过《中国共产党章程修正案》，把邓小平理论确立为全党指导思想，强调要坚持“党要管党”的原则，把从严治党的方针贯彻到党的建设的各项工作中去，坚决改变党内存在的纪律松弛和软弱涣散的现象，严格按党章办事，按党的制度和规定办事。

2001 年，在庆祝中国共产党成立 80 周年大会上的讲话中，江泽民同志全面阐述了“从严治党”的方针。他指出：“从严治党，必须全面贯彻于党的思想、政治、组织、作风建设，切实体现到对各级党组织、广大党员和干部进行教育、管理、监督的各个环节中去。各级党组织和每个党员都要严格按照党的章程和党内法规行事，严格遵守党的纪律。各级领导干部都要自重、自省、自警、自励，始终注意讲学习、讲政治、讲正气。要经常运用批评和自我批评的武器，开展积极的思想斗争，坚持真理，修正错误。各级党组织都要努力增强解决自身矛盾的能力，勇于正视和解决存在的问题，决不回避和粉饰。”① 这次讲话将从严治党与党的制度建设特别是党章党规党纪紧密结合，开启了从严治党与制度治党协同发展、一体推进的先河。

2002 年，中国共产党第十六次全国代表大会进一步修改党章，这次修改党章主要是增加了依法治国、建设社会主义法治国家的内容。这标志着中国共产党对法治建设内容的进一步深化。党的十六大

---

① 江泽民文选：第 3 卷. 北京：人民出版社，2006：290 - 291.

以来，中国共产党坚持科学执政、民主执政、依法执政，把党内法规建设放在更加突出的位置上，推动党内法规制度建设取得了新的进展。2006 年 1 月，胡锦涛同志在中央纪委第六次全体会议上提出“加强以党章为核心的党内法规制度体系建设”。这是党的历史上第一次提出建设党内法规制度体系这一重大任务，标志着党内法规制度建设进入了体系化建设的新阶段。2007 年 10 月，中国共产党第十七次全国代表大会通过的党章，第一次规定党的各级组织按规定实行党务公开、党的各级代表大会实行任期制、党的中央和省、自治区、直辖市委员会实行巡视制度。党的十七大以来，中国共产党着眼于提升自身建设的科学化水平，逐步建立健全以党章为根本、以民主集中制为核心的制度体系，制度建设的科学化水平整体提升，制度创新成果明显增多，党的工作制度、组织制度、领导制度、选举制度、监督保障制度等不断丰富和完善。中国共产党在不断推进制度建设和制度创新的实践中，积累了不少宝贵经验，提炼并深化了对共产党执政规律和执政党自身建设规律的认识。

为了加强党内法规制度建设，早在 1991 年 4 月，党中央批准成立中共中央办公厅法规室，承担党中央制定党内法规和党中央领导国家立法的具体服务工作。2011 年 7 月，中共中央办公厅法规室更名为中共中央办公厅法规局，负责党内法规制定和规划计划草案拟订，以及组织协调党内法规起草、审核、备案、解释、清理等工作，标志着党内法规建设进一步提升和加强。总的来看，从改革开放到党的十八大之前，这一时期的党内法规制度建设快速推进，党内法规制度体系迅速发展，确立了党内法规制度建设的原则要求、目标任务、组织机构等重要问题，制定了一大批思想建设、组织建设、廉政建设、作风建设等领域的基础性骨干制度法规，出台了一系列配套法规制度，为实现党科学执政、民主执政、依法执政提供了坚实的制度基础。

第四节 全面推进时期（2012 年至今）

党的十八大以来，以习近平同志为核心的党中央高度重视党内法规建设，明确要求将党内法规建设作为事关党长期执政和国家长治久安的重大战略任务，摆到更加突出的位置上来切实抓紧、抓好，引领党内法规制度建设进入了新时代。

一、党的十八大：把制度建设摆在突出位置

2012 年 11 月 8 日，党的十八大提出，全党要增强紧迫感和责任感，牢牢把握加强党的执政能力建设、先进性和纯洁性建设这条主线，坚持解放思想、改革创新，坚持党要管党、从严治党，全面加强党的思想建设、组织建设、作风建设、反腐倡廉建设、制度建设，增强自我净化、自我完善、自我革新、自我提高能力，建设学习型、服务型、创新型的马克思主义执政党，确保党始终成为中国特色社会主义事业的坚强领导核心。党的十八大提出的“把制度建设摆在突出位置”，为随后几年来的党的制度建设尤其是大力开展党内法规制度建设确定了主基调。在党的制度建设中，党内法规制度建设是最基本、最核心的制度，所以在党的十八大报告的“十二、全面提高党的建设科学化水平”部分，专门强调“坚持党要管党、从严治党，全面加强党的思想建设、组织建设、作风建设、反腐倡廉建设、制度建设”，把党的制度建设作为党的建设五大重要内容之一，充分显示了党中央对党的制度建设的高度重视。

1. 党的十八届三中全会：把深化党的建设制度改革作为推进国家治理体系和治理能力现代化的重要方面

2013 年 11 月 12 日，党的十八届三中全会审议通过了《中共中央关于全面深化改革若干重大问题的决定》（以下简称《全面深化改革决定》）。《全面深化改革决定》提出，全面深化改革的总目标是完善和发展中国特色社会主义制度，推进国家治理体系和治理能力现代

化，必须更加注重改革的系统性、整体性、协同性，加快发展社会主义市场经济、民主政治、先进文化、和谐社会、生态文明，让一切劳动、知识、技术、管理、资本的活力竞相迸发，让一切创造社会财富的源泉充分涌流，让发展成果更多更公平惠及全体人民。[①] 党的十八届三中全会把深化党的建设制度改革作为推进国家治理体系和治理能力现代化的重要方面。国家治理体系和治理能力现代化有很多表现形式，其中，党的建设的制度化就是国家治理体系和治理能力现代化的一个重要体现。党的十八届三中全会将党的制度建设上升为国家治理体系和治理能力现代化的程度，紧紧围绕提高科学执政、民主执政、依法执政水平深化党的建设制度改革，加强民主集中制建设，完善党的领导体制和执政方式，保持党的先进性和纯洁性，为改革开放和社会主义现代化建设提供了坚强政治保证，为进一步深入开展党内法规制度建设奠定了制度基础。

2. 党的十八届四中全会：将党内法规体系确立为全面依法治国总目标的重要内容

2014 年 10 月，党的十八届四中全会历史性地将“形成完善的党内法规体系”确立为全面依法治国总目标的重要内容，对加强党内法规制度建设作出了全面部署。全面依法治国的总目标是建设中国特色社会主义法治体系，建设社会主义法治国家。中国特色社会主义法治体系包含的内容是：在中国共产党的领导之下，坚持中国特色社会主义制度，贯彻中国特色社会主义法治理论，形成完备的法律规范体系、形成高效的法治实施体系、形成严密的法治监督体系、形成有力的法治保障体系，形成完善的党内法规体系。党的十八届四中全会进一步将党内法规纳入中国特色社会主义法治体系之中，将“形成完善的党内法规体系”确立为全面依法治国总目标的重要内容，努力形成国家法律法规与党内法规制度相辅相成、相互促进、相互保障的格局。十八届四中全会对于党内法规发展是非常重要的，它专门提出全面依法治国的总目标是“形成完备的法律规范体系、高效的法治实施

① 中共中央关于全面深化改革若干重大问题的决定. 人民日报，2013－11－16.

体系、严密的法治监督体系、有力的法治保障体系，形成完善的党内法规体系”①。这五大体系中，前四个是关于国家法律法规的，第五个是关于党内法规体系的。这是中国法治发展史上第一次将党内法规制度体系与国家法律法规体系并列起来，一起作为管党治党、治国执政的基本方式，具有划时代的里程碑意义。

3. 党的十八届五中全会：全面提高党依据宪法法律治国理政、依据党内法规管党治党的能力和水平

2015 年 10 月 29 日，党的十八届五中全会通过了《中共中央关于制定国民经济和社会发展第十三个五年规划的建议》（以下简称《建议》）。《建议》提出，党的领导是中国特色社会主义制度的最大优势，是实现经济社会持续健康发展的根本政治保证。必须贯彻全面从严治党要求，不断增强党的创造力、凝聚力、战斗力，不断提高党的执政能力和执政水平，确保我国发展航船沿着正确航道破浪前进。反腐倡廉建设永远在路上，反腐不能停步、不能放松。要坚持全面从严治党，落实“三严三实”要求，严明党的纪律和规矩，落实党风廉政建设主体责任和监督责任，健全改进作风长效机制，强化权力运行制约和监督，巩固反腐败成果，构建不敢腐、不能腐、不想腐的有效机制，努力实现干部清正、政府清廉、政治清明，为经济社会发展营造良好政治生态。要运用法治思维和法治方式推动发展。厉行法治是发展社会主义市场经济的内在要求。必须坚持依法执政，全面提高党依据宪法法律治国理政、依据党内法规管党治党的能力和水平。② 因此，党的十八届五中全会把依规治党和依法治国作为党依法执政的两个轮子，要求全面提高党依据宪法法律治国理政、依据党内法规管党治党的能力和水平。把依规治党和依法治国作为“车之两轮、鸟之两翼”并行推进，对党内法规理论研究和制度实践的深入开展具有极大的促进作用。

4. 党的十八届六中全会：审议通过《关于新形势下党内政治生

① 习近平谈治国理政：第 2 卷. 北京：外文出版社，2017：119.

② 中共中央关于制定国民经济和社会发展第十三个五年规划的建议. 人民日报，2015-11-04.

活的若干准则》和《中国共产党党内监督条例》

2016年10月24～27日，党的十八届六中全会举行。十八届六中全会一个非常突出的成果是，深刻总结了十八大以来党内政治生活和党内监督的理论和实践创新成果，审议通过了《关于新形势下党内政治生活的若干准则》和《中国共产党党内监督条例》，进一步扎紧制度笼子、夯实依规治党的制度基础，进一步完善全面从严治党的制度体系、把党的建设新的伟大工程推向前进。党的十八届六中全会坚持思想建党和制度治党紧密结合，审议通过了《关于新形势下党内政治生活的若干准则》和修订后的《中国共产党党内监督条例》两部重要的党内法规。这两部都是党内法规体系中比较核心、比较基础的骨干党内法规，也是此次全会最大的一个成果。在党的一次全会上通过两部重要党内法规，由此也可以看出党中央对党内法规制度建设的高度重视。

二、党的十九大：加快形成覆盖党的领导和党的建设各方面的党内法规制度体系

2017年10月18日，中国共产党第十九次全国代表大会召开。党的十九大对新时代中国特色社会主义事业作了规划部署，其中对新时代党内法规制度建设也作了规划部署。党的十九大提出，新时代党的建设，要坚持和加强党的全面领导，坚持党要管党、全面从严治党，以加强党的长期执政能力建设、先进性和纯洁性建设为主线，以党的政治建设为统领，以坚定理想信念宗旨为根基，以调动全党积极性、主动性、创造性为着力点，全面推进党的政治建设、思想建设、组织建设、作风建设、纪律建设，把制度建设贯穿其中，深入推进反腐败斗争，不断提高党的建设质量，把党建设成为始终走在时代前列、人民衷心拥护、勇于自我革命、经得起各种风浪考验、朝气蓬勃的马克思主义执政党。要实现这个伟大目标，我们党既要政治过硬，也要本领高强，尤其是要增强依法执政本领，加快形成覆盖党的领导和党的建设各方面的党内法规制度体系，加强和改善对国家政权机关

的领导。[①]

1. 党的十九届二中全会：在宪法条文中充实坚持和加强中国共产党全面领导的内容

2018年1月18日至19日，党的十九届二中全会审议并通过了《中共中央关于修改宪法部分内容的建议》。2018年3月11日十三届全国人大一次会议经投票表决通过了《中华人民共和国宪法修正案》，充实了坚持和加强中国共产党全面领导的内容。宪法修正案在宪法第一章《总纲》第1条第2款“社会主义制度是中华人民共和国的根本制度”后增写一句，内容为“中国共产党领导是中国特色社会主义最本质的特征”[②]。这样修改的主要考虑是：中国共产党是执政党，是国家的最高政治领导力量。中国共产党领导是中国特色社会主义最本质的特征，是中国特色社会主义制度的最大优势。宪法从社会主义制度的本质属性角度对坚持和加强党的全面领导进行规定，有利于在全体人民中强化党的领导意识，有利于把党的领导落实到国家工作全过程和各方面，确保党和国家事业始终沿着正确方向前进。在宪法条文中增加坚持和加强中国共产党全面领导的内容，对于党内法规制度建设具有重要的影响。一方面，在宪法条文中增加党的领导条款，为党内法规制度建设提供了最高法依据。宪法是国家根本大法，是治国理政的总章程，是党和人民意志的集中体现，是中国特色社会主义法治体系的总遵循。不仅国家法律要根据宪法来制定，作为中国特色社会主义法治体系的重要组成部分的党内法规也要根据宪法来制定。在党的领导条款写入宪法条文之前，党内法规制度体系的最高规范依据是党章，但在党的领导条款写入宪法条文之后，党内法规制度体系的最高规范依据就变成了宪法，宪法成为了党内法规制度体系的最高法和制高点。由此，宪法不仅控制国家法律体系的发展方向，更是直接统摄到整个党内法规制度体系建设，宪法本身也成为党内法规制度体系的重要组成部分并具有最高效力位阶。另一方面，在宪法条文中增加

① 习近平. 决胜全面建成小康社会 夺取新时代中国特色社会主义伟大胜利——在中国共产党第十九次全国代表大会上的报告. 人民日报，2017-10-28.

② 中华人民共和国宪法修正案. 人民日报，2018-03-12.

党的领导条款，要求新时代党内法规制度建设必须符合宪法精神。宪法不仅是国家的根本法、治国安邦的总章程，而且是保障人民民主权利、维护人民根本利益的法律武器。党的十九届二中全会提出，要在全党全社会深入开展尊崇宪法、学习宪法、遵守宪法、维护宪法、运用宪法的宣传教育活动，大力弘扬宪法精神，大力弘扬社会主义法治精神，不断增强人民群众的宪法意识。新时代新使命新目标，对提高依法治国、依宪治国工作水平提出新的更高要求。同时，要在全社会深入开展宪法教育，大力弘扬宪法精神，增强公民的宪法观念、法治意识、法律素质，提高各级领导干部和执法人员依法决策、依法行政、依法办事的水平，使宪法精神植根心底，让法治信仰蓬勃生长，为新时代伟业提供有力宪法保障。由于宪法在党内法规制度体系中的地位要高于党章，党章也要遵守宪法，所以党中央才专门强调："全国各族人民、一切国家机关和武装力量、各政党和各社会团体、各企业事业组织，都必须以宪法为根本的活动准则，都负有维护宪法尊严、保证宪法实施的职责。"党内法规制度建设作为党的一项重要工作，必须坚持宪法至上、党章为本，符合宪法规定和宪法精神，以坚持和加强党的全面领导、监督和制约权力、保障人民民主权利、维护人民根本利益为根本价值取向。

2. 党的十九届三中全会：完善党和国家机构法规制度

2018 年 2 月 28 日，党的十九届三中全会审议通过了《中共中央关于深化党和国家机构改革的决定》和《深化党和国家机构改革方案》。全会提出，深化党和国家机构改革是推进国家治理体系和治理能力现代化的一场深刻变革。党和国家机构职能体系是中国特色社会主义制度的重要组成部分，是中国共产党治国理政的重要保障。深化党和国家机构改革的首要任务是，加强党对各领域各方面工作领导。确保党的领导全覆盖，确保党的领导更加坚强有力。为此，要建立健全党对重大工作的领导体制机制，强化党的组织在同级组织中的领导地位，更好发挥党的职能部门作用，统筹设置党政机构，推进党的纪律检查体制和国家监察体制改革。全会提出，机构编制法定化是深化党和国家机构改革的重要保障。依法管理各类组织机构，加快推进机构、职能、权限、程序、责任法定化，完善党和国家机构法规制度，全面推行政府部门权责清单制度，规范和约束履职行为，让权力在阳光下运行，强化机构编制管理刚性约束，加大机构编制违纪违法行为查处力度。①

3. 党的十九届四中全会：坚持和完善中国特色社会主义制度、推进国家治理体系和治理能力现代化

2019 年 10 月 31 日，党的十九届四中全会审议通过了《中共中央关于坚持和完善中国特色社会主义制度、推进国家治理体系和治理能力现代化若干重大问题的决定》。全会提出，中国特色社会主义制度是党和人民在长期实践探索中形成的科学制度体系，我国国家治理一切工作和活动都依照中国特色社会主义制度展开，我国国家治理体系和治理能力是中国特色社会主义制度及其执行能力的集中体现。这些显著优势，是我们坚定中国特色社会主义道路自信、理论自信、制度自信、文化自信的基本依据。坚持和完善中国特色社会主义制度、推进国家治理体系和治理能力现代化的总体目标是，到中国共产党成立一百年时，在各方面制度更加成熟更加定型上取得明显成效；到二〇三五年，各方面制度更加完善，基本实现国家治理体系和治理能力现代化；到中华人民共和国成立一百年时，全面实现国家治理体系和治理能力现代化，使中国特色社会主义制度更加巩固、优越性充分展现。②

4. 十九届五中全会：坚持和完善党领导经济社会发展的体制机制，坚持和完善中国特色社会主义制度

2020 年 10 月 29 日，党的十九届五中全会审议通过了《中共中央关于制定国民经济和社会发展第十四个五年规划和二〇三五年远景目标的建议》，提出了“十四五”时期经济社会发展指导思想和必须遵循的原则，强调要坚持党的全面领导，坚持和完善党领导经济社会发展的体制机制，坚持和完善中国特色社会主义制度，不断提高贯彻

---

① 中共中央关于深化党和国家机构改革的决定. 人民日报，2018-03-05.

② 中共中央关于坚持和完善中国特色社会主义制度　推进国家治理体系和治理能力现代化若干重大问题的决定. 人民日报，2019-11-06.

新发展理念、构建新发展格局能力和水平，为实现高质量发展提供根本保证。坚持以人民为中心，坚持新发展理念，坚持深化改革开放，坚持系统观念。在制度建设方面，全面深化改革，构建高水平社会主义市场经济体制。坚持和完善社会主义基本经济制度，充分发挥市场在资源配置中的决定性作用，更好发挥政府作用，推动有效市场和有为政府更好结合。①

5. 党的十九届六中全会：深入总结建党百年法治建设的成就和经验，为新时代推进全面依法治国提供了遵循

2021 年 11 月 11 日党的十九届六中全会审议通过了《中共中央关于党的百年奋斗重大成就和历史经验的决议》，回顾了党走过的百年奋斗历程，总结了党的百年奋斗重大成就和历史经验，着重阐释了党的十八大以来党和国家事业取得的历史性成就、发生的历史性变革，对实现第二个百年奋斗目标提出了明确要求，是一篇马克思主义的纲领性文献，是新时代中国共产党人牢记初心使命、坚持和发展中国特色社会主义的政治宣言，是以史为鉴、开创未来、实现中华民族伟大复兴的行动指南。该决议高度重视法治建设，深入总结建党百年法治建设的成就和经验，为新时代推进全面依法治国提供了遵循。该决议强调，我们党坚持以党章为根本遵循，把纪律建设纳入党的建设总体布局，坚持纪严于法、执纪执法贯通，深化运用"四种形态"，建成内容科学、程序严密、配套完备、运行有效的党内法规制度体系，锲而不舍抓执行，全体党员制度意识、纪律意识、规矩意识不断增强，逐步习惯在受监督和约束的环境中工作生活。②

三、新时代党内法规建设的历史性成就

为了做好党内法规工作，按照党中央的部署，党内法规的规划、制定、清理、备案、宣传等各项工作都在全面推进，党内法规工作的格局已经基本形成。党内法规制定工作步伐加快，制定出台了一大批

① 中共十九届五中全会在京举行. 人民日报，2020-10-30.

② 中共中央关于党的百年奋斗重大成就和历史经验的决议. 人民日报，2021-11-17.

重要党内法规，建立了党内法规备案工作体系。党的十八大以来的党内法规建设主要有以下几个方面的工作。

1. 修改完善党章

2012 年 11 月，中国共产党第十八次全国代表大会通过《中国共产党章程（修正案）》，进一步完善了党章；2017 年 10 月，中国共产党第十九次全国代表大会审议并一致通过十八届中央委员会提出的《中国共产党章程（修正案）》，决定这一修正案自通过之日起生效。

2. 加强顶层设计

2013 年 11 月，中共中央颁布《中央党内法规制定工作五年规划纲要（2013—2017 年）》。这是党的历史上第一个党内法规制定工作五年规划纲要，明确提出到建党 100 周年时要全面建成内容科学、程序严密、配套完备、运行有效的党内法规制度体系。2018 年 2 月 23 日，中共中央公布了《中央党内法规制定工作第二个五年规划（2018—2022 年）》。该规划深入贯彻落实习近平新时代中国特色社会主义思想和党的十九大精神，着眼于到建党 100 周年时形成比较完善的党内法规制度体系，对今后 5 年党内法规制度建设进行顶层设计，提出了指导思想、目标要求、重点项目和落实要求，是推进新时代党内法规制度建设的重要指导性文件。

3. 构建党规体系

这段时期党的领导和党的工作的规范化日益明显，最主要的体现就是制定了一系列重要的党内法规。2012 年制定了《关于改进工作作风、密切联系群众的八项规定》；2013 年制定了《党政机关厉行节约反对浪费条例》《党政机关国内公务接待管理规定》；2014 年制定了《事业单位人事管理条例》《党政领导干部选拔任用工作条例》；2015 年制定通过了《中国共产党统一战线工作条例（试行）》《中国共产党党组工作条例（试行）》《中国共产党巡视工作条例》《中国共产党廉洁自律准则》《中国共产党纪律处分条例》《中国共产党地方委员会工作条例》等；2016 年制定通过了《关于新形势下党内政治生活的若干准则》《中国共产党党内监督条例》《中国共产党问责条例》等重要党内法规；2017 年制定了《中国共产党党务公开条例（试行）》《中国共产党工作机关条例（试行）》等重要党内法规；2018年修订、制定了《中国共产党纪律处分条例》《中国共产党支部工作条例（试行）》等重要党内法规；2019年修订、制定了《中国共产党党内法规制定条例》《中国共产党问责条例》《中国共产党宣传工作条例》等重要党内法规；2020年修订、制定了《中国共产党中央委员会工作条例》《中国共产党统一战线工作条例》《中国共产党党员权利保障条例》等重要党内法规；2021年修订、制定了《中国共产党普通高等学校基层组织工作条例》《中国共产党组织工作条例》《中国共产党党徽党旗条例》《中国共产党纪律检查委员会工作条例》等重要党内法规。党的十八大以来，党中央针对全党重大问题，出台147部实践急需、务实管用的中央党内法规，占现行有效中央党内法规70%，填补大量制度空白，引领带动党内法规体系建设加速推进。[①] 通过制定、修订这些重要的党内法规，党内法规的“四梁八柱”逐步建立起来，党内法规制度体系也逐渐趋于完善。

总的来看，党的十八大以来，党内法规制度建设更加强调全面从严治党要求，更加强调党内法规的体系性和规范性，不断健全党内法规制度体系，完善党内法规工作体制机制，标志着党内法规制度建设日趋成熟和定型，党内法规这一概念也逐渐深入人心，得到了广大党员干部和群众的普遍认可，日益成为全面依法治国的重要内容和中国特色社会主义法治建设的重要组成部分。

① 中共中央办公厅法规局．中国共产党党内法规体系．人民日报，2021-08-04．

第三章 党内法规原则

在党内法规体系中，党内法规原则具有重要的作用，直接决定了党内法规的基本性质、核心内容和价值取向，是党内法规的精神、本质和要求最集中的体现，构成了整个党内法规体系的价值基础和制度基石。党内法规原则对党内法规制度内部和谐统一具有重要保障作用，对依规治党、制度治党具有价值引导作用。

第一节 党内法规的原则及其分类

一、党内法规原则的概念

党内法规原则是指集中反映党内法规的一定内容、本质和要求的指导原理和准则，贯穿于具体党内法规规范之中。党内法规原则较之党内法规规范更直接地反映出党内法规的内容、本质，以及党内生活的趋势、要求和规律性。从党内法规实施上看，党内法规原则也具有重要作用，可以指导党内法规的解释和推理，补充规范漏洞，强化规范的适用能力。党内法规原则在中国特色社会主义法治体系建设中发挥着极为重要的作用，在党内法规的文本中，党内法规原则几乎是每一个党内法规都必不可少的重要内容之一。

2021 年 5 月 22 日发布的《中国共产党组织工作条例》第 4 条规

定，党的组织工作遵循以下原则：（1）坚持党的全面领导；（2）坚持组织路线服务政治路线；（3）坚持民主集中制；（4）坚持党的群众路线；（5）坚持党管干部、党管人才；（6）坚持德才兼备、以德为先、任人唯贤；（7）坚持党的组织和党的工作全覆盖；（8）坚持实事求是、公道正派；（9）坚持依法依规、科学规范。

2020 年 12 月 25 日发布的《中国共产党党员权利保障条例》第 3 条规定，党员权利保障应当遵循以下原则：（1）坚持民主和集中相结合，既激发党员参与党内事务的热情，又要求党员按照党性原则行使权利；（2）坚持义务和权利相统一，切实履行党章规定的义务，正确行使各项权利，在宪法和法律的范围内活动；（3）坚持在党的纪律面前人人平等，不允许任何党员享有特权；（4）坚持充分全面保障党员权利，完善权利保障措施，畅通权利行使渠道，增强工作实效。

2019 年 9 月 1 日施行的《中国共产党问责条例》第 3 条规定，党的问责工作应当坚持以下原则：（1）依规依纪、实事求是；（2）失责必问、问责必严；（3）权责一致、错责相当；（4）严管和厚爱结合、激励和约束并重；（5）惩前毖后、治病救人；（6）集体决定、分清责任。

2018 年 10 月 1 日施行的《中国共产党纪律处分条例》第 4 条规定，党的纪律处分工作应当坚持以下原则：（1）坚持党要管党、全面从严治党。加强对党的各级组织和全体党员的教育、管理和监督，把纪律挺在前面，注重抓早抓小、防微杜渐。（2）党纪面前一律平等。对违犯党纪的党组织和党员必须严肃、公正执行纪律，党内不允许有任何不受纪律约束的党组织和党员。（3）实事求是。对党组织和党员违犯党纪的行为，应当以事实为依据，以党章、其他党内法规和国家法律法规为准绳，准确认定违纪性质，区别不同情况，恰当予以处理。（4）民主集中制。实施党纪处分，应当按照规定程序经党组织集体讨论决定，不允许任何个人或者少数人擅自决定和批准。上级党组织对违犯党纪的党组织和党员作出的处理决定，下级党组织必须执行。（5）惩前毖后、治病救人。处理违犯党纪的党组织和党员，应当实行惩戒与教育相结合，做到宽严相济。

2017年12月20日施行的《中国共产党党务公开条例（试行）》第4条规定，党务公开应当遵循以下原则：（1）坚持正确方向。坚持维护以习近平同志为核心的党中央权威和集中统一领导，认真贯彻落实习近平新时代中国特色社会主义思想，牢固树立“四个意识”，坚定“四个自信”，把党务公开放到新时代中国特色社会主义的伟大实践中来谋划和推进，把坚持和完善党的领导要求贯彻到党务公开的全过程和各方面。（2）坚持发扬民主。保障党员民主权利，落实党员知情权、参与权、选举权、监督权，更好调动全党积极性、主动性、创造性，及时回应党员和群众关切，以公开促落实、促监督、促改进。（3）坚持积极稳妥。注重党务公开与政务公开等的衔接联动，统筹各层级、各领域党务公开工作，一般先党内后党外，分类实施，务求实效。（4）坚持依规依法。尊崇党章，依规治党，依法办事，科学规范党务公开的内容、范围、程序和方式，增强严肃性、公信度，不断提升党务公开工作制度化、规范化水平。

2017年7月1日修改的《中国共产党巡视工作条例》第4条规定，巡视工作坚持中央统一领导、分级负责；坚持实事求是、依法依规；坚持群众路线、发扬民主。

2017年3月1日施行的《中国共产党工作机关条例（试行）》第4条规定，党的工作机关开展工作应当遵循以下原则：（1）坚持加强党的领导，坚决维护党中央权威；（2）坚持党的政治路线、思想路线、组织路线、群众路线；（3）坚持贯彻民主集中制，增强党的团结统一和机关工作活力；（4）坚持各司其职、相互配合，确保党的各项工作协调一致、协同推进；（5）坚持全面从严治党、依规治党，依照党章党规履行职责；（6）坚持在宪法法律范围内活动，支持同级国家机关和其他组织依法依章程开展工作。

2015年12月25日施行的《中国共产党地方委员会工作条例》第4条规定，党的地方委员会工作必须遵循以下原则：（1）坚持高举中国特色社会主义伟大旗帜，坚决贯彻党的理论和路线方针政策。（2）坚持立党为公、执政为民，认真践行党的宗旨和群众路线。（3）坚持解放思想、实事求是、与时俱进、求真务实，结合本地区实际创造性开展工作。(4) 坚持民主集中制，增强党的地方委员会领导集体活力和党的团结统一。(5) 坚持党要管党、从严治党，始终保持党的先进性和纯洁性。(6) 坚持在宪法和法律范围内活动，依据党章和其他党内法规履职尽责。

由此可见，在具有基础性、核心性、骨干性作用的条例一级的重要党内法规中，原则部分几乎是每一部重要条例都不可或缺的重要内容，对该党内法规的指导方针、价值取向、制度体系、实践操作都有着重要的规范作用。

二、党内法规原则的分类

根据分类标准的不同，党内法规原则可以分为以下几类。

1. 按照党内法规原则对人的行为及其条件之覆盖面的宽窄和适用范围大小，可以把党内法规原则分为基本原则和具体原则

基本原则是整个党内法规体系所适用的、体现党内法规基本价值的原则，如党章所规定的民主集中制原则、从严管党治党原则、党必须在宪法和法律的范围内活动等原则。

具体原则是在基本原则指导下适用于党内法规某一领域或党的某一工作部门特定情形的原则，如《中国共产党党内法规制定条例》第7条规定的党内法规制定原则、《中国共产党问责条例》第3条规定的问责原则。

2. 按照党内法规原则产生的基础不同，可以把党内法规原则分为公理性原则和政策性原则

公理性原则，即由党内法规一般原理构成的原则，是由党内法规制度建设实践本身推导出来的原则，如围绕中心、服务大局，宪法为上、党章为本，整体推进、突出重点、发扬民主、科学制定，改革创新、与时俱进，严谨规范、有效管用，这些原则在整个党内法规领域都具有较强的普适性，对每一部党内法规来说都是必不可少的基本原则。

政策性原则是在推进党的某项具体工作时，出于一定的政策考量而制定的一些原则，如坚持惩前毖后、治病救人，坚持各司其职、相

互配合，确保党的各项工作协调一致、协同推进等。政策性原则具有针对性、阶段性和限定性，往往适用于特定时期、特定对象的特定工作，并不是放之四海而皆准。

3. 按照党内法规原则涉及的内容和问题不同，可以把党内法规原则分为实体性原则和程序性原则

实体性原则是指直接涉及实体性权利和义务等的原则，党章中所规定的多数原则属于此类。

程序性原则是指直接涉及程序、救济等问题的原则，如《党政领导干部选拔任用工作条例》中的民主、公开、竞争、择优原则，《中国共产党问责条例》中的分级负责、层层落实责任等原则。

第二节　党内法规的根本原则

党内法规的根本原则是对整个党内法规体系所适用的、贯穿于党内法规制度建设始终、体现党内法规根本价值的指导原则、指导方针的统称。从党内法规实践角度看，党内法规制度建设应该遵守以下根本原则。

一、坚持正确的政治方向

党规姓党，深入推进新时代党内法规制度建设必须坚持正确的政治方向。党的十九大报告指出，“党政军民学，东西南北中，党是领导一切的”。党是最高的政治领导力量，党的领导是做好党和国家各项工作的根本保证。我们每一个党组织、每一名党员干部，无论处在哪个领域、哪个层级、哪个部门和单位，都要把“坚决维护习近平总书记党中央的核心、全党的核心地位，坚决维护党中央权威和集中统一领导”作为根本政治准则和政治要求，坚决在思想上高度认同、政治上坚决维护、组织上自觉服从、行动上紧紧跟从。每一名党员干部都要做到党中央提倡的坚决响应，党中央决定的坚决照办，党中央禁止的坚决杜绝，决不允许上有政策、下有对策，决不允许有令不行、

有禁不止，决不允许在贯彻执行中央决策部署上打折扣、搞变通、做选择。因此，新时代党内法规制度建设，必须始终坚持党的领导，推动和引导全体党员把学懂弄通做实习近平新时代中国特色社会主义思想作为首要政治任务，不断学习、不断体悟，更好用党的创新理论成果武装头脑、指导实践、推动工作，树牢“四个意识”，坚定“四个自信”，做到“两个维护”，更加自觉地在思想上政治上行动上同以习近平同志为核心的党中央保持高度一致。

二、坚持鲜明的价值取向

党的十九大报告明确提出：“为什么人的问题，是检验一个政党、一个政权性质的试金石。带领人民创造美好生活，是我们党始终不渝的奋斗目标。”“我是谁、为了谁、依靠谁”是每个共产党员都要弄清楚的首要问题，党内法规建设同样也面临着“为什么人”的问题。党的十九大新修改的《中国共产党章程》对此作了明确规定：党除了工人阶级和最广大人民群众的利益，没有自己特殊的利益。党在任何时候都把群众利益放在第一位，同群众同甘共苦，保持最密切的联系，坚持权为民所用、情为民所系、利为民所谋，不允许任何党员脱离群众，凌驾于群众之上。因此，党的一切工作，包括党内法规制度建设工作，必须以最广大人民根本利益为最高标准，要把人民放在心中最高位置，实现好、维护好、发展好最广大人民根本利益，把人民拥护不拥护、赞成不赞成、高兴不高兴、答应不答应作为衡量一切工作得失的根本标准，在任何时候任何情况下，与人民同呼吸共命运的立场不能变，全心全意为人民服务的宗旨不能忘，群众是真正英雄的历史唯物主义观点不能丢，始终坚持立党为公、执政为民。因此，新时代党内法规制度建设必须要鲜明价值取向，始终坚持以人民为中心，推进国家治理体系和治理能力现代化，提高国家治理能力和治理水平，改革不适应实践发展的体制机制、制度规范，不断构建新的体制机制、制度规范，使各方面制度更加科学、更加完善，实现党、国家、社会各项事务治理制度化、规范化、程序化。

三、坚持强烈的实践面向

党内法规是实践之学，是长期以来管党治党经验智慧的结晶。党内法规制度建设，并不是一个参照国家法律体系，分门别类建立起相关制度规范的简单过程，而是一个重构治理方式、重建规范秩序、重塑法治文化的复杂过程。只有意识到这一点，我们才能真正认识和解决党内法规所面临的实践面向及其与国家法律体系的复杂关系。因此，新时代党内法规制度建设，除了要参照一般性法学原理对党内法规理论进行必要的理论建构外，一个更为重要的任务是，必须面向中国共产党管党治党的长期实践，尤其是面向党的十八大以来全面从严治党取得的历史性成就和发生的历史性变革，从我们激荡变革的社会现实出发，使我们的党内法规制度建设和理论学说发轫于中国社会实践之上、滥觞于中国传统治理理念之中，具有坚实的实践基础和文化根基。只有从中国实践出发研究党内法规的制度运行和文化语境，提升党内法规的理论素养和价值品格，才能从根本上摆脱对西方法学理论和传统国家法律体系的路径依赖，才能在激荡变革的社会转型中，解释社会现实，指导社会实践，提升理论水准，树立学术自信，最终形成具有中国特色、中国风格、中国气派的党内法规学术体系、学科体系和话语体系。

四、坚持务实的问题导向

党内法规源于管党治党的历史和实践，是历史经验的总结，是治理智慧的结晶。增强问题意识，强化问题导向，进而形成解决问题的新体制新机制，是党内法规制度建设的重要方法和基本思路。党的十八大以来，从反“四风”、应对“四大考验”、化解“四种危险”，到正风肃纪、反腐惩恶、全面从严治党永远在路上，再到深入推进新时代党的建设新的伟大工程，都贯穿着鲜明的问题意识和问题导向，都着力在解决问题中完善新体制新机制。这些新体制新机制，使我国治国理政、执政兴国水平迈上了一个新台阶。加强党内法规制度建设必须要坚持党的全面领导、加强党的全面建设，必须坚持鲜明的问题导向。因此，党内法规制度建设必须坚持目标导向，明确需要达到什么目标；必须坚持问题导向，明确需要解决什么问题；必须坚持结果导向，明确制定后能否取得预想结果。因此，党内法规制度建设必须稳妥推进，以问题为导向，以管用为目的，兼顾必要和可行。党内法规是拿来用的，不是拿来看的，不必过分追求体系完整，不用刻意强调逻辑证成，不要苛求内容面面俱到。在制定党内法规时，那些虽表述精当、语言精美但不具可行性的文字和条款宁可不写，写上了就要务实管用，能够产生规范效力和实践效力。经验表明，判断党内法规制度建设是不是成功，关键看制度的有效性、可执行性，而不是看体系的庞大性、语言的精美性，更不是看理论的深刻性、内容的广泛性。

五、坚持明确的工作指向

习近平同志在 2015 年 2 月举行的省部级主要领导干部学习贯彻党的十八届四中全会精神全面推进依法治国专题研讨班上强调，各级领导干部在推进依法治国方面肩负着重要责任，全面依法治国必须抓住领导干部这个“关键少数”①。领导干部要做尊法学法守法用法的模范，带动全党全国一起努力，在建设中国特色社会主义法治体系、建设社会主义法治国家上不断见到新成效。在我国，党内监督是对全体党员尤其是对党员干部实行的监督，国家监察是对所有行使公权力的公职人员实行的监督。在监督对象上，党的机关、人大机关、行政机关、政协机关、监察机关、审判机关、检察机关等，都在党中央统一领导下行使公权力，为人民用权，对人民负责，受人民监督。我国 80%的公务员和超过 95%的领导干部是共产党员，这就决定了党内法规监督在我国反腐败监督体系中的主导地位和突出作用，也为新时代党内法规制度建设确立了目标对象，提出了明确要求。“关键少数”对全面依法治国具有重要意义，同样对加强党内法规制度建设也具有重要意义。新时代党内法规制度建设必须坚持明确的工作指向，紧紧抓住领导干部这个“关键少数”，将权力关进党内法规制度笼子里。

---

① 习近平谈治国理政：第 2 卷. 北京：外文出版社，2017：168.

《论语·颜渊篇》曰："君子之德风，小人之德草，草上之风必偃。"俗语讲："上行下效。"领导干部作为社会主义事业的建设者和带头人，也是全面依法治国、遵守党内法规制度的带头人。人民群众的一言一行深受领导干部的影响。领导干部是否信仰国法、遵守党规影响着普通群众是否信仰国法、遵守党规，领导干部推进全面依法治国的决心影响着广大群众推进全面依法治国的决心。全面依法治国必须牢牢抓住领导干部这个"关键少数"，深入推进党内法规制度建设也必须牢牢抓住领导干部这个"关键少数"。

第三节　党内法规的具体原则

为更好地把住党内法规的质量关，党内法规建设必须要遵循一定的原则，要求党内法规方向正确，逻辑严密，表述准确、规范、简洁，具有可操作性。2019 修订的《中国共产党党内法规制定条例》第 7 条专门对党内法规制定原则进行了规定："党内法规制定工作应当遵循下列原则：（一）坚持正确政治方向，增强'四个意识'、坚定'四个自信'、做到'两个维护'；（二）坚持从党的事业发展需要和全面从严治党实际出发；（三）坚持以党章为根本，贯彻党的基本理论、基本路线、基本方略；（四）坚持民主集中制，充分发扬党内民主，维护党的集中统一；（五）坚持党必须在宪法和法律的范围内活动，注重党内法规同国家法律衔接和协调；（六）坚持便利管用，防止繁琐重复。"这六条原则实际上也是普遍适用于党内法规的总的基本原则，其中"坚持正确政治方向，增强'四个意识'、坚定'四个自信'、做到'两个维护'"，由于在上一节中已经详细介绍，因而在此不再赘述。

一、坚持从党的事业发展需要和全面从严治党实际出发

党内法规制定工作是党的一项重要工作，必须要从党的事业发展需要和党的建设实际出发，使得党内法规制定工作与党的事业发展需

要和党的建设实际紧密结合。从党的事业发展需要出发，就是要把党内法规制定工作与党的中心工作紧密结合起来，把党内法规制度建设融入中国特色社会主义事业总体布局，始终紧扣全党全国工作大局，充分发挥党内法规在推进全局工作中的重要作用。从党的建设实际出发，就是要把党内法规制度建设融入党的建设新的伟大工程，准确把握党情的深刻变化，注重总结党的建设的生动实践，着眼于解决实际问题，及时将实践证明行之有效的成功经验和有效做法上升为党内法规，使党内法规制度建设始终随着实践和时代的发展而发展，切实提高党内法规的针对性、可行性和实效性。坚持科学执政、民主执政、依法执政，是中国共产党执政实践经验的总结，是加强党执政能力建设的重要指导原则。只有坚持科学执政、民主执政、依法执政，不断提高执政能力和执政水平，才能赢得人民群众的拥护和支持、不断巩固执政地位，顺利开启新时代中国特色社会主义伟大事业，实现中华民族伟大复兴的中国梦。制定党内法规的一个重要目标就是推进和保障科学执政、民主执政、依法执政，使党的领导方式和执政方式更加制度化、规范化、程序化，不断增强党的执政能力、提高党的执政水平。

二、坚持以党章为根本，贯彻党的基本理论、基本路线、基本方略

党章是党内根本大法，是制定党内法规的根本依据，党的理论路线方针政策是制定党内法规的重要依据。一方面，制定党内法规必须与党章规定的党的性质和宗旨相一致，严格按照党章规定的权限和范围，体现党章确立的原则和精神。在制定党章未涉及事项的党内法规时，必须严格遵循上位党内法规，确保所制定的党内法规与上位党内法规高度一致。另一方面，制定党内法规必须不折不扣地贯彻、体现党的理论和路线方针政策，及时将党的理论创新成果和实践创新成果上升为党内法规。党的基本理论、基本路线、基本方略是在中国共产党带领人民推进改革开放的历史进程中形成的，并经过党的十九大报告和党章修正案的凝练概括与深刻阐述得到极大的升华。其中，党的

基本理论是指马克思主义中国化的成果，主要包括马克思列宁主义、毛泽东思想和中国特色社会主义理论体系。其中，中国特色社会主义理论体系是指包括邓小平理论、“三个代表”重要思想、科学发展观和习近平新时代中国特色社会主义思想在内的科学理论体系；党的基本路线是指领导和团结全国各族人民，以经济建设为中心，坚持四项基本原则，坚持改革开放，自力更生，艰苦创业，为把我国建设成为富强、民主、文明、和谐的社会主义现代化国家而奋斗；党的基本方略是指坚持党对一切工作的领导、坚持以人民为中心、坚持全面深化改革、坚持新发展理念、坚持人民当家作主、坚持全面依法治国、坚持社会主义核心价值体系、坚持在发展中保障和改善民生、坚持人与自然和谐共生、坚持总体国家安全观、坚持党对人民军队的绝对领导、坚持“一国两制”和推进祖国统一、坚持推动构建人类命运共同体、坚持全面从严治党。这十四个坚持，构成新时代坚持和发展中国特色社会主义的基本方略。党内法规必须坚持和加强党的全面领导，贯彻党的基本理论、基本路线、基本方略，提高党的建设质量，提升制度化、规范化、程序化水平。党内法规是党的制度的高级形态。制定党内法规必须着眼于切实推进和保障党的建设制度化、规范化、程序化，充分发挥党内法规的作用，为深入推进新时代党的建设新的伟大工程作出贡献。

三、坚持民主集中制，充分发扬党内民主，维护党的集中统一

民主集中制是中国共产党的根本组织制度和领导制度，是正确规范党内政治生活、处理党内关系的基本准则，是反映、体现全党同志和全国人民利益与愿望，保证党的路线方针政策正确制定和执行的科学、合理、有效率的制度。“集体领导、民主集中、个别酝酿、会议决定”这“十六字”原则体现了民主集中制的基本精神和基本要求。民主集中制作为党的根本组织原则，也是制定党内法规的基本遵循。党内法规要坚持民主集中制，有两层含义：一是内容上要符合民主集中制要求。党内法规的制度安排要适应充分发扬党内民主和维护党的

集中统一要求，着力完善以民主集中制为核心的党内法规制度体系。二是制定过程要坚持民主集中制。充分发扬民主，广泛征求意见，凝聚各方共识，保证制定过程的开放性和民主性，同时要实行正确的集中，保证制定的效率和质量。维护党内法规制度体系的统一性和权威性。维护党内法规制度体系的统一性和权威性，是维护党的集中统一、确保中央决策部署贯彻落实的重要保证。做好党内法规制定工作，必须注重加强统筹规划，搞好顶层设计，力求实现实体性规定与程序性规定衔接、综合性规定与专门性规定协调、下位党内法规与上位党内法规配套。必须健全监督实施制度，通过备案、清理、评估等制度，纠正党内法规存在的不适应、不协调、不衔接、不一致问题。

四、坚持党必须在宪法和法律的范围内活动，注重党内法规同国家法律衔接和协调

宪法是国家的根本法，是治国安邦的总章程，是党和人民意志的集中体现。“宪法至上、党章为本”一直是党内法规建设的基本原则。党的十八大以来，习近平同志多次强调，坚持依法治国首先要坚持依宪治国，坚持依法执政首先要坚持依宪执政。2018 年修订后的《宪法》序言规定：“本宪法以法律的形式确认了中国各族人民奋斗的成果，规定了国家的根本制度和根本任务，是国家的根本法，具有最高的法律效力。全国各族人民、一切国家机关和武装力量、各政党和各社会团体、各企业事业组织，都必须以宪法为根本的活动准则，并且负有维护宪法尊严、保证宪法实施的职责。”十九大新党章也规定：“党必须在宪法和法律的范围内活动。”党内法规作为管党治党的重要依据，作为建设社会主义法治国家的重要保障，同样也要遵守党必须在宪法和法律范围内活动的规定，不得与宪法和法律相抵触，这是党内法规建设必须要遵循的合宪性、合法性原则。

五、坚持便利管用，防止烦琐重复

党的十八大以来，党中央多次对推进党的制度建设、全面提高党的建设科学化水平作出战略部署，习近平同志也多次强调，加强党内

法规制度建设，要按照于法周延、于事简便的原则提高制度制定质量，要立体式、全方位推进制度体系建设，把权力关进制度的笼子里。2013 年 2 月 23 日，习近平同志在十八届中央政治局第四次集体学习时指出，对立法的要求“已经不是有没有，而是好不好、管用不管用、能不能解决实际问题；不是什么法都能治国，不是什么法都能治好国；越是强调法治，越是要提高立法质量”①。2014 年 6 月 30 日，习近平同志在十八届中央政治局第十六次集体学习时进一步指出，“要本着于法周延、于事简便的原则，体现改革精神和法治思维，把中央要求、群众期盼、实际需要、新鲜经验结合起来，努力形成系统完备的制度体系”②。所谓于法周延，是指注重制度的系统性，使各项制度相互衔接、系统配套；所谓于事简便，是指注重制度的可操作性，明确具体、实在管用。党的十八大之后的党内法规制度建设，言简意赅，简明扼要，深得全体党员的认可，实际上就是贯彻落实了习近平同志“于法周延、于事简便”的工作思路，在制定党内法规时，在标准上严格起来，在内容上系统起来，在措施上完善起来，在环节上衔接起来，做到不漏人、不缺项、不掉链，使存在的问题能被及时发现，发现的问题能被及时解决。注重简明实用，防止烦琐重复是党内法规制定工作的基本要求。简明实用是党内法规易于被理解、执行、遵守的重要条件。党内法规应当方向正确，内容明确，逻辑严密，表述准确、规范、简洁，具有可操作性。这是对党内法规文风上的要求。因此，制定党内法规必须遵守简明实用原则，主题要鲜明、要求要明确、措施要具体、结构要简单、用语要简练，坚决反对空话套话虚话，反对叠床架屋、烦琐重复，反对照抄照搬，切实增强党内法规的针对性、操作性、实效性，确保党内法规简便易行、有效管用。

---

① 中共中央文献研究室．习近平关于全面依法治国论述摘编．北京：中央文献出版社，2015：43.

② 中共中央文献研究室．习近平关于党风廉政建设和反腐败斗争论述摘编．北京：中央文献出版社，2015：88.

第四章　党内法规关系

党内法规关系，是指党内法规在调整和规范党组织和党员的行为、活动过程中所形成的社会关系。党内法规关系由三要素构成，即党内法规关系的主体、党内法规关系的客体和党内法规关系的内容。党内法规关系的主体包括：党员、党组织和参与党内法规关系的非党员、非党组织。党内法规关系的客体包括：物、党员行为以及党组织的工作和活动。党内法规关系的内容包括：义务和权利、权力和责任。

第一节　党内法规关系的主体、客体

党内法规关系，是指党内法规在调整和规范党组织和党员的行为、活动过程中所形成的社会关系。党内法规关系作为一种特殊的社会关系，具有以下特征：首先，党内法规关系是根据党内法规建立的社会关系。社会关系纷繁庞杂，由不同的规范体系所调整，如有些社会关系是由法律规范所调整的法律关系，有些社会关系是由道德规范所调整的道德关系，党内法规作为社会规范的一种特殊形态，调整的主要是党组织和党员之间的关系，在调整对象和调整领域上，与其他社会关系具有根本性的区别。其次，党内法规关系是体现党的意志性的一种社会关系。党规姓党，党内法规作为管党治党的重要依据，必然要体现党的意志、反映党的主张、贯彻党的要求。因此，党内法规背后体现的都是党的价值取向和意志要求。党内法规关系作为一定社会关系的特殊形式，其实质是党的意志在社会关系层面的逻辑延伸和实践展开。① 最后，党内法规关系是规范和调整特定党内主体之间的义务和权利、权力和责任关系。党内法规关系和法律关系、道德关系以及其他社会关系的最大不同，体现在其是以党内法规中规定的义务和权利、权力和责任为纽带而形成的社会关系。党内法规对党组织和党员的义务和权利、权力和责任都作出了明确规定、提出了明确要求，对这些义务和权利、权力和责任的规定和要求在社会关系中的执行落实，就构成了党内法规关系的产生、变更和消灭，没有这些规定和要求，党内法规就失去了存在价值。党内法规关系由三要素构成，即党内法规关系的主体、党内法规关系的客体和党内法规关系的内容。

一、党内法规关系的主体

党内法规关系的主体是党内法规关系的参加者，是指参加党内法规关系，依法承担义务、享有权利和行使权力、履行责任的当事人。在党内法规关系中，党员义务需要有主体来承担，党员权利需要有主体来享有，党内权力需要有主体来行使，党内责任需要有主体来履行。

根据党内法规的规定，能够参与党内法规关系的主体包括以下几类。

（一）党员

党员是党的肌体的细胞和党的活动的主体，也是党内法规关系的最重要主体。党章规定，年满 18 岁的中国工人、农民、军人、知识分子和其他社会阶层的先进分子，承认党的纲领和章程，愿意参加党的一个组织并在其中积极工作、执行党的决议和按期交纳党费的，可以申请加入中国共产党。在性质上，党员是中国工人阶级的有共产主

① 李军. 中国共产党党内法规研究. 天津：天津人民出版社，2016：104.

义觉悟的先锋战士。党员作为无产阶级先锋队的一员，党章对其行为标准和纪律要求高于和严于普通公民。作为一名中国共产党党员，必须把全心全意为人民服务作为根本宗旨，为了实现党的理想信念宗旨而不惜牺牲个人的一切。对此，党章和各类党内法规都有着详细而具体的规定和要求。普通公民经过一系列严格的入党考察和履行完入党程序之后，就成为一名共产党员，就不能再以普通公民的身份和标准来要求自己，而是要严格按照党章党规党纪的标准来要求和衡量自己。例如，党章规定，每个党员，不论职务高低，都必须编入党的一个支部、小组或其他特定组织，参加党的组织生活，接受党内外群众的监督。

同时，为了保证党的纯洁性和先进性，党章还规定了党员的淘汰退出机制。首先，党员有退党的自由。共产党是靠理想信念凝聚在一起的组织，每个党员都必须要有为共产主义奋斗终生的理想信念。如果党员丧失了理想信念或者理想信念动摇了，主动要求退出党组织，这个时候就失去了共产党员的先进性，就应当经过相应程序后完成退党手续，一般是经支部大会讨论后宣布将其除名，并报上级党组织备案。其次，如果党员缺乏革命意志，不履行党员义务，不符合党员条件，这个时候党的支部应当对他进行政治教育、思想教育、组织教育，并给出一定的时间期限让其改正不足、修正错误。如果教育后其思想观念、政治行为、组织观念发生了根本性的转变，可以视情况采取相应措施将其继续留在党组织。如果经教育后，其思想观念、政治行为、组织观念仍然没有任何转变的，这个时候他就不符合党员的基本条件了，没有必要将其继续留在党组织之内，应当劝其自觉退党。劝党员退党是一个很严肃的组织行为，一般应当经过党的支部大会讨论决定，同时还要报上级党组织批准。如果被劝告退党的党员既不改正又坚持不退，这种情况下应当将其提交党的支部大会讨论决定，一般会决定将其党内除名，并报上级党组织批准。最后，还有一种丧失党员主体资格的情况是自行脱党，这种情况的适用情形是：党员没有正当理由，连续 6 个月不参加党的组织生活，或不交纳党费，或不做党所分配的工作。出现了上述三种情况中的一种情形就被认为是自行脱党。出现了自行脱党的情况后，该党员所在的党支部应该召开支部大会，以支部大会决定的形式将其除名，并报上级党组织批准。

（二）党组织

党组织是党内法规关系的另一个重要主体。党的力量来自组织，组织严密是党的光荣传统和独特优势。党的全面领导、党的全部工作要靠党的坚强组织体系去实现。党的组织是一个完整的组织体系，由中央组织、地方组织和基层组织三部分构成，由此形成包括党的中央组织、地方组织、基层组织在内，涵盖党的纪律检查机关、党的工作机关、党组，纵向到底、横向到边的严密组织架构。常见的党组织主体主要有以下几种。

1. 党的中央组织

党的中央委员会、中央政治局、中央政治局常务委员会是党的组织体系的大脑和中枢，在推进中国特色社会主义事业中履行把方向、谋大局、定政策、促改革的职责。坚持和完善党的领导制度体系，健全党中央对重大工作的领导体制，完善推动党中央决策部署落实机制，严格执行向党中央请示报告制度。

2. 党的地方组织

党的地方委员会在本地区发挥总揽全局、协调各方的领导作用，全面领导本地区经济社会发展，全面负责本地区党的建设，履行把方向、管大局、作决策、保落实的职责。坚持和完善党的地方组织工作制度，健全议事决策和监督机制，增强整体功能，提高领导水平，把党的地方委员会建设成为坚决听从党中央指挥、管理严格、监督有力、班子团结、风气纯正的坚强组织。

3. 党的基层组织

党的基层组织是党在社会基层组织中的战斗堡垒，是党的全部工作和战斗力的基础。党支部是党的基础组织，是党组织开展工作的基本单元。全面推进党支部标准化规范化建设，加强基础工作，完善基本制度，提升基本能力，落实基本保障，充分发挥党支部直接教育党员、管理党员、监督党员和组织群众、宣传群众、凝聚群众、服务群众的职责作用。党员人数较多或者党员工作地、居住地比较分散的党支部，应当按照便于组织开展活动原则，划分为若干党小组。

4. 党的纪律检查机关

党的各级纪律检查委员会是党内监督专责机关，按照党章的规定，其主要任务是：维护党的章程和其他党内法规，检查党的路线、方针、政策和决议的执行情况，协助党的委员会推进全面从严治党、加强党风建设和组织协调反腐败工作。党的各级纪律检查委员会的职责是监督、执纪、问责，要经常对党员进行遵守纪律的教育，作出关于维护党纪的决定；对党的组织和党员领导干部履行职责、行使权力进行监督，受理处置党员群众检举举报，开展谈话提醒、约谈函询；检查和处理党的组织和党员违反党的章程和其他党内法规的比较重要或复杂的案件，决定或取消对这些案件中的党员的处分；进行问责或提出责任追究的建议；受理党员的控告和申诉；保障党员的权利。

5. 党的工作机关

党的工作机关是党实施政治、思想和组织领导的政治机关，是落实党中央和地方各级党委决策部署，实施党的领导、加强党的建设、推进党的事业的执行机关，主要包括办公厅（室）、职能部门、办事机构和派出机关。如中共中央办公厅、中共中央组织部、中共中央宣传部、中共中央统战部、中共中央对外联络部、中共中央政法委员会机关、中共中央对外宣传办公室、中国共产党中央和国家机关工作委员会

6. 党组

党组是党在中央和地方国家机关、人民团体、经济组织、文化组织和其他非党组织的领导机关中设立的领导机构，在本单位发挥领导作用，是党对非党组织实施领导的重要组织形式。党组在本单位发挥领导作用，履行把方向、管大局、保落实的职责。坚持和完善党组工作制度，健全工作规则和决策机制，坚持党建工作与业务工作同谋划、同部署、同推进、同考核，督促推动本单位领导班子依法依章程及时全面落实党组决策，确保党的理论和路线方针政策在本单位贯彻落实。

（三）参与党内法规关系的非党员、非党组织

党内法规是调整党组织、党员行为和活动的规范形态，非党员、非党组织原本不是党内法规的调整对象，自然也不是党内法规关系的参加主体。但随着党的“总揽全局、协调各方”作用发挥得愈加充分，党的领导作用在党和国家各项工作中都体现得更加明显。2018年2月28日党的十九届三中全会审议通过的《中共中央关于深化党和国家机构改革的决定》指出，根据坚持党中央集中统一领导的要求，科学设定党和国家机构，准确定位、合理分工、增强合力，防止机构重叠、职能重复、工作重合。党的有关机构可以同职能相近、联系紧密的其他部门统筹设置，实行合并设立或合署办公，整合优化力量和资源，发挥综合效益。所以在坚持优化协同高效原则的情况下，党内法规除了可以调整党组织和党员的行为和活动之外，还会涉及非党员和非党组织。如《中国共产党组织工作条例》第36条规定：“发挥党的政治优势、组织优势、密切联系群众优势，加强对各方面人才的政治引领和政治吸纳，引导广大人才矢志爱国奉献、勇于创新创造。坚持党委联系服务专家制度，完善领导干部直接联系服务人才工作机制，及时听取人才的意见建议，关心人才的工作生活。”该条体现了“党管人才”原则，这里的人才当然包括非党人才，甚至也包括愿意为中国工作的外国人才。《中国共产党普通高等学校基层组织工作条例》第25条规定：“高校党委应当建立健全优秀年轻干部发现培养选拔制度，制定并落实年轻干部队伍建设规划，大胆选拔使用经过实践考验的优秀年轻干部。统筹做好女干部、少数民族干部和党外干部的培养选拔工作。”这就体现了“党管干部”原则，特别强调对党外干部的培养选拔工作。《中国共产党统一战线工作条例》第5条强调，统一战线工作范围是：（1）民主党派成员；（2）无党派人士；（3）党外知识分子；（4）少数民族人士；（5）宗教界人士；（6）非公有制经济人士；（7）新的社会阶层人士；（8）出国和归国留学人员；（9）香港同胞、澳门同胞；（10）台湾同胞及其在大陆的亲属；（11）华侨、归侨及侨眷；（12）其他需要联系和团结的人员。明确强调统一战线工作对象为党外人士，重点是其中的代表人士。《中国共产党机

构编制工作条例》第4条规定："党和国家机构改革、体制机制和职责调整，各类机关和事业单位的机构、编制、领导职数的配备和调整，适用本条例。前款所称各类机关是指党的机关、人大机关、行政机关、政协机关、监察机关、审判机关、检察机关和各民主党派机关、群团机关。"这里的编制工作不仅仅是党的机关的编制工作，人大机关、行政机关、政协机关、监察机关、审判机关、检察机关和各民主党派机关、群团机关的编制工作同样适用于该条例。

另外，在很多情况下，党政联合发文中的政府（部门）也有可能会成为党内法规关系的参加主体。制定党内法规涉及政府职权范围事项的，可以由党政机关联合制定。实践中，常有党委（部门）与政府（部门）联合行文的文件。《党政机关公文处理工作条例》第17条规定："同级党政机关、党政机关与其他同级机关必要时可以联合行文。属于党委、政府各自职权范围内的工作，不得联合行文。党委、政府的部门依据职权可以相互行文。部门内设机构除办公厅（室）外不得对外正式行文。"《中国共产党党内法规制定条例》第13条规定："涉及两个以上部委职权范围的事项，有关部委应当联合制定党内法规或者提请党中央制定中央党内法规。"

党政联合行文文件在形式上一般具有以下特点：(1) 红头、文号分别为党委文件和党委发文字号；(2) 标题、发文机关署名中包括党委和政府。从制定主体类别来看，则包括如下几类：一是一级党组织可以与同级政府联合发文，如中共中央与国务院、地方党委与地方政府可以联合发文；二是党的工作机关可以与同级政府部门联合发文，如环境保护部、中宣部、中央文明办、教育部、共青团中央、全国妇联等六部委联合发布的《全国环境宣传教育工作纲要（2016—2020年）》；三是上级党委的工作机关与下一级政府可以联合发文，如《中共中央组织部、国家发展和改革委员会、北京市人民政府等关于中关村国家自主创新示范区建设人才特区的若干意见》。[①] 虽然此类

① 张力. 党政联合发文的信息公开困境与规则重塑：基于司法裁判的分析. 中国法学，2020 (1).

文件署名单位包括党委（部门）和政府（部门），但是文件系党组织文号印发，不影响发文主体的认定，即党委机关。根据党政分工的原则，地方党委与行政机关是不同的组织机构，地方党委与行政机关共享信息，是一种党的领导方式，不是行政法上的权利义务关系。因此，党政联合行文文件一般不属于政府信息，而应属于党委信息。

二、党内法规关系的客体

党内法规关系的客体是指党内法规关系主体之间的义务和权利、责任和权力所指向的对象。它是构成法律关系的要素之一。党内法规关系的客体一般是一定利益的规范形式，从表现形态上可以分为物质利益和精神利益、有形利益和无形利益、直接利益和潜在利益等。随着社会的不断发展，党内法规客体的范围和形式、类型也在不断地变化。总体来看，由于管党治党实践的不断深入，党员义务和党员权利的类型也不断丰富，党内权力和党内责任也不断健全，党内法规关系客体的范围和种类有不断扩大和增多的趋势。归纳起来，有以下几类。

（一）物

法律意义上的物是指法律关系主体支配的、在生产上和生活上所需要的客观实体。它可以是天然物，也可以是生产物；可以是活动物，也可以是不活动物。作为法律关系客体的物与物理意义上的物既有联系，又有不同，它不仅具有物理属性，而且应具有法律属性。物理意义上的物要成为法律关系客体，须具备以下条件：第一，应得到法律的认可。第二，应为人类所认识和控制。不可认识和控制之物不能成为法律关系客体。第三，能够给人们带来某种物质利益，具有经济价值。第四，须具有独立性。不可分离之物一般不能脱离主物，故不能单独作为法律关系的客体存在。作为党内法规关系客体的“物”，在范围和种类上大致等同于法律关系中的物。在党内法规实践中，至于哪些物可以作为党内法规关系的客体或可以作为哪些党内法规关系的客体，应由党内法规予以具体规定。例如，《中国共产党纪律处分条例》第 40 条规定：“对于违纪行为所获得的经济利益，应当收缴或者责令退赔。对于违纪行为所获得的职务、职称、学历、学位、奖励、资格等其他利益，应当由承办案件的纪检机关或者由其上级纪检机关建议有关组织、部门、单位按照规定予以纠正。”这里列举的职务、职称、学历、学位、奖励、资格等其他利益，都属于党内法规关系客体的“物”的范畴。类似的还有党费、人事档案、公文、办公经费、公务用车、办公用房等。由于党规严于国法，对普通公民来说合法的物，对共产党员来说，有可能是违规违纪的物。比如对普通公民来说，购买名车名表、名烟名酒是个人的消费自由，但对于共产党员来说，就有可能违反作风建设的相关规定，构成违规违纪。

（二）党员行为

作为党内法规关系客体的党员行为，主要是规范和聚焦于党内生活，主要调整党员个人和党组织之间、党员个人之间的党内关系。党内法规是党员行为的基本准则和根本要求，党员行为分为禁止性行为和倡导性行为。倡导性行为是党中央对党员提出的倡导和希望，如《中国共产党廉洁自律准则》提出，党员要按照廉洁自律规范要求，坚持公私分明，先公后私，克己奉公。坚持崇廉拒腐，清白做人，干净做事。坚持尚俭戒奢，艰苦朴素，勤俭节约。坚持吃苦在前，享受在后，甘于奉献。党员领导干部要按照廉洁自律的规范要求，廉洁从政，自觉保持人民公仆本色。廉洁用权，自觉维护人民根本利益。廉洁修身，自觉提升思想道德境界。廉洁齐家，自觉带头树立良好家风。禁止性行为是党员不可违反的行为，是党中央对党员设置的行为红线和底线，主要表现为党的纪律要求。党员必须要增强纪律意识，提升党规观念，强化纪律执行，知敬畏、存戒惧、守底线，习惯在受监督和约束的环境中工作生活，才能使自己的行为时时刻刻符合党的纪律规矩的规定。党员违反党章和其他党内法规，违反国家法律法规，违反党和国家政策，违反社会主义道德，危害党、国家和人民利益的行为，依照党章党规党纪规定应当给予纪律处理或者处分的，都必须受到追究。党员标准是严于公民标准的，对普通公民来说并不违法的行为，对共产党员来说有可能是违规违纪行为。例如，在实践中，一些党员干部操办婚丧喜庆事宜时，罔顾纪律规定，有的不知收敛、巧立名目，有的囿于陋俗、党性不彰，有的化整为零、规避监督，有的贪图私利、明知故犯，不仅扭曲了正常的民俗人情，而且败坏了社会风气。对此，《中国共产党纪律处分条例》第 91 条规定："利用职权或者职务上的影响操办婚丧喜庆事宜，在社会上造成不良影响的，给予警告或者严重警告处分；情节严重的，给予撤销党内职务处分；借机敛财或者有其他侵犯国家、集体和人民利益行为的，从重或者加重处分，直至开除党籍。"婚丧嫁娶是正常的社会行为，操办婚丧喜庆事宜也是正当的传统民俗，普通民众在操办婚丧喜庆事宜时，为了表达喜庆、寄托哀思，收取一些钱财礼金，场面过于宏大，存在一些铺张浪费现象，只要没有违法违规都是可以的。但是对于党员来说，如果出现了党员利用职权或者职务上的影响操办婚丧喜庆事宜，或借机敛财，或者有其他侵犯国家、集体和人民利益的行为，那就是明确的违规违纪行为，需要予以严肃处理。

（三）党组织的工作和活动

党组织是党内法规关系的重要主体，对党组织工作和活动的调整和规范是党内法规的重要使命，党组织的工作和活动自然是党内法规关系的重要客体。党组织的工作和活动主要包括各级各类党组织履行职责、完成任务等所进行的工作和活动，如宣传引导、选拔任用、教育管理、干部培训、考核考查、巡视巡察、评比表彰、问责、处分、组织处理等。不同的党组织有不同的工作职责和活动内容。如，《中国共产党党组工作条例》第 17 条规定："党组讨论和决定本单位下列重大问题：（一）贯彻落实党中央以及上级党组织决策部署的重大举措；（二）制定拟订法律法规规章和重要规范性文件中的重大事项；（三）业务工作发展战略、重大部署和重大事项；（四）重大改革事项；（五）重要人事任免等事项；（六）重大项目安排；（七）大额资金使用、大额资产处置、预算安排；（八）职能配置、机构设置、人员编制事项；（九）审计、巡视巡察、督查检查、考核奖惩等重大事项；（十）重大思想动态的政治引导；（十一）党的建设方面的重大事项；（十二）其他应当由党组讨论和决定的重大问题。"如果党组织没有按照党内法规规定履行工作职责，有可能会有引发相关的党内责任。如《中国共产党纪律处分条例》第 9 条规定：“对于违犯党的纪律的党组织，上级党组织应当责令其作出检查或者进行通报批评。对于严重违犯党的纪律、本身又不能纠正的党组织，上一级党的委员会在查明核实后，根据情节严重的程度，可以予以：（一）改组；（二）解散。”《中国共产党问责条例》第 8 条规定：“对党组织的问责，根据危害程度以及具体情况，可以采取以下方式：（一）检查。责令作出书面检查并切实整改。（二）通报。责令整改，并在一定范围内通报。（三）改组。对失职失责，严重违犯党的纪律、本身又不能纠正的，应当予以改组。”

第二节　党内法规关系的基本内容：义务和权利

与古典法学理论强调权利本位、人权优先不同的是，党内法规理论强调的是义务本位、责任优先。义务和权利是党内法规关系的基本内容，也是党内法规体系的基础范畴。党内法规强调坚持义务和权利的统一，行使民主权利与坚持党性原则的统一，认为民主监督不仅是党员的权利，更是对党应尽的义务。为此，党中央坚持依法治国与制度治党、依规治党统筹推进、一体建设，陆续修改了《中国共产党章程》《关于新形势下党内政治生活的若干准则》《中国共产党党内监督条例》《中国共产党纪律处分条例》《中国共产党问责条例》等一系列骨干性党内法规，对强化党内监督、发扬党内民主、激发党内活力、保障党员权利发挥了重要作用。

一、党员义务和权利保障的历史演进

党章是党的各级组织和全体党员必须遵守的基本准则和规定，党章关于共产党员的义务和权利的规定，是衡量一个党员的具体标准，是党对每一个党员的全面要求，也是党员条件的具体化。因此，每一个党员都要严格遵守党章中关于党员的义务和权利的规定，认真领会党员义务和党员权利的规范内涵和精神实质，认真履行自己的义务，

正确行使自己的权利，自觉维护党的利益，积极推进党的事业，做一名合格的共产党员。党员权利是党章规定的党员应当享有的党内的各项权利，在性质上主要是指党员在党内应该享有的政治民主权利。了解党章中规定的党员义务和党员权利，是确保党员履行党员义务、增强党员意识、争做合格党员的前提和基础。从历史上来看，我国党章中对党员权利保障的规定主要经历了以下几个阶段。

1. 党的一大至六大，更多强调党员义务，基本没有规定党员权利

中国共产党成立于1921年，在中国共产党第一次全国代表大会召开前，我国早期的共产主义者普遍认识到建设党组织首先要有一个章程。1921年7月，中国共产党第一次代表大会讨论并通过《中国共产党的第一个纲领》，共15条约900字。这是中国共产党历史上第一个具有党章性质的党内法规，它确定了党的名称、党的奋斗目标、基本政策，规定了入党的条件、党的组织等内容，提出了发展党员、建立地方和中央机构等组织制度，宣告了中国共产党的诞生。这个纲领兼有党纲和党章的内容，但它还不是完整正式意义上的党章，只是具有党章的性质。在内容上，该纲领主要强调了党员的义务，如第4条规定："凡承认本党党纲和政策，并愿成为忠实的党员者，经党员一人介绍，不分性别，不分国籍，都可以接收为党员，成为我们的同志。但是在加入我们的队伍以前，必须与那些与我们的纲领背道而驰的党派和集团断绝一切联系。"第5条规定："接收新党员的手续如下，被介绍人必须接受其所在地的委员会的考察，考察期限至少为两个月。考察期满后，经大多数党员同意，始得成为党员，如果该地区有执行委员会，必须经执行委员会批准。"这些内容实际上都是对党员的条件和义务的规定。

1922年7月，中国共产党第二次全国代表大会通过的《中国共产党章程》包含了《组织章程决议案》和《中国共产党章程》两个文件，共6章29条，3 000多字。《中国共产党章程》是中国共产党历史上第一个正式党章，在党的建设发展史上具有重要意义，对中国历史进程产生了重大影响。二大党章分为党员、组织、会议、纪律、经

费、附则等部分，在内容上，它首次提出反帝反封建的民主革命纲领，规定了党籍制度、组织构建、会议办法、党的纪律等等，但整体上仍然是以强调党员的义务为主。特别在第六章“纪律”中，主要规定了党员的各项义务和禁止性规定，较少涉及党员的权利保障。如第22条规定：“凡党员若不经中央执行委员会之特许，不得加入一切政治的党派。其前已隶属一切政治的党派者，加入本党时，若不经特许，应正式宣告脱离。”第25条规定：“凡党员有犯左列各项之一者，该地方执行委员会必须开除之：（一）言论行动有违背本党宣言章程及大会各执行委员会之议决案；（二）无故联续二次不到会；（三）欠缴党费三个月；（四）无故联续四个星期不为本党服务；（五）经中央执行委员会命令其停止出席留党察看期满而不改悟；（六）泄漏本党秘密。”二大党章作为党的第一个正式党章，在内容上、结构上都直接影响到后来的三大党章、四大党章、五大党章和六大党章。这些党章的内容，也都是强调党员的义务要求和纪律规定，如党员的对党忠诚、注重团结、严守纪律、率先示范、缴纳党费等义务，对党员权利的保障规定得较少，缺乏明确、系统、全面的规定。这是因为，中国共产党刚建党不久，党员成分复杂、党员整体素质较差，在面对血雨腥风的革命形势和承担艰巨繁重的革命任务时，必须要通过严格纪律要求、强化义务规定来增强党员的使命感、责任感，提高党组织的战斗力、凝聚力。

2. 党的七大、八大，开始对党员权利作出明确系统的规定

1945年4月至6月，中国共产党第七次全国代表大会在延安召开。1945年6月11日通过的《中国共产党党章》，是中国共产党在民主革命时期独立自主制定的第一部党章，也是中国共产党政治成熟发展的一个重要标志，在党的建设史特别是党内法规发展史上具有里程碑意义。七大党章共有11章70条，主要包括党员，党的组织机构，党的中央组织，党的省及边区之组织，党的地方、县、市及区之组织，党的基础组织，党的地下组织，党的监督机关，党外组织中的党组，奖励与处分，经费等内容。七大党章在党章发展史上有几个开创性贡献：首先，七大党章第一次在正文之前增加了“总纲”部分。

总纲是党的最基本的政治纲领和组织纲领，是党章的前提和总则，简明扼要地阐明了党的性质与理论，中国革命的性质、动力、任务和特点。其次，七大党章首次以专条的形式明确、系统地规定了党员权利和党员义务，在党章发展史上具有重要的开创意义。七大党章第2条规定，“凡党员均有下列义务：（一）努力地提高自己的觉悟程度和领会马克思列宁主义、毛泽东思想的基础。（二）严格地遵守党纪，积极参加党内的政治生活和国内的革命运动，实际执行党的政策和党的组织的决议，和党内党外一切损害党的利益的现象进行斗争。（三）为人民群众服务，巩固党与人民群众的联系，了解并及时反映人民群众的需要，向人民群众解释党的政策。（四）模范地遵守革命政府和革命组织的纪律，精通自己的业务，在各种革命事业中起模范作用。”七大党章第3条规定：“凡党员均有下列权利：（一）在党的会议或党的刊物上，参加关于党的政策的实施问题之自由的切实的讨论。（二）党内的选举权和被选举权。（三）向党的任何机关直至中央提出建议和声明。（四）在党的会议上批评党的任何工作人员。”七大党章之后，中国共产党的历次党章都有关于党员权利和党员义务的专条规定。

1956年9月26日，中国共产党第八次全国代表大会通过的《中国共产党章程》，是中国共产党执政以后制定的第一部党章。八大党章根据执政党的特点，提出了全面开展社会主义建设的任务，对贯彻党的民主集中制的根本原则作出了许多新规定，对党的组织机构也作了一些新的规定，还首次把“各尽所能，按劳取酬”的分配原则写进党章。八大党章在七大党章的基础上，对党员的义务和权利作了重要的修改和补充。八大党章第2条规定：“党员有下列义务：（一）努力学习马克思列宁主义，不断提高自己的觉悟程度；（二）维护党的团结，巩固党的统一；（三）认真地执行党的政策和决议，积极地完成党分配给自己的任务；（四）严格地遵守党章和国家的法律，遵守共产主义道德，一切党员不管他们的功劳和职位如何，都没有例外；（五）把党的、国家的、也就是人民群众的利益，摆在个人的利益之上；在两种利益发生抵触的时候，坚决地服从党的、国家的、也就是人民群众的利益；（六）全心全意地为人民群众服务，密切同人民群众的联系，向人民群众学习，虚心地听取并且及时地向党反映人民群众的要求和意见，向人民群众解释党的政策和决议；（七）在工作中起模范作用，不断地提高生产技术和业务能力；（八）实行批评和自我批评，揭露工作中的缺点和错误，并且努力加以克服和纠正；向党的领导机关直到党的中央委员会报告工作中的缺点和错误；同党内外一切危害党和人民的利益的现象进行斗争；（九）对党忠诚老实，不隐瞒和歪曲事实真相；（十）时刻警惕敌人的阴谋活动，保守党和国家的机密。党员如果不遵守这些义务，应当给予批评和教育，如果严重地违背这些义务，破坏党的统一，违犯国家法律，违背党的决议，危害党的利益和欺骗党，就是违反党的纪律，应当给予纪律处分。”党的八大党章根据党的地位变化和任务变革，对党员义务的规定从四项增至十项，体现了社会主义革命和建设时期对党员的具体要求，反映了党的角色的变化。八大党章第 3 条明确规定：“党员有下列权利：（一）在党的会议上或者在党的报刊上参加关于党的政策的理论和实际问题的自由的、切实的讨论；（二）对于党的工作提出建议；在工作中充分发挥创造性；（三）党内的选举权和被选举权；（四）在党的会议上批评党的任何组织和任何工作人员；（五）在党组织对自己作出处分或者鉴定性的决议的时候，要求亲自参加；（六）对于党的决议如果有不同意见的地方，除了无条件地执行以外，可以保留和向党的领导机关提出自己的意见；（七）向党的任何一级组织直到中央委员会提出声明、申诉和控诉。”八大党章在党员权利规定方面，拓展了党员权利的内容，由党的七大党章规定的四项增至七项，同时，丰富了党员权利的内涵，适应了新形势下党的建设的发展要求。①

3. 党的九大至十一大，党员权利保障出现严重倒退

1969 年 4 月 14 日中国共产党第九次全国代表大会通过的《中国共产党章程》，背离了八大党章的正确纲领，否定了八大党章已经明确的党的工作重点的转移和党领导社会主义四个现代化的任务；在党员条件上，取消了党员权利和入党预备期，把八大党章规定的党员十

---

① 袁绍东. 党章中有关党员权利规定的历史演进及其启示. 桂海论丛，2014 (6).

项义务改变为“活学活用马克思主义、列宁主义、毛泽东思想”等五项接班人的条件。在组织原则上，删除了八大党章中关于发扬党内民主，加强党的集体领导，发挥下级组织的积极性、创造性等条文，并取消了五大以来设立的党的监察委员会。1973年8月28日中国共产党第十次全国代表大会通过的《中国共产党章程》继续了九大的“左”的错误，沿袭了九大党章的总纲和条文，只作了个别的修改和补充。1977年8月18日中国共产党第十一次全国代表大会通过的《中国共产党章程》是“文化大革命”以后的第一部党章。它进行了一定程度的拨乱反正，在内容上与九大、十大党章相比作了较多的修改。但十一大党章没能完全清除“左”倾错误的影响，继续沿用了“文化大革命”的错误理论、政策和口号。这些错误在党的十一届三中全会后才得到彻底的纠正。在权利和义务内容上，与八大党章相比，党的九大党章、十大党章虽然对党员的多项权利进行了规定，但这些党员权利散见于党章其他条文之中，并没有像党的八大党章一样给予明确系统的专条规定。这就使党员权利在党章中的地位不突出，作用不明显，一定程度上反映了党员权利保障意识的弱化、淡薄。党的十一大党章虽然在条文规定方面与党的九大党章、十大党章相比，有了新的修改发展，特别是在保障党员权利方面有一定程度的拨乱反正，但与党的八大党章的专条规定对比，相对还比较落后。①

4. 党的十二大至十七大，党员权利保障得到快速发展

1978年12月党的十一届三中全会以来，中国共产党全面纠正了“文化大革命”的错误，实现了指导思想上的拨乱反正，党内民主建设有了重大发展，党员权利保障有了重大进展。党的十二大党章在党员权利方面，恢复了八大党章的做法，重新将党员权利以专门条款的形式单列出来，形成了较为完整的党员权利体系。十二大党章第4条规定：“党员享有下列权利：（一）参加党的有关会议，阅读党的有关文件，接受党的培养和训练。（二）在党的会议上和党报党刊上，参加关于党的政策问题的讨论。（三）对党的工作提出建议和倡议。

① 沈传亮. 党员义务和权利的内容变化. 中国纪检监察报，2016-05-25.

（四）在党的会议上有根据地批评党的任何组织和任何党员，向党负责地揭发、检举党的任何组织和任何党员违法乱纪的事实，要求处分违法乱纪的党员，要求罢免或撤换不称职的干部。（五）行使表决权、选举权，有被选举权。（六）在党组织讨论决定对党员的党纪处分或作出鉴定时，本人有权参加和进行申辩，其他党员可以为他作证和辩护。（七）对党的决议和政策如有不同意见，在坚决执行的前提下，可以声明保留，并且可以把自己的意见向党的上级组织直至中央提出。（八）向党的上级组织直至中央提出请求、申诉和控告，并要求有关组织给以负责的答复。”同时为了避免历史上侵害党员权利悲剧的再次发生，强化党组织的党员权利保障意识，十二大党章还专门强调：“党的任何一级组织直至中央都无权剥夺党员的上述权利。”从此之后，党的历次党章修改在党员权利保障问题上都沿用了十二大党章的有关权利内容和规范结构。在这一时期，为了严肃党内政治生活、强化党内监督，发扬党内民主、保障党员权利，中国共产党先后出台了《关于党内政治生活的若干准则》《中国共产党党员权利保障条例（试行）》《中国共产党党内监督条例（试行）》《中国共产党纪律处分条例》《中国共产党党员权利保障条例》等文件法规，使党员权利的发展和保障走上了规范化、制度化的道路。①

5. 党的十八大以来，党员权利得到高度重视和充分保障

党的十八大以来，以习近平同志为核心的党中央高度重视党章的党员权利保障作用，强调党章是我们立党、治党、管党的总章程，是全党最基本、最重要、最全面的行为规范，是全党必须共同遵守的根本行为规范，也是党员权利保障的根本遵循。2012 年 11 月 14 日，党的十八大通过的《关于〈中国共产党章程（修正案）〉的决议》，对党章共作了 30 处修改，主要是充实完善关于党的建设总体要求的表述，总结吸收近年来党的建设的成功经验，对党员、党的基层组织、党的干部等章作了较大修改。2017 年 10 月 24 日，党的十九大通过了《关于〈中国共产党章程（修正案）〉的决议》对党章共作了

---

① 袁绍东. 党章中有关党员权利规定的历史演进及其启示. 桂海论丛，2014（6）.

107 处修改，其中总纲部分修改 58 处，条文部分修改 49 处。根据国内外新形势新任务对党章进行适当修改，把党中央确立的基本理论、基本路线、基本方略写入党章，使党章充分体现马克思主义中国化最新成果，是坚持和加强党的领导、全面从严治党的经验结晶，有利于全党更好地用最新的科学理论武装全党，有利于把中国共产党建设得更加朝气蓬勃、坚强有力，有利于始终保持党同人民群众的血肉联系，有利于党员权利的彰显和保障。十九大党章第 4 条再次重申了党员的权利，指出党员权利是党章规定的党员应当享有的党内的各项权利。在党内，每个党员都是平等的，都有同样的权利，共同管理党的事务，发挥自己的积极性和负责精神，维护党的利益，保证党的事业的健康发展。

除了党章之外，这一时期，中共中央还制定、修改了大量关于党员权利保障的相关党内法规，比较有代表性的有：2016 年 10 月 27 日，中国共产党第十八届中央委员会第六次全体会议通过的《关于新形势下党内政治生活的若干准则》。该准则在“七、发扬党内民主和保障党员权利”中明确规定：必须尊重党员主体地位、保障党员民主权利，落实党员知情权、参与权、选举权、监督权，保障全体党员平等享有党章规定的党员权利、履行党章规定的党员义务，坚持党内民主平等的同志关系，党内一律称同志。任何党组织和党员不得侵害党员民主权利。畅通党员参与讨论党内事务的途径，拓宽党员表达意见渠道，营造党内民主讨论的政治氛围。2020 年 6 月 29 日，中共中央政治局会议审议批准的《中国共产党基层组织选举工作条例》第 5 条规定：“正式党员有表决权、选举权、被选举权。受留党察看处分的党员在留党察看期间没有表决权、选举权和被选举权；预备党员没有表决权、选举权和被选举权。党员被依法留置、逮捕的，“党组织应当按照管理权限中止其表决权、选举权和被选举权等党员权利。”2019 年 3 月 29 日，中共中央政治局会议审议通过的《中国共产党党员教育管理工作条例》第 23 条规定：“党组织应当坚持从严教育管理和热情关心爱护相统一，从政治、思想、工作、生活上激励关怀帮扶党员。针对老党员的身体、居住和家庭等实际情况，采取灵活方式，进行教育管理服务，组织他们参加党的组织生活，发挥力所能及的作用。对年老体弱、行动不便、身患重病甚至失能的党员，组织活动和开展学习教育不作硬性要求，党组织通过送学上门、走访慰问等方式，给予更多关心照顾。”2018 年 9 月 21 日，中共中央政治局会议审议的《中国共产党支部工作条例（试行）》第 3 条规定，党支部工作要“坚持民主集中制，发扬党内民主，尊重党员主体地位，严肃党的纪律，提高解决自身问题的能力，增强生机活力”。2017 年 11 月 30 日，中共中央政治局会议审议通过的《中国共产党党务公开条例（试行）》第 19 条规定：“建立健全党员旁听党委会议、党的代表大会代表列席党委会议、党内情况通报反映、党内事务咨询、重大决策征求意见、重大事项社会公示和社会听证等制度，发展和用好党务公开新形式，不断拓展党员和群众参与党务公开的广度和深度。”2019 年 2 月，中共中央办公厅印发的《中国共产党党内关怀帮扶办法》第 10 条规定：“党组织应当关心关怀党员身心健康状况，及时了解掌握党员身患严重疾病、遭遇重大挫折、遭受家庭重大变故、经历重大自然灾害或者事故以及长期承担急难险重任务等情况，对于遭受严重心理创伤的党员，及时采取有效措施进行心理疏导和干预。”2020 年 12 月 25 日，中共中央印发了新修订后的《中国共产党党员权利保障条例》，对党章中规定的 8 项党员权利进行了具体细化，概括总结为 13 项具体权利：党内知情权、接受党的教育培训权、党内参加讨论权、党内建议和倡议权、党内监督权、党内提出罢免撤换要求权、党内表决权、党内选举权和被选举权、党内申辩权、党内提出不同意见权、党内请求权、党内申诉权、党内控告权。2020 年修订的《中国共产党党员权利保障条例》是中国共产党关于保障党员权利方面一部基础性、骨干性、核心性的党内法规，它的颁布实施，是坚持党的领导，加强党的建设，发扬党内民主，保障党员权利，增强党的生机活力的一个重要举措，对于进一步发挥党员的积极性、主动性、创造性，提高党的创造力、凝聚力和战斗力，具有十分重要的意义。

这一时期，通过两次修改党章和制定修订一系列重要党内法规，党内民主制度得到充分发展，党内生活不断健全，民主集中制原则得到巩固，党的生机活力进一步增强，有力地保障了党员权利的正常行使和不受侵犯，为党的事业发展凝聚了人心、集聚了力量。

二、现行党章中的党员义务和党员权利

党章是党的总章程，对加强党的领导、加强党的建设具有根本性规范和指导作用。2017 年 10 月 24 日，中国共产党第十九次全国代表大会通过了《中国共产党章程（修正案）》，对新时代党的建设提出了明确要求，对新时代党员义务和党员权利也作出了明确规定。

（一）党员的八项义务

党员义务是党员对党应尽的责任，是党对党员的基本要求，是党员条件的具体化，也是衡量一个党员是否合格的具体标准。《党章》规定了党员必须履行的八项义务，各项义务之间相互关联，具有严密的逻辑性。自觉履行八项义务，是保持党员先进性的内在要求，是每个党员不可推卸的政治责任。

1. 学习的义务

认真学习马克思列宁主义、毛泽东思想、邓小平理论、“三个代表”重要思想、科学发展观、习近平新时代中国特色社会主义思想，学习党的路线、方针、政策和决议，学习党的基本知识，学习科学、文化、法律和业务知识，努力提高为人民服务的本领。

2. 执行路线的义务

贯彻执行党的基本路线和各项方针、政策，带头参加改革开放和社会主义现代化建设，带动群众为经济发展和社会进步艰苦奋斗，在生产、工作、学习和社会生活中起先锋模范作用。

3. 坚持党的宗旨的义务

坚持党和人民的利益高于一切，个人利益服从党和人民的利益，吃苦在前，享受在后，克己奉公，多做贡献。

4. 遵守党纪国法的义务

自觉遵守党的纪律，首先是党的政治纪律和政治规矩，模范遵守国家的法律法规，严格保守党和国家的秘密，执行党的决定，服从组织分配，积极完成党的任务。

5. 维护团结统一的义务

维护党的团结和统一，对党忠诚老实，言行一致，坚决反对一切派别组织和小集团活动，反对阳奉阴违的两面派行为和一切阴谋诡计。

6. 开展批评、自我批评的义务

切实开展批评和自我批评，勇于揭露和纠正违反党的原则的言行和工作中的缺点、错误，坚决同消极腐败现象做斗争。

7. 联系群众的义务

密切联系群众，向群众宣传党的主张，遇事同群众商量，及时向党反映群众的意见和要求，维护群众的正当利益。

8. 发扬新风尚的义务

发扬社会主义新风尚，带头实践社会主义核心价值观和社会主义荣辱观，提倡共产主义道德，弘扬中华民族传统美德，为了保护国家和人民的利益，在一切困难和危险的时刻挺身而出，英勇斗争，不怕牺牲。

党员义务，也可以说是党员责任，是党员对党的承诺和不可推诿的天职。每一名党员当面对党旗进行入党宣誓时，已经明白表示拥护党的纲领，遵守党的章程，履行党员义务，执行党的决定。这也就是向党作出了承诺或约定。党员履行义务要做到全面、严格、自觉。“全面”，就是对党员八项义务的理解和履行要全面。这八项义务从政治、思想、组织、作风等方面，对党员都提出了严格的要求，每一条都很重要，都要切实履行。“严格”，就是指党员在履行义务时，标准要高，要求要严，不能有半点马虎和迁就。“自觉”，就是指党员在履行义务时要有高度的自觉性，时时刻刻按照党章规定的要求去做。履行党员的义务是与党员的本职工作紧密联系的。共产党员要充分发挥先锋模范作用，既要有为人民服务的热情，又要掌握为人民服务的过硬本领。只有联系实际工作，在工作岗位上学习科学、文化和业务知识，才能努力提高为人民服务的本领；否则党员在群众中就没有威信，就会在实际工作中感到心有余而力不足，起不到应有的作用。

（二）党员的八项权利

党员权利是党章规定的党员应当享有的党内的各项权利。在党内，每个党员都是平等的，都有同样的权利共同管理党的事务，发挥自己的积极性和负责精神，维护党的利益，保证党的事业的健康发展。

1. 参加会议权、阅读文件权和接受教育培训权

党员有权参加党小组会、支部大会、党员大会以及按其担任的党内职务和代表资格应当参加的有关会议。党员应积极参加党的有关会议，因故不能到会者，应履行请假手续。党员有权阅读按规定可以阅读的各种党内文件。党员有权根据党组织的计划提出接受培训的要求。党员接受培训要服从组织安排。

2. 参加讨论权

党员有权在党的会议上参加关于党的政策和理论问题的讨论，可以在党的会议上充分发表自己的意见。党员有权在党报党刊上参加党的中央和地方组织的关于党的政策和理论问题的讨论。讨论中党员以个人名义投送稿件无须经过其所在党组织审阅或批准。党员在讨论党的政策和理论问题的过程中，必须坚持党的基本路线，在思想上政治上同党中央保持一致。

3. 提出建议和倡议权

党员有权以口头或书面方式对本单位、本地区、本部门党组织、上级党组织直至中央的各方面工作提出建议和倡议。

4. 批评、揭发和检举权，要求处分、罢免或撤换权

党员有权在党的会议上有根据地批评党的任何组织和任何党员，也有权以写信的方式有根据地批评党的任何组织和任何党员，但该批评信件只能寄送被批评对象及其所在党组织或上级党组织。党员有权以口头或书面方式向党的各级组织直至中央负责地揭发、检举党的任何组织和任何党员违法违纪的事实，有权要求处分违法违纪的党员。党员有权要求党的组织罢免或撤换不称职的党员领导干部的职务。党员在进行批评、揭发、检举时，必须实事求是，明确列举事实根据，不得夸大和歪曲事实，更不准捏造事实、诬告陷害；必须按组织原则

办事，符合有关程序，不得随便扩散、传播。

5. 行使表决权、选举权，享有被选举权

党组织讨论决定问题，要执行少数服从多数的原则。决定重要问题，应充分进行协商、酝酿，必要时进行表决。参加表决的党员有赞成、反对的权利，也可以弃权。每个正式党员都享有选举权和被选举权（正在受留党察看处分的党员除外）。选举人有了解候选人情况、要求改变候选人、不选任何一个候选人和另选他人的权利。

6. 参加权和申辩权

在党的支部大会讨论决定对党员的党纪处分时，在党组织对党员作出鉴定时，本人有权参加和进行申辩，其他党员可以为其作证和辩护。申辩、作证和辩护必须实事求是。作伪证者应受到党纪追究。

7. 提出意见权

中国共产党是高度集中统一的整体，党员应在政治上、思想上、组织上与党中央保持一致，坚决执行党的决议和政策，这是保证党的团结统一的基本条件，是党的纪律，也是对党员的基本要求。但是，党员对党的决议和政策产生某些不同意见也是正常现象。党员对党的决议和政策如有不同意见，在坚决执行的前提下，有权以口头或书面形式向党组织声明保留，并且可以通过正常途径把自己的意见向党的上级组织直至中央提出。保证广大党员的这项权利，有利于发扬党内民主和坚持真理，修正错误。

8. 提出请求、申诉和控告权，要求答复权

党员在政治、工作、学习等方面遇到重要问题，需要党组织帮助解决的，有权向各级党组织直至中央提出请求。党员对于党组织给予本人或其他党员的处分、鉴定、审查结论或其他处理不服，有权逐级向党组织直至中央提出申诉。党员的各项合法权益受到党组织或其他党员的侵害时，有权向上级党组织直至中央提出控告。党员在请求申诉和控告时，应有正当理由，实事求是。党员提出请求、申诉和控告，有权要求有关组织给予负责的答复。

（三）党员义务和党员权利的关系

党员权利是党章规定的党员应当享有的党内的各项权利。党的任

何一级组织直至中央都无权剥夺党员的上述权利。在党内，每个党员都是平等的，都有同样的权利共同管理党的事务，发挥自己的积极性和负责精神，维护党的利益，保证党的事业的健康发展。正确行使党员权利是共产党员保持先进性的重要体现和重要条件，党员权利得到有效行使的程度关系到党内民主的实现程度，是贯彻执行民主集中制原则的基础。党员能否有效而正确地行使权利，关系到党员先进性的发挥，关系到党的生命力和创造力的保持，进而也关系到党的执政能力建设。发展党内民主，是国内外历史经验教训的深刻启示，是提高党的执政能力和领导水平、提高拒腐防变和抵御风险能力的内在要求，是党的事业兴旺发达的重要保证。民主集中制首先强调的是“民主基础上的集中”，也就是说，始终要以发扬民主为基础前提，只有在广泛发扬民主的基础上，才能实现正确的集中。

党员是党的主体，党员不仅要履行应尽的义务，而且要享受党章规定的各项民主权利。只有将党员的义务与权利结合起来，党员才能真正意识和体会到自己在党内政治生活中的主人翁地位，也才能深切地了解自己作为党的主体应负的责任和应发挥的作用。同时，党员权利也是相对的，出现了国家法律、党内法规规定的特定情形，党员权利也是可以受到限制的。例如，《中国共产党纪律处分条例》第 30 条规定：“党员被依法留置、逮捕的，党组织应当按照管理权限中止其表决权、选举权和被选举权等党员权利。根据监察机关、司法机关处理结果，可以恢复其党员权利的，应当及时予以恢复。”

党员义务和党员权利，具有党内最高法规的严肃性。党章对党员义务和党员权利的规定，适用于所有的党员。在党内，党员无论职位高低、党龄长短、能力强弱、贡献大小，都必须认真履行党员义务，充分享有党员权利。党内不允许存在“只享有权利，不履行义务”的特殊党员。党员的权利和义务是与时俱进的。从七大党章的四项义务权利，到八大党章的十项义务和七项权利，再到十二大党章的八项义务和权利，至十五大党章时党员的权利和义务基本形成了一个完备的体系。十六大党章又在此基础上进一步补充，增加了“三个代表”重要思想内容，十八大党章增加了“科学发展观”，十九大党章增加了

“习近平新时代中国特色社会主义思想”，可以看出，随着时代的发展，党员的义务和权利的内容不断充实。

关于党员义务和权利的关系，马克思曾经说过：“没有无义务的权利，也没有无权利的义务。”① 义务和权利之间是互为条件，相互联系、相辅相成的关系。两者都统一于党和人民的根本利益。一方面，党员要履行自己的义务，没有一定的权利不行；另一方面广大党员要行使应享有的权利，就必须要履行自己的义务。广大党员要正确认识和处理义务和权利的辩证统一关系，行使权利必须以履行义务、担当责任、遵守纪律为前提。需要注意的是，《党章》第 3 条、第 4 条分别规定了党员的八项义务和八项权利，并把党员义务规定在先，权利规定在后。党章这种规定顺序，正好与宪法规定公民权利先于公民义务相反，集中体现了中国共产党的性质和宗旨，体现了党员履行义务的自觉性和自愿性，从理论和实践的结合上摆正了党员的义务规定先于权利规定的关系，具有重要的理论和现实意义。党员履行义务，是党员在高度觉悟的基础上，为完成党的任务而自觉承担的责任；党员行使权利，是党员发挥作用，维护党的利益的重要表现。履行义务是行使权利的前提，行使权利是履行义务的保证。只想享受权利不愿履行义务，或只要求党员履行义务不尊重党员应有的权利，都是错误的。因此，对于普通公民来说，权利先于义务，权利本位是宪法法律的基本价值取向；而对于党员来说，义务先于权利，义务本位是党内法规的基本价值取向。

第三节　党内法规关系的核心内容：权力和责任

权力和责任是党内法规关系的核心内容，也是党内法规体系的核心范畴。权力和责任是相互依存关系，权力意味着责任，有权力必然有责任，权力越大，责任越大，有权不可任性，职责必须履行。

① 马克思恩格斯选集：第 3 卷. 北京：人民出版社，2012：200.

一、党员权利的让渡与党内权力的产生

党内法规是党的中央组织、党中央工作机关和各省、自治区、直辖市党委制定的用以规范党组织的工作、活动和党员的行为的党内各类规章制度的总称。因此，从效力对象上看，党内法规只对党的成员和组织具有规范、调整作用与产生约束力，具有适用对象上的限定性、特定性。中国共产党作为中华民族的先进组织和先锋队伍，对其成员的要求要高于一般社会成员与组织，所以从立法立规的层面上要高于普通的法律，党内法规的规范力与约束力要严于国家的普通法律。党规党纪严于国家法律，申请加入共产党意味着主动放弃一部分普通公民享有的权利和自由，且必须多尽一份义务。对于不遵守党章党规党纪的党员，党的纪律检查机构可以行使党内法规赋予的监督执纪问责权力，对这些党员进行组织处理、给予纪律处分，在《国家监察法》通过之前，极端情况下甚至可以“两规”的形式来限制和剥夺其人身自由。由于政党本质上不属于国家机关，行使的不是国家权力，因此产生党内法规的权力来源问题，即党内法规对违纪党员进行约束、惩戒、制裁的理论依据是什么呢?

一般认为，党员与党组织之间形成的法律关系不同于一般法律关系，党员与党组织之间形成的是一种“特别权力关系”，这种“特别权力关系”构成了党内法规的效力源泉。一般法律规定的法律保留等原则，以及一般法律赋予普通公民的某些权利如人身自由权，在党员身上会受到某种程度的限制，并且这种对人身自由的限制也无法诉诸司法上的救济。在公法学上，所谓“特别权力关系”，是指在特定行政领域内，为达到行政目的，在公民与国家之间所建立的、加强公民对国家从属性的关系。特别权力关系是相对于一般权力关系而言的，其“特别”指的是对公民权利的特别限制。在一般权力关系中，国家权力和公民权利受法治原则的支配，国家权力对公民权利的侵犯，可以诉诸法治原则予以救济；而在特别权力关系中，国家权力和公民权利之间是一种特殊的关系，权力主体对公民个人行使的权力不受法治原则的支配，公民个人权利在受到国家权力侵犯的时候也无法寻求一

般的法治救济。

特别权力关系理论主要存在于一些特殊的领域，比较典型的有公务员领域、军队领域、学校领域和监狱领域。我国党组织和党员的关系，在性质上近似于国家机关和公务员的关系，因此，这里可以借鉴特别权力关系理论来解释党组织和党员之间的权利义务关系，解决党组织惩戒权力的效力来源问题。基于这种理论，党内特别权力关系的特点主要包括：一是排除法律保留原则，二是剥夺权利救济手段。具体而言，党内特别权力关系包括如下特征：第一，党组织可以以党内法规的方式限制党员的自由权利。在党内特别权力关系中，党组织无须法律授权就可以制定党内法规，对党内党组织和党员的行为和权利进行限制。第二，党员义务的不确定性。在党内特别权力关系中，党组织对党内的党员享有总括性命令支配权，只要有需要，即使法律无具体明确的规定，仍然可以以党内法规的形式为党员设定各种义务。第三，党组织对党员的惩戒权。在党内特别权力关系中，如果党员违反党章党规党纪，或者公然违反党组织的决定命令时，党组织有权行使公权力，对相关党员作出惩戒。第四，党内特别权力关系不适用权利救济原则。由于上述惩戒措施是党内措施，即使受惩戒的党员对其不服，也不能向司法机关申请司法救济。

由于在性质上我国党组织和党员的关系类似于公务机关和公务员的关系，因此，按照特别权力关系理论，党内法规之所以对党员具有较强的约束力，是因为党组织和党员处于一种特殊的权力关系之中，在这个关系中，党员自愿放弃和让渡了一部分作为公民享有的权利和自由，并自我承诺愿意遵守党组织的规定，接受党组织的惩戒制裁。公民申请加入中国共产党就意味着主动放弃一部分普通公民享有的权利和自由，就应该用党章党规党纪约束自己行为，特别是一旦涉嫌违纪违规，就必须接受党组织一切形式的调查处理。即使党组织对自己采取严格的处理措施，也不能再拿普通公民的权利和自由来辩解，因为自从递交入党申请书那一刻起，就意味着让渡和放弃了部分权利和自由。从党组织批准入党那一刻起，党组织也就有了对每一名党员严格要求的权力。

党员的这种自我承诺集中体现在入党誓词上。入党誓词是成为预备党员后，在入党宣誓仪式上，需要宣读的誓词。中国共产党成立后，在党的一大和二大上，分别通过了《中国共产党第一个纲领》和《中国共产党章程》。该纲领和章程都对党员的言行提出了较为明确的要求，以后召开的党的代表大会也对党章不断进行了修改，从而进一步完善了对党员的要求。红军时代，入党誓词已经比较规范，抗日战争时期、解放战争时期、中华人民共和国成立初期入党誓词历经多次修改。

1982 年 9 月召开的党的十二大首次把入党誓词作为一条写进了党章。把入党誓词写进党章，这是中国共产党历史上的第一次。党的十三大、十四大、十五大、十六大通过的党章都重申了这一条。现行《中国共产党章程》第 1 章第 6 条明确规定："预备党员必须面向党旗进行入党宣誓。誓词如下：我志愿加入中国共产党，拥护党的纲领，遵守党的章程，履行党员义务，执行党的决定，严守党的纪律，保守党的秘密，对党忠诚，积极工作，为共产主义奋斗终身，随时准备为党和人民牺牲一切，永不叛党。"入党誓词只有短短几十个字，但这短短几十个字是每一个共产党人入党之初许下的最庄重的誓言，是每一个共产党人的初心与使命所在。当宣誓者面对鲜艳的党旗党徽紧握拳头，目光坚定、字句铿锵地宣读入党誓词时，已经在心理上做好准备和在行动上作出承诺，随时将自己的青春和生命献给党、献给人民。对此，2013 年 1 月 22 日，习近平同志在中国共产党第十八届中央纪律检查委员会第二次全体会议上发表重要讲话专门指出："每一个共产党员特别是领导干部都要牢固树立党章意识，自觉用党章规范自己的一言一行，在任何情况下都要做到政治信仰不变、政治立场不移、政治方向不偏。"① 不论担任何种职务、从事何种工作，首先要明白自己是一名在党旗下宣过誓的共产党员，要用入党誓词约束自己。

因此，入党誓词是党章的正式条文，具有党内法规的刚性约束

① 习近平谈治国理政. 北京：外文出版社，2014：386.

力，对党组织和党员具有正式的规范效力和拘束要求。从效力来源看，入党誓词是党员与党组织达成的一种政治契约，是双方合意的结果，具有明确的规范效力。每个党员在入党之时都写过书面的入党志愿书，从民事合同的角度来看，这本质上是一种书面要约，党组织在接受入党志愿书并同意其入党之后，实际上就相当于作出了承诺。经过了要约和承诺这两个法定环节，一份具有法律意义的合同实际上已经完成了，所以党员就要服从自己的承诺，履行入党志愿书的内容。在入党宣誓时，每个党员面对党旗进行庄严的宣誓，实际上是对着党组织又一次作出承诺。因此，遵守我们的入党志愿，严格遵守党章党规党纪，是我们在入党时作出的庄严承诺，具有明确的规范效力。在这个意义上，党内法规其实是党员和党组织达成的政治契约，在这个契约中，党员让渡和放弃了一部分权利和自由给党组织，由党组织来保护党员的成长和发展；党组织集中行使党员让渡的这部分权利和自由，形成党组织的权力，享有对违反契约的党员的惩戒权力。所以，每个党员都要坚持初心、坚定信念、坚守承诺，重温入党志愿书、牢记入党誓词、严守党章党规，这既是我们每个党员的法定义务，也是党组织对我们的基本要求。

二、党内责任的具体形态

义务的不履行会导致责任的产生，权力的不行使或不正当行使也会导致责任的产生。根据违反党内法规行为的性质和情节，党内法规呈现不同的责任机制。2016 年 10 月 27 日通过的《中国共产党党内监督条例》第 7 条规定，党内监督必须把纪律挺在前面，运用监督执纪“四种形态”，经常开展批评和自我批评、约谈函询，让“红红脸、出出汗”成为常态；党纪轻处分、组织调整成为违纪处理的大多数；党纪重处分、重大职务调整的成为少数；严重违纪涉嫌违法立案审查的成为极少数。2018 年 11 月 26 日审议通过的《中国共产党纪律检查机关监督执纪工作规则》第 4 条规定，坚持惩前毖后、治病救人，把纪律挺在前面，精准有效运用监督执纪“四种形态”，把思想政治工作贯穿监督执纪全过程，严管和厚爱结合，激励和约束并重，注重教育转化，促使党员自觉防止和纠正违纪行为，惩治极少数，教育大多数，实现政治效果、纪法效果和社会效果相统一。《中国共产党章程》第 40 条规定，坚持惩前毖后、治病救人，执纪必严、违纪必究，抓早抓小、防微杜渐，按照错误性质和情节轻重，给予批评教育直至纪律处分。运用监督执纪“四种形态”，让“红红脸、出出汗”成为常态，党纪处分、组织调整成为管党治党的重要手段，严重违纪、严重触犯刑律的党员必须被开除党籍。综合监督执纪“四种形态”和有关规定，一般来讲，违反党内法规主要承担以下几种责任。

1. 谈话提醒、约谈函询

谈话提醒、约谈函询是党内监督的重要方式。对线索中反映的苗头性、倾向性问题及时进行处置，让咬耳扯袖、红脸出汗成为常态，防止小问题拖成大问题，体现了对干部的信任、帮助、关心和爱护。谈话提醒、约谈函询，主要是指需要查证核实的问题线索或反映的问题具有一般性，需要及时批评教育，包括查清后可以给予轻处分。谈话记录和函询回复应当认真核实，存档备查。谈话提醒、约谈函询政治性、政策性极强，纪律检查机关在工作实践中要坚持关口前移，加强对问题线索的综合研判，对职责范围内的要分类处置，对属于地方和部门管理的干部问题线索要移交处置。约谈函询要严格履行审批手续，函询结果要由本单位党组织主要负责人签字上交，有的还要让接受约谈函询的党员在民主生活会上开展批评和自我批评。

2. 组织处理

组织处理是指党组织对违规违纪违法、失职失责失范的领导干部采取的岗位、职务、职级调整措施，包括停职检查、调整职务、责令辞职、免职、降职。组织处理是教育干部、管理干部的必备手段，是全面从严治党的重要措施。2021 年 3 月 19 日发布的《中国共产党组织处理规定（试行）》是做好组织处理工作的重要遵循，对指导和规范组织处理工作，推进组织处理与纪律处分、法律责任追究有机衔接，构建更加完备的干部管理监督制度体系，具有重要意义。领导干部在政治表现、履行职责、工作作风、遵守组织制度、道德品行等方面有不符合要求的情形且问题严重的，应当受到组织处理。

组织处理的后果是：停职检查期限一般不超过 6 个月。受到调整职务处理的，1 年内不得提拔职务、晋升职级或者进一步使用。受到责令辞职、免职处理的，1 年内不得安排领导职务，2 年内不得担任高于原职务层次的领导职务或者晋升职级。受到降职处理的，2 年内不得提拔职务、晋升职级或者进一步使用。同时受到党纪政务处分和组织处理的，按照影响期长的规定执行。领导干部受到组织处理的，当年不得评选各类先进。当年年度考核按照以下规定执行：受到调整职务处理的，不得确定为优秀等次；受到责令辞职、免职、降职处理的，只写评语不确定等次。同时受到党纪政务处分和组织处理的，按照对其年度考核结果影响较重的处理处分确定年度考核等次。对受到责令辞职、免职处理的领导干部，可以根据工作需要以及本人特长，安排适当工作任务。需要注意的是，组织处理可以单独使用，也可以和党纪政务处分合并使用，但组织处理和纪律处分互不代替，不允许以组织处理代替纪律处分，或者以纪律处分代替组织处理。

3. 党纪处分

党的纪律是党的各级组织和全体党员必须遵守的行为规则，是维护党的团结统一、完成党的任务的保证。党组织必须严格执行和维护党的纪律，共产党员必须自觉接受党的纪律的约束。党的纪律主要包括政治纪律、组织纪律、廉洁纪律、群众纪律、工作纪律、生活纪律。2018 年 10 月 1 日起施行的《中国共产党纪律处分条例》第 8 条规定：“对党员的纪律处分种类：（一）警告；（二）严重警告；（三）撤销党内职务；（四）留党察看；（五）开除党籍。”第 9 条规定：“对于违犯党的纪律的党组织，上级党组织应当责令其作出检查或者进行通报批评。对于严重违犯党的纪律、本身又不能纠正的党组织，上一级党的委员会在查明核实后，根据情节严重的程度，可以予以：（一）改组；（二）解散。”

4. 政务处分

以“政务处分”代替“政纪处分”，是国家监察体制改革试点的重要内容。2018 年 3 月 20 日，《中华人民共和国监察法》的通过标志着监察体制改革在全国范围内正式完成。作为反腐败工作机构，国家监委与中央纪委具有非常密切的关系：在党中央统一领导下，中央纪委同国家监委合署办公，履行纪检、监察两项职能，实行一套工作机构、两个机关名称，实际上就是“两块牌子一套人马”，从而实现党内监督和国家机关监督、党的纪律检查和国家监察的有机统一，实现对所有行使公权力的公职人员监察全覆盖。监委组建后，监察对象既包括行政机关工作人员，也包括法律、法规授权或者受国家机关依法委托管理公共事务的组织中从事公务的人员、国有企业管理人员等。以前适用的“政纪处分”，主要针对行政机关及其工作人员，适用范围过窄。“政务处分”的适用对象范围比“政纪处分”更宽，不仅包括公务员，还包括其他行使公权力的公职人员，体现了权责对等、失责必究的基本精神。2018 年 4 月 16 日公布的《公职人员政务处分暂行规定》第 6 条规定，监察机关对违法的公职人员可以依法作出警告、记过、记大过、降级、撤职、开除等政务处分决定。为了规范政务处分，加强对所有行使公权力的公职人员的监督，促进公职人员依法履职、秉公用权、廉洁从政从业、坚持道德操守，2020 年 6 月 20 日，第十三届全国人民代表大会常务委员会第十九次会议通过了《中华人民共和国公职人员政务处分法》，其第 7 条明确规定：“政务处分的种类为：（一）警告；（二）记过；（三）记大过；（四）降级；（五）撤职；（六）开除。”

5. 问责处理

问责是追究政府官员的责任，意即权责对等，是政治文明的体现。现有各类问责规定中，共有 14 种问责方式，包括批评教育、作出书面检查、给予通报批评、公开道歉、诫勉谈话、组织处理、调离岗位、停职检查、引咎辞职、责令辞职、免职、降职、党纪军纪政纪处分、移送司法机关依法处理等。2016 年 6 月 28 日中共中央政治局审议通过、2019 年 9 月 4 日中共中央印发修订后的《中国共产党问责条例》第 8 条规定：“对党组织的问责，根据危害程度以及具体情况，可以采取以下方式：（一）检查。责令作出书面检查并切实整改。（二）通报。责令整改，并在一定范围内通报。（三）改组。对失职失责，严重违犯党的纪律、本身又不能纠正的，应当予以改组。对党的领导干部的问责，根据危害程度以及具体情况，可以采取以下方式：（一）通报。进行严肃批评，责令作出书面检查、切实整改，并在一定范围内通报。（二）诫勉。以谈话或者书面方式进行诫勉。（三）组织调整或者组织处理。对失职失责、危害较重，不适宜担任现职的，应当根据情况采取停职检查、调整职务、责令辞职、免职、降职等措施。（四）纪律处分。对失职失责、危害严重，应当给予纪律处分的，依照《中国共产党纪律处分条例》追究纪律责任。上述问责方式，可以单独使用，也可以依据规定合并使用。问责方式有影响期的，按照有关规定执行。”

由此可见，《中国共产党问责条例》将这些问责方式规范为对党组织的检查、通报、改组三种方式，对党的领导干部的通报、诫勉、组织调整或者组织处理、纪律处分四种方式。这些方式均在党内法规中有明确规定、在实践中经常使用。其中，诫勉既包括谈话诫勉，也包括书面诫勉；组织调整或者组织处理包括停职检查、调整职务、责令辞职、降职、免职等。之所以规定问责方式可以单独使用，也可以合并使用，是因为在问责实践中，有时要进行组织处理，也要给予纪律处分，这时就要将两种方式合并使用。

6. 严重违纪涉嫌违法立案审查

在全面从严治党的新形势下，把纪律和规矩挺在前面，要把握和运用好监督执纪的“四种形态”，其中第四种形态是“严重违纪涉嫌违法立案审查的只能是极少数”。这里的违法立案一般指刑事违法立案，是对不守纪律和规矩的党员干部采取的最刚性措施。监督执纪中的“纪法分开”“先处后移”，要求纪律审查的重心从“查违法”向“查违纪”转换，厘清与司法的界线，全面履行执纪监督职能，对涉嫌犯罪的腐败分子及时移送司法机关，而不是用党纪政务处分代替刑事责任追究。对此，《中国共产党纪律处分条例》第 29 条规定：“党组织在纪律审查中发现党员严重违纪涉嫌违法犯罪的，原则上先作出党纪处分决定，并按照规定给予政务处分后，再移送有关国家机关依法处理。”《公职人员政务处分暂行规定》第 7 条规定：“公职人员中的中共党员严重违犯党纪涉嫌犯罪的，应当由党组织先做出党纪处分决定，并由监察机关依法给予政务处分后，再依法追究其刑事责任。非中共党员的公职人员涉嫌犯罪的，应当先由监察机关依法给予政务处分，再依法追究其刑事责任。公职人员中的中共党员先依法受到行政处罚和刑事责任追究的，党组织、监察机关可以根据生效的行政处罚决定和司法机关的生效判决、裁定、决定及其认定的事实、性质和情节，依纪依法给予党纪、政务处分。”

三、党内权力和党内责任的关系

有权就有责，权责要对等。在关系上，权力和责任是相互一致、不可分离的一个整体。有权力必须有对应的责任，有责任必须有对应的权力。权力与责任成正比关系，有多大的权力就有多大的责任。权力就是责任，责任就要担当。每一个党员干部都应秉持为民负责、从严治权的政治立场，坚守“权为民所用，情为民所系，利为民所谋”的政治原则。权为民所用就是必须正确看待和运用手中的权力，始终以党和人民的事业为重，为人民掌好权、用好权，用人民赋予的权力服务于人民、造福于人民，绝不以权谋私。情为民所系就是必须坚持与人民群众心连心，始终把人民群众的安危冷暖挂在心上，倾听群众呼声，关心群众疾苦，切实帮助群众解决实际困难，绝不脱离群众。利为民所谋就是树立正确的利益观，坚持人民的利益高于一切。全心全意为人民服务，一刻也不脱离人民群众，一切从人民的利益出发，一心为人民谋利益。

权力越大，越容易出现“灯下黑”，越容易出轨越轨。要保证权力的正当行使，必须要完善党内权力运行和监督机制，实行权责对应，坚决反对特权，防止滥用职权。中国共产党作为执政党，对经济社会资源的支配权力很大，应该建立权力清单，对什么权能用，什么权不能用，什么是公权，什么是私权，从制度法规上予以分开，不能公私不分、公权私用。权力的行使和责任的承担紧密相连，权力是人民赋予的、法规授予的，用权就必须对人民负责、对法规负责。要始终牢记立党为公、执政为民，要把权力当成责任，把责任当成担当，对权力始终保持一颗敬畏心，始终把手中的权力用于为党为国工作、为人民群众办实事、做好事、解难事，把党和人民赋予自己手中的权力作为一种责任、一种担当，让权力更好地转化为为党和人民谋利益的工具。

权力是一把“双刃剑”，权力的正当行使可以干事创业，造福于民；权力如果被滥用，可能会祸国殃民、反伤自身。对党员干部来说，权力不仅仅是一种支配力量，更是一份沉甸甸的责任。党员干部手中的权力来自人民的委托、组织的信任和法规的授权，每一个权力行使者都必须要理解、把握、处理好权力与职责的关系，以对党和人民负责的态度，以高度的事业心和责任感，谨慎地用好自己手中的权力，为人民服务、对人民负责并自觉接受人民监督，决不能把权力变成牟取个人或少数人私利的工具。每一名权力行使者都要牢记，权力是党和人民赋予的，是为党和人民做事用的，姓公不姓私，只能用来为党分忧、为国干事、为民谋利。因此，要正确行使权力，依法用权、秉公用权、廉洁用权，做到法定职权必须为，法无授权不可为，保持如临深渊、如履薄冰的谨慎，做到心有所畏、言有所戒、行有所止，处理好公和私、义和利、情和法、权和责的关系，同时，又要恪尽职守、夙夜在公，在自己的职责范围内，善于谋划、勇于担当、敢于负责，以攻坚克难的勇气、务实有效的举措、干事创业的决心，推动党和国家事业不断向前发展，不负党组织的重托和人民的厚望。

第五章　党内法规制度建设

党内法规制度建设是党的制度建设的核心内容，也是党内法规体系建设的根本要求。要把党内法规制度建设确立为中国特色社会主义法治建设的重要内容，坚持依法治国与制度治党、依规治党相结合，深入推进党内法规制度建设；全面推进从严治党，形成有权必有责、有责要担当、用权受监督、失责必追究的激励约束机制；根据体系健全、执行有力、规矩严明的总体目标，建成内容科学、程序严密、配套完备、运行有效的党内法规制度体系。

第一节　党内法规制度建设的基本遵循

深入推进新时代党内法规制度建设，必须坚持和加强党对党内法规制度建设工作的全面领导，坚持依法治国与依规治党相结合、坚持思想建党与依规治党相结合、坚持依规治党与以德治党相结合、坚持全面从严治党与依规治党相结合。这不仅构成了新时代党内法规制度建设的价值主题和鲜明特征，同时还构成了新时代党内法规制度建设的内在逻辑和实践遵循。

一、坚持依法治国与制度治党、依规治党相结合

法治是治国理政的基本方式，依法治国是中国共产党领导人民治理国家的基本方略。中国特色社会主义法治建设的一个鲜明特征，就是坚持依法治国与依规治党相结合，全面提高党依据宪法法律治国理政、依据党内法规管党治党的能力和水平。全面依法治国，是坚持和发展中国特色社会主义的本质要求和重要保障，是实现国家治理体系和治理能力现代化的必然要求，事关中国共产党执政兴国，事关人民幸福安康，事关党和国家长治久安。因此，中国特色社会主义法治是中国特色社会主义的重要组成部分，是中国特色社会主义事业发展前进的基本保障。从坚持中国特色社会主义政治发展道路到有序推进政治体制改革，从创建社会主义市场经济体制到加快转变经济发展方式，从加强社会主义文化强国建设到改善民生、加强生态文明建设，无一能离开法治的指导和保障。在这个意义上，加快建设社会主义法治国家，发展社会主义政治文明，推进社会主义政治体制改革，既是我国全面深化改革中不可或缺的核心环节，也是党和国家事业发展中必不可少的重要保障。①

2014 年 10 月 23 日，为加快建设社会主义法治国家，中国共产党第十八届中央委员会第四次全体会议研究了全面推进依法治国若干重大问题，审议通过了《中共中央关于全面推进依法治国若干重大问题的决定》（以下简称《全面依法治国决定》）。《全面依法治国决定》提出，加快建设社会主义法治国家，必须全面推进科学立法、严格执法、公正司法、全民守法进程，强调坚持党的领导，更加注重改进党的领导方式和执政方式；依法治国，首先是依宪治国；依法执政，关键是依宪执政；新形势下，中国共产党要履行好执政兴国的重大职责，必须依据党章从严治党、依据宪法治国理政；党领导人民制定宪法和法律，党领导人民执行宪法和法律，党自身必须在宪法和法律范围内活动，真正做到党领导立法、保证执法、带头守法。全面推进依

① 秦强. 良法善治. 北京：人民日报出版社，2018：1.

法治国，总目标是建设中国特色社会主义法治体系，建设社会主义法治国家。这就是，在中国共产党领导下，坚持中国特色社会主义制度，贯彻中国特色社会主义法治理论，形成完备的法律规范体系、高效的法治实施体系、严密的法治监督体系、有力的法治保障体系，形成完善的党内法规体系，坚持依法治国、依法执政、依法行政共同推进，坚持法治国家、法治政府、法治社会一体建设，实现科学立法、严格执法、公正司法、全民守法，促进国家治理体系和治理能力现代化。①

《全面依法治国决定》提出的“形成完备的法律规范体系、高效的法治实施体系、严密的法治监督体系、有力的法治保障体系，形成完善的党内法规体系”，不仅构成了全面依法治国总目标，同时确定了中国特色社会主义法治体系的丰富内涵，在中国法治发展史上第一次将党内法规制度体系与国家法律法规体系并列起来，一起作为管党治党、治国执政的基本方式，进一步将党内法规纳入中国特色社会主义法治建设之中，将形成“完善的党内法规体系”确立为中国特色社会主义法治体系建设的重要内容，对于推动形成国家法律法规与党内法规制度相辅相成、相互促进、相互保障的格局，具有划时代的里程碑意义。

在性质上，党内法规是党的各级组织和全体党员的行动纲领和行为规则，是维护党的团结统一、完成党的任务的根本保证。国家法律是党领导人民制定的体现人民意志的行为规范，是所有组织和全体公民的基本行为指引。由我国的国体、政体和党的性质、宗旨所决定，国家法律和党内法规都是党和人民意志的制度化、规则化，在本质属性上具有高度一致性。国家法律与党内法规的衔接协调有一个最基本的原则，就是党内法规制度建设必须坚持以宪法为最高依据、以党章为根本遵循，即坚持“宪法至上、党章为本”原则。在中国特色社会主义法治体系中，宪法是根本法；在党内法规制度体系中，党章是根本法。由于党内法规制度体系是中国特色社会主义法治体系的重要组

---

① 习近平. 关于《中共中央关于全面推进依法治国若干重大问题的决定》的说明. 人民日报，2014-10-29.

成部分，因此，宪法不仅是国家法律体系的根本法，同时还是党内法规制度体系的最高法。党章明确规定："党必须在宪法和法律的范围内活动。"这样，以宪法为共同依据，依法治国与制度治党、依规治党得以有机融合。因此，在制定党内法规的时候，也必须在宪法和法律的范围内进行，中国共产党制定的党内法规都是符合宪法和法律的。治国必先治党，治党务必从严，从严必依法度。党中央创造性地将全面从严治党纳入"四个全面"战略布局，将党内法规体系建设纳入依法治国的内容之中，国家法律与党内法规形成了良性的协调互补关系，依法治国与依规治党同宗同源，相互补益，构建了更为系统、广泛的规则体系。①

用法治思维和法治方式管党治党、治国执政最主要的就是用党内法规来管党治党，用党内法规来治国执政。从出台中央八项规定到制定《中国共产党巡视条例》，从修订出台《中国共产党廉洁自律准则》《中国共产党纪律处分条例》，到制定《中国共产党问责条例》，再到十八届六中全会上审议通过的《关于新形势下党内政治生活的若干准则》和《中国共产党党内监督条例》，再到党的十九大修改《中国共产党章程》，中国共产党始终将全面从严治党与依规治党相结合，把党内法规作为全面从严治党的制度支撑、重要保障和根本遵循，集中整饬党风，严厉惩治腐败，大力推进党内法规制度建设，开辟了全面从严治党的新格局，推动管党治党取得新成效、党风政风展现新气象。截至 2021 年 7 月 1 日，全党现行有效党内法规共 3 615 部。其中，党中央制定的中央党内法规 211 部，中央纪律检查委员会以及党中央工作机关制定的部委党内法规 163 部，省、自治区、直辖市党委制定的地方党内法规 3 241 部。② 党的十八大以来，党内法规制定工作驶入快车道，党中央针对全党全军全国重大问题，及时制定修订 147 部实践急需、务实管用的中央党内法规，占现行有效中央党内法规总数的 70%，实现党的领导和党的建设各方面党内法规制度的全

---

① 宋寒松. 依规治党和依法治国结合的典范. 学习时报，2017-09-22.

② 中共中央办公厅法规局. 中国共产党党内法规体系. 人民日报，2021-08-04.

覆盖。[①] 在内容上，这些新立新修的中央党内法规主要以严肃党内政治生活、坚守廉洁自律、规范权力运行、加强监督问责为重点，从不同方面体现了制度治党、依规治党的内容要求。

二、坚持思想建党与依规治党相结合

注重从思想上建党是马克思主义政党建设的基本原则和根本要求，也是中国共产党一百年来不断发展壮大的宝贵经验和重要法宝，更是党的十八大以来管党治党的鲜明特征和首要任务。习近平同志深刻指出："回顾党的奋斗历程可以发现，中国共产党之所以能够历经艰难困苦而不断发展壮大，很重要的一个原因就是我们党始终重视思想建党、理论强党，使全党始终保持统一的思想、坚定的意志、协调的行动、强大的战斗力。"[②] 这一重大论断的提出，为中国共产党在新的历史条件下加强党的建设特别是思想建党指明了方向。党的十八届六中全会坚持思想建党和依规治党、制度治党紧密结合，突出强调思想建党的价值取向、本质要求和制度保障，为推动全面从严治党向纵深发展提供了制度利器。

党的十九大报告提出，思想建设是党的基础性建设。革命理想高于天，共产主义远大理想和中国特色社会主义共同理想，是中国共产党人的精神支柱和政治灵魂，也是保持党的团结统一的思想基础。党的十八大以来，以习近平同志为核心的党中央高度重视思想建设和理论学习，在不同场合多次就加强各级领导班子和领导干部理论学习作出重要指示，并身体力行、率先垂范。十八届中央政治局共集体学习了 43 次，为全党作出表率，有力推动了全党理论学习的深入开展。为进一步加强全党思想政治学习，用党的创新理论武装头脑，党中央采取了一系列重大举措：2013—2014 年先后分两批组织开展了党的群众路线教育实践活动；2015 年在县处级以上领导干部中组织开展了"三严三实"专题教育；2016 年在全体党员中组织开展"学党章

① 中共中央办公厅法规局. 中国共产党党内法规体系. 人民日报，2021-08-04.

② 习近平. 在纪念马克思诞辰 200 周年大会上的讲话. 人民日报，2018-05-05.

党规、学系列讲话，做合格党员”学习教育；2019 年在全党开展“不忘初心、牢记使命”主题教育；2021 年在全党开展党史学习教育。经过这些学习教育，全党大兴学习之风，通过学习增强理论素养和党性修养的风气蔚然形成。新时代加强党的思想理论建设，最根本的是用习近平新时代中国特色社会主义思想来武装全党、教育人民。2016 年 10 月，党的十八届六中全会审议通过了《关于新形势下党内政治生活的若干准则》和《中国共产党党内监督条例》，明确提出“必须高度重视思想政治建设，把坚定理想信念作为开展党内政治生活的首要任务”，把思想建设摆在党的建设重要位置，对思想建党作出了重要部署，对思想建党的原则、内容、要求作出了明确规定。

思想建党在本质上属于意识形态问题，和意识形态建设具有密切联系。意识形态建设是党的思想建设的核心内容。思想建设的核心在于突出政治性，不断加强理想信念和党性教育，使广大党员保持对共产主义信仰和中国特色社会主义信念的忠诚。而意识形态工作的根本任务则是巩固马克思主义在意识形态领域的指导地位，巩固全党全国人民团结奋斗的共同思想基础。因此，从目的看，意识形态建设和思想建设本质上是统一的，二者共同统一于以马克思主义为指导的中国特色社会主义建设事业。正是看到了意识形态建设和思想建设之间的内在关联性，党的十八大以来意识形态建设的一个显著特征，就是将意识形态建设与思想建设紧密结合：意识形态建设最根本的目的是始终坚持马克思主义指导地位永不动摇，而思想建设最重要的任务是坚持用马克思主义哲学教育和武装全党。从党不断发展壮大的经验来看，注重从思想上建党是意识形态建设的基本原则和根本要求，也是党的十八大以来管党治党的鲜明特征和首要任务。

意识形态是党的一项极端重要的工作，事关党的前途命运、国家长治久安、民族凝聚力和向心力，必须要将意识形态建设作为治国理政的基础工程、重大战略和重要内容，摆在全局工作突出位置进行谋划部署。首先，意识形态现代化是国家治理现代化的本质体现。一个国家选择什么样的治理体系，是由这个国家的历史传承、文化传统、经济社会发展水平决定的，是由这个国家的人民决定的。我国的国家治理体系，是在我们历史传承、文化传统、经济社会发展的基础上长期发展、渐进改进、逐步演化的制度成果。制度背后是文化，国家治理体系现代化表面上是制度的现代化，背后是治理文化的现代化，最深层的是意识形态的现代化。只有治理意识、治理观念、治理文化现代化了，治理方式、治理手段、治理制度才会现代化。因此，国家治理体系和治理能力现代化最终要靠国家治理文化的现代化才能实现，而治理文化现代化本身就是意识形态现代化的重要内容和外在体现。其次，意识形态安全是国家政治安全的重要保证。意识形态关乎旗帜、关乎道路、关乎国家政治安全。旗帜指引方向，道路决定命运，因此，意识形态涉及的都是原则性、战略性和根本性问题，涉及党治国理政、管党执政的合法性和正当性，涉及中国特色社会主义事业的方向性和导向性。最后，加强意识形态工作是全面从严治党的内在要求。意识形态建设和全面从严治党、增强“四个意识”具有密切的内在逻辑关联：当前意识形态建设的最直接目标就是维护党的集中统一领导、坚定“四个自信”，严守政治纪律和政治规矩；而增强“四个意识”的具体要求是维护以习近平同志为核心的党中央权威、把党中央的各项决策部署落到实处、加强党的全面领导，二者在本质是统一的，统一在自觉坚持、维护和加强党的全面领导，严守党的政治纪律和政治规矩上。①

党的十八大以来，以习近平同志为核心的党中央高度重视制度治党、依规治党，指出党要履行好执政兴国的重大历史使命，实现党和国家的长治久安，必须坚持思想建党与制度治党统筹推进，依法治国与依规治党一体建设，确保党的各项工作包括意识形态工作都要纳入制度化、规范化轨道之中，以党内法规构建意识形态工作长效机制。制度治党最主要的是依靠党内法规制度来管党治党，因此，在这个意义上，制度治党的核心要义也是依规治党，二者具有逻辑互通性。党中央在《中央党内法规制定工作第二个五年规划（2018—2022 年）》中提出，要贯彻落实新时代党的建设总要求，坚持思想建党和制度治

---

① 秦强. 构筑治国理政的意识形态安全屏障. 前线，2017（09）.

党同向发力，在制定《党委（党组）意识形态工作责任制实施办法》《中国共产党党委（党组）理论学习中心组学习规则》的基础上，继续制定《中国共产党宣传工作条例》《中国共产党思想道德准则》，不断增强党的政治领导力、思想引领力，为夺取新时代中国特色社会主义胜利、实现中华民族伟大复兴的中国梦提供坚强制度保障。

因此，新时代党内法规制度建设的一个鲜明特征是，坚持思想建党和制度治党、依规治党紧密结合。全面从严治党靠教育，也靠制度，二者一柔一刚，要同向发力、同时发力。思想教育要结合落实制度规定来进行，抓住主要矛盾，突出问题导向，不搞凌空蹈虚。要使加强制度治党的过程成为加强思想建党的过程，也要使加强思想建党的过程成为加强制度治党的过程。注重思想建党和制度治党相结合，是中国共产党自身建设的显著特点和特有优势。在相互关系上，思想建党是制度治党的前提和基础，制度治党是思想建党的方式和保障，建党治党是一个系统工程，思想建党和制度治党不可偏废。实践证明，依规治党需要正确的政治方向进行思想引领，思想建党需要依靠依规治党的刚性约束进行制度保障。坚持思想建党与依规治党有机结合，就能相互补充、相互促进，确保党始终成为中国特色社会主义事业的坚强领导核心。

三、坚持依规治党与以德治党相结合

依规治党与以德治党都是中国共产党治国理政、执政兴国的重要方式。依规治党是强调制度规定的外在规制作用，以德治党强调的是道德对于党员干部的内在自律作用。以德治党是依规治党的内在需求，依规治党是以德治党的前提条件，依规治党和以德治党相辅相成，不可偏废。如果只注重依规治党，忽视了以德治党，管党治党就会失去价值基础和道德底蕴，行而不远；如果只追求以德治党，忽视了依规治党，管党治党就会失去制度保障和刚性约束，流于形式。

法治是人类政治文明的重要成果，依法治国是社会治理的基本方式。西方的法治主义传统源远流长，从古希腊时期亚里士多德“法治＝良好＋守法”公式的提出，到中世纪晚期“罗马法的继受”运动的兴起，再到近现代以来的“法律至上”地位的确立和“法律帝国”的崛起，西方社会治理模式的主流始终是法治主义，受其影响，西方核心价值观整体上也深深烙下了法治文化的印记，带有浓重的法治主义色彩。需要强调的是，法治虽然是社会治理的主要方式，但并不是唯一方式。以分析实证法学为基础建立起来的现代法治理论虚构了一个“法律万能主义”的神话，刻意夸大法律在治国理政中的唯一作用，忽视道德、宗教、传统、习惯等的重要补充作用，导致陷入“法律越多、秩序越少”的尴尬境地。

为了改变这种困境，中国特色社会主义法治建设在充分借鉴吸收中国传统优秀文化和人类文明先进成果的基础上，将西方古典的单一化法治模式，发展为依法治国与以德化民相统一的复合化模式，将现代法治理念与传统德治文化有机结合，开创了国家治理研究的新模式。这种复合化治理模式主张法治是治国理政的基本方式，必须要将法治放在国家治理的首要地位。在加强法治建设的同时，积极发挥道德建设的巨大力量，突出道德的教化感召作用，提升个人道德修养，提高民众道德素质，形成良好的社会风气和舆论环境，以德化民、以文育人，推动国家治理的制度化、道德化、文明化。中国特色社会主义法治建设有效整合了现代社会的多种治理方式，实现了依法治国与以德化民的有机统一，是推进国家治理体系和治理能力现代化的重要体现。对此，党的十八届四中全会提出，要坚持依法治国和以德治国相结合。国家和社会治理需要法律和道德共同发挥作用。必须坚持一手抓法治、一手抓德治，大力弘扬社会主义核心价值观，弘扬中华传统美德，培育社会公德、职业道德、家庭美德、个人品德，既重视发挥法律的规范作用，又重视发挥道德的教化作用，以法治体现道德理念、强化法律对道德建设的促进作用，以道德滋养法治精神、强化道德对法治文化的支撑作用，实现法律和道德相辅相成、法治和德治相得益彰。①

2016 年 12 月 9 日，十八届中央政治局就我国历史上的法治和德

① 秦强. 核心价值观根植传统彰显时代精神. 中国教育报，2016-06-11.

治进行第三十七次集体学习。习近平同志在主持学习时强调，法律是准绳，任何时候都必须遵循；道德是基石，任何时候都不可忽视。在新的历史条件下，我们要把依法治国基本方略、依法执政基本方式落实好，把法治中国建设好，必须坚持依法治国和以德治国相结合，使法治和德治在国家治理中相互补充、相互促进、相得益彰，推进国家治理体系和治理能力现代化。他指出，法律是成文的道德，道德是内心的法律。法律和道德都具有规范社会行为、调节社会关系、维护社会秩序的作用，在国家治理中都有其地位和功能。法安天下，德润人心。法律有效实施有赖于道德支持，道德践行也离不开法律约束。法治和德治不可分离、不可偏废，国家治理需要法律和道德协同发力。要发挥领导干部在依法治国和以德治国中的关键作用。领导干部既应该做全面依法治国的重要组织者、推动者，也应该做道德建设的积极倡导者、示范者。要坚持把领导干部带头学法、模范守法作为全面依法治国的关键，推动领导干部学法经常化、制度化。以德修身、以德立威、以德服众，是干部成长成才的重要因素。领导干部要努力成为全社会的道德楷模，带头践行社会主义核心价值观，讲党性、重品行、作表率，带头注重家庭、家教、家风，保持共产党人的高尚品格和廉洁操守，以实际行动带动全社会崇德向善、尊法守法。①

依法治国和以德治国的有机结合为依规治党与以德治党的有机结合提供了理论依据和实践支撑。全面从严治党，必然要求依规治党与以德治党紧密结合。道德使人向善，是纪律的必要前提和基础；纪律用来惩恶，是道德的坚强后盾和保障。全面从严治党，既要注重规范惩戒、严明纪律底线，更要引导人向善向上，发挥理想信念和道德情操引领作用。2015 年党中央颁布的《中国共产党廉洁自律准则》和《中国共产党纪律处分条例》，坚持依规治党和以德治党相统一，坚持高标准和守底线相结合，把从严治党实践成果转化为道德规范和纪律要求，使党内法规制度体系更加健全。《中国共产党廉洁自律准则》

① 坚持依法治国和以德治国相结合　推进国家治理体系和治理能力现代化. 人民日报，2016 - 12 - 11.

重申党的理想信念宗旨、优良传统作风，紧扣廉洁自律，坚持正面倡导，面向全体党员，突出关键少数，强调自律，重在立德，为党员和党员领导干部树立了一个看得见、够得着的高标准，展现了共产党人高尚的道德追求，是向全党发出的道德宣誓和对人民的庄严承诺；《中国共产党纪律处分条例》坚持纪法分开、纪在法前、纪严于法，突出政党特色、党纪特色，严明政治纪律和政治规矩、组织纪律，围绕党纪戒尺要求，开列负面清单，强调他律，重在立规，划出了党组织和党员不可触碰的底线。①

2018 年 3 月 10 日，习近平同志在全国两会期间参加重庆代表团审议时强调，领导干部要明大德、守公德、严私德。明大德，就是要铸牢理想信念、锤炼坚强党性；守公德，就是要强化宗旨意识，全心全意为人民服务，恪守立党为公、执政为民理念；严私德，就是要严格约束自己的操守和行为，戒贪止欲、克己奉公，切实把人民赋予的权力用来造福于人民。② 因此，思想道德建设的核心就是坚持依规治党和以德治党相统一，帮助广大党员进一步坚定理想信念、提高道德修养，把全面从严治党要求转化为政治信仰、道德规范和纪律约束。对此，党中央决定制定《中国共产党思想道德准则》，并将其纳入《中央党内法规制定工作第二个五年规划（2018—2022 年）》，以党内法规的刚性约束来教育引导全体党员牢记党的理想信念宗旨，增强党性观念，提高思想觉悟，加强道德修养，有利于广大党员自觉在思想上政治行动上与党中央保持高度一致，自觉践行忠诚、干净、担当，自觉做共产主义远大理想和中国特色社会主义共同理想的坚定信仰者和忠实实践者。

四、坚持全面从严治党与依规治党相结合

党的十八大以来，以习近平同志为核心的党中央坚持党要管党、

① 2018 年 7 月 31 日，中共中央政治局召开会议，对新修订的《中国共产党纪律处分条例》进行了审议。2018 年 8 月 26 日，新修订的《中国共产党纪律处分条例》公布，自 2018 年 10 月 1 日起施行。

② 习近平李克强栗战书赵乐际分别参加全国人大会议一些代表团审议. 人民日报，2018-03-11.

从严治党，坚定不移推进党风廉政建设和反腐败斗争，突出强调政治纪律和政治规矩，加大反腐惩恶力度，注重党内法规与国家法律的衔接协调，着力解决管党治党失之于宽、失之于松、失之于软的问题。习近平同志强调，必须坚持依法治国与制度治党、依规治党统筹推进、一体建设。[①] 这一论断意义重大而深远，深刻揭示了依法治国、依规治党与全面从严治党之间的内在联系，是以习近平同志为核心的党中央治国理政新理念新思想新战略的重要内容，是对马克思主义政党理论、中国特色社会主义理论体系的最新发展。

全面从严治党是党的十八大以来党中央作出的重大战略部署，是“四个全面”战略布局的重要组成部分，也是全面建成小康社会、全面深化改革、全面依法治国顺利推进的根本保证。在党的十九大报告中，习近平同志强调指出，中国特色社会主义进入新时代，我们党一定要有新气象新作为。打铁必须自身硬。党要团结带领人民进行伟大斗争、推进伟大事业、实现伟大梦想，必须毫不动摇地坚持和完善党的领导，毫不动摇地把党建设得更加坚强有力。

全面从严治党永远在路上。党中央之所以反复强调要全面从严治党，是因为党的生死关系国家存亡。从世界范围来看，政党政治是当今世界的主流政治形态。一个国家的主要政党尤其是执政党的宗旨、主张与政治诉求影响着国家的制度建构和发展状况。中国共产党是中国的执政党，是国家的最高政治领导力量。基于党的特殊执政地位，党从诞生的那一天起就特别注重党内建设工作，通过不断加强和改进党的建设，巩固党的领导地位。改革开放以来，面对日趋复杂的国际形势和不断发展变化的国内环境，中国共产党坚持以马克思主义原理和中国特色社会主义理论为指导，全面推进党的建设新的伟大工程，科学判断和准确把握中国共产党所处的历史方位和肩负的历史使命，紧密联系治国理政的实践，大力加强党的执政能力建设和先进性建设，进一步提高了党的领导水平和执政水平，进一步提高了拒腐防变

---

① 坚持依法治国与制度治党、依规治党统筹推进、一体建设. 人民日报，2016-12-26.

和抵御风险能力。

当前，党的建设工作突出表现为党风廉政建设和反腐败斗争。改革开放以来，中国共产党茁壮成长，领导全国各族人民取得举世瞩目的巨大成就。在做好经济社会建设的同时，党的建设也常抓不懈，取得显著成绩。应当说，当前党的领导水平和执政能力基本适应了经济社会发展的要求。但是，我们也应该清醒地看到，在新形势下，中国共产党不仅担负着团结带领全国人民全面建设社会主义现代化国家、实现中华民族伟大复兴的历史重任，而且面临着执政考验、改革开放考验、市场经济考验、外部环境考验等四大考验，存在精神懈怠的危险、能力不足的危险、脱离群众的危险、消极腐败的危险等四大危险，需要解决好提高党的领导水平和执政水平、提高拒腐防变和抵御风险能力两大重大课题。尤其是要把党风廉政建设放在更加突出的位置，坚持标本兼治、综合治理、惩防并举、注重预防的方针，建立健全与社会主义市场经济体制相适应的教育、制度、监督并重的惩治和预防腐败体系，加大从源头上预防和治理腐败的力度，推进反腐倡廉体制机制和制度创新。从党建角度来看，坚决反对腐败，是党必须始终抓好的重大政治任务，必须充分认识反腐败斗争的长期性、复杂性、艰巨性，把反腐倡廉建设放在更加突出的位置，严格执行党风廉政建设责任制，在坚决惩治腐败的同时加大教育、监督、改革、制度创新力度，更有效地预防腐败，不断取得反腐败斗争新成效。

党的十九大报告对新时代党的建设新的伟大工程作出全面部署，形成了反映时代要求、面向未来发展的新时代党的建设总要求，强调“全面推进党的政治建设、思想建设、组织建设、作风建设、纪律建设，把制度建设贯穿其中，深入推进反腐败斗争”。由此可以看出，以习近平同志为核心的党中央高度重视党的制度建设和反腐倡廉建设，提出要坚持全面从严治党和依规治党紧密结合，强调要善于运用法治思维和法治方式反对腐败，加强反腐败国家立法，加强反腐倡廉党内法规制度建设，让党内法规制度刚性运行，深刻阐明了用法治思维和法治方式管党治党、治国执政的重要性。党的依法执政，既包括党依据国家法律法规治国理政，也包括党依据党内法规管党治党。在管党治党实践中，党中央以零容忍的高压态势严惩腐败，坚持制度反腐、彻底反腐、科学反腐，将任性恣意的权力关进制度的笼子里，使得制度建设成为治国理政的主题，在全面从严治党中发挥着根本性的支撑保障作用。

第二节　党内法规制度建设是中国特色社会主义法治建设的重要内容

一、从中国特色社会主义法律体系到中国特色社会主义法治体系

（一）中国特色社会主义法治建设的基本历程

清末民初，在帝国主义侵略下，腐朽的晚清王朝轰然坍塌，整个中国面临着亡国灭种的危险。为了救亡图存，实现中华民族的伟大复兴，无数仁人志士前仆后继，上下求索，探索中华民族的复兴之路。在历经百般波折之后，终于找到了马克思主义，并将其确定为革命建设的指导思想。中国共产党从诞生伊始，就致力于马克思主义与中国实际的结合。共产党的成长历程，其实也就是中国共产党把马克思主义基本原理同中国具体实际相结合、同中华优秀传统文化相结合，逐渐探索和实现马克思主义中国化的过程。① 马克思主义进入中国，不仅对中国思想理论带来了巨大变革，也对中国制度实践带来了深远影响。在革命、建设、改革各个历史时期，中国共产党坚持把马克思主义基本原理同中国具体实际相结合、同中华优秀传统文化相结合，运用马克思主义立场、观点、方法研究解决各种重大理论和实践问题，指导党和人民取得了新民主主义革命、社会主义革命和社会主义建设、改革开放的伟大成就。中国特色社会主义事业坚持以马克思主义为指导，是近代以来我国发展历程赋予的规定性和必然性。在马克思主义指导下，中国开始了中国特色社会主义法治建设的步伐。中国特

---

① 习近平．在庆祝中国共产党成立100周年大会上的讲话．求是，2021（14）．

色社会主义法治是中华人民共和国成立70多年来中国共产党艰辛探索依法执政基本规律的智慧凝结，是改革开放40多年来以来党领导人民进行中国特色社会主义建设的重大成就和经验结晶。

从发展过程上看，中国特色社会主义法治建设的形成和发展经过了一个长久的历史过程，每一个发展阶段都体现着党和国家领导人治国理政的基本理念，凝聚和反映着不同历史时期的时代精神和社会发展要求。在阶段上，中国特色社会主义法治建设主要经历了四个时期：

1. 奠基萌芽时期

1978年12月13日，邓小平同志第一次明确提出："为了保障人民民主，必须加强法制建设。必须使民主制度化、法律化，使这种制度和法律不因领导人的改变而改变，不因领导人的看法和注意力的改变而改变。"① 这就为以后的中国特色社会主义法治建设确定了基调，奠定了基础。十一届三中全会后，在此基础上党中央又进一步提出了"健全社会主义民主，加强社会主义法制"的目标，确定了"有法可依，有法必依，执法必严，违法必究"的社会主义法制建设方针，为中国特色社会主义法治建设确立了制度依据，奠定了理论基础。

2. 发展成长时期

1997年9月，江泽民同志在党的十五大报告中第一次明确指出："依法治国，是党领导人民治理国家的基本方略。"把依法治国作为治国方略，标志着中国共产党在执政方式和治国理念上取得了重大进展和历史性突破。1999年3月15日，九届全国人大二次会议通过了宪法修正案，把"中华人民共和国实行依法治国，建设社会主义法治国家"写进了宪法，标志着中国特色社会主义法治正式成为党和国家中国特色社会主义建设事业中的有机组成部分和重要奋斗目标，同时也标志着中国特色社会主义法治建设进入了新的历史时期。

3. 基本形成时期

2002年11月14日，党的十六大修改《中国共产党章程》，增写

---

① 邓小平文选：第2卷. 北京：人民出版社，1994：146.

了“依法治国，建设社会主义法治国家”的内容。党的十六大以后，以胡锦涛为总书记的党中央，高度重视中国特色法律体系建设，认真践行社会主义法治理念，全面推进依法治国基本方略的实施，坚持党的领导、人民当家作主和依法治国的有机统一，有力推动了中国特色社会主义法治建设的继续前进。2011 年 10 月 27 日《中国特色社会主义法律体系》白皮书的公布，宣告了中国特色社会主义法律体系的正式形成，标志着中国特色社会主义法治建设取得突破性进展。

4. 全面实施时期

党的十八大以后，以习近平同志为核心的党中央奋发图强、厉行法治，将全面依法治国纳入“四个全面”战略布局，推动法治建设取得历史性进展。2014 年 10 月 20 日至 23 日，中国共产党十八届四中全会首次以全会的形式专题研究部署全面推进依法治国这一基本治国方略，通过的《全面依法治国决定》明确提出，坚持走中国特色社会主义法治道路，建设中国特色社会主义法治体系，这标志着在习近平法治思想的指导下，中国特色社会主义法治建设开始迈入了新的发展实施阶段。

（二）中国特色社会主义法治建设的基本内涵

从最初的社会主义法制建设开始，到中国特色社会主义法律体系的基本形成，再到现在的中国特色社会主义法治体系建设，中国法治建设已经走过了 40 多年的历史进程，在这 40 多年中，中国的现代化建设取得了巨大成就，中国共产党在执政方式和治国理念上也积累了宝贵的经验，取得了重大进展，最终明确了“依法执政，既要求党依据宪法法律治国理政，也要求党依据党内法规管党治党”的执政方式和治理理念。党的十八大以来，以习近平同志为核心的党中央高度重视法治建设。十八届三中、四中、五中、六中全会，都从治国理政、执政兴国的战略高度对依法治国进行了规划部署。习近平同志在不同场合围绕法治建设所作的一系列重要讲话，内涵丰富、意义深远，深刻阐明了法治在统筹社会力量、平衡社会利益、调节社会关系、规范社会行为，实现经济发展、政治清明、文化昌盛、社会公正、生态良好方面的引领和规范作用，指出了法治对党和国家发展的根本性、战略性、全局性意义，把新时期法治建设提到了新的高度。在中国特色社会主义进入新时代后，全面依法治国也被赋予了新的时代内涵，不仅是推进国家治理的重要途径和基本方式，而且是国家治理的一场深刻革命，必须坚持厉行法治，深化依法治国实践，推进科学立法、严格执法、公正司法、全民守法。在习近平新时代中国特色社会主义思想和基本方略中，全面依法治国占据着重要地位：在构成习近平新时代中国特色社会主义思想主要内容的“八个明确”之中，明确全面推进依法治国总目标是建设中国特色社会主义法治体系、建设社会主义法治国家；在贯彻落实习近平新时代中国特色社会主义思想的“十四个坚持”基本方略之中，“坚持全面依法治国”是其中非常重要的基本方略之一，必须长期坚持并不断发展。

1. 把党的领导贯彻落实到依法治国全过程和各方面

我国宪法确立了中国共产党的领导地位。2018 年新修订的《宪法》，专门在第 1 条第 2 款增加了“中国共产党领导是中国特色社会主义最本质的特征”条款。“党的领导”条款进入《宪法》正式条文之中，标志着党的领导已经正式成为宪法规范内容和宪法基本原则，意味着任何弱化、否认和反对党的领导的言行都是违宪行为。在这个意义上，坚持党的领导，是社会主义法治的根本要求，是党和国家的根本所在、命脉所在，是全面推进依法治国的题中应有之义。党的领导是中国特色社会主义最本质的特征，是社会主义法治最根本的保证。因此，必须把党的领导贯彻落实到依法治国全过程和各方面，坚定不移走中国特色社会主义法治道路，完善以宪法为核心的中国特色社会主义法律体系，建设中国特色社会主义法治体系，建设社会主义法治国家，发展中国特色社会主义法治理论，坚持依法治国、依法执政、依法行政共同推进，坚持法治国家、法治政府、法治社会一体建设，坚持依法治国和以德治国相结合，依法治国和依规治党有机统一，深化司法体制改革，提高全民族法治素养和道德素质。根据 2018 年 3 月中共中央印发的《深化党和国家机构改革方案》，党中央组建了中国共产党中央全面依法治国委员会，作为党中央决策议事协调机构，负责全面依法治国的顶层设计、总体布局、统筹协调、整体推进、督促落实。中国共产党中央全面依法治国委员会的主要职责是，统筹协调全面依法治国工作，坚持依法治国、依法执政、依法行政共同推进，坚持法治国家、法治政府、法治社会一体建设，研究全面依法治国重大事项、重大问题，统筹推进科学立法、严格执法、公正司法、全民守法，协调推进中国特色社会主义法治体系和社会主义法治国家建设等。中央全面依法治国委员会办公室设在司法部。成立中央全面依法治国委员会，是加强党对全面依法治国集中统一领导的内在需要，是协调推进中国特色社会主义法治体系和社会主义法治国家建设的必然要求，是推进新时代全面依法治国的战略举措，具有十分重要的意义。

2. 把全面依法治国纳入“四个全面”战略布局

党中央从坚持和发展中国特色社会主义全局出发，提出并形成了全面建成小康社会、全面深化改革、全面依法治国、全面从严治党战略布局，开创性地把全面依法治国纳入“四个全面”战略布局，更加完整地展现出新一届中央领导集体治国理政的总体框架，使当前和今后一个时期党和国家各项工作关键环节、重点领域、主攻方向更加清晰，内在逻辑更加严密，对推动改革开放和社会主义现代化建设迈上新台阶提供了强力保障。党的十八大在提出全面建成小康社会目标时强调，要推动依法治国基本方略全面落实、法治政府基本建成。实现中华民族伟大复兴，不仅指物质层面的民富国强，还包括实现制度和价值层面的文明复兴。法治是人类政治文明的重要成果，是现代制度文明的精髓，也是中华民族伟大复兴的重要支柱与重大标志。“奉法者强则国强、奉法者弱则国弱。”全面依法治国是深刻总结我国社会主义法治建设成功经验和深刻教训作出的重大抉择，是全面建成小康社会进而全面建成社会主义现代化国家、实现中华民族伟大复兴中国梦的迫切需要。

3. 把社会主义核心价值观融入法治建设

法律是成文的道德，道德是内心的法律。法律作为社会行为的底线，是社会公德的固化和外化。党中央高度重视社会主义核心价值观建设，强调要坚持依法治国与以德治国相结合，把核心价值观融入法治建设，使德治和法治在国家治理中相互补充、相互促进、相得益彰。推动社会主义核心价值观入法入规，鲜明法治制度规范的正确价值导向，坚持运用法治手段激浊扬清、扶正祛邪，维护社会主流价值。法律法规要树立鲜明的价值取向，弘扬美德义行，立法、执法、司法都要体现社会主义道德要求，都要把社会主义核心价值观贯穿其中，努力使道德体系同社会主义法律规范相衔接、相协调、相促进，提高全社会的文明程度，为全面依法治国创造良好的人文环境。以法治体现道德理念、强化法律的规范作用，以道德滋养法治精神、强化道德对法治文化的支撑作用，能够实现法律和道德相辅相成、相得益彰。

4. 更加注重法治思维和法治方式

2014 年 2 月 28 日，习近平同志在中央全面深化改革领导小组第二次会议上指出，凡属重大改革都要于法有据，在整个改革过程中，都要高度重视运用法治思维和法治方式，发挥法治的引领和推动作用，坚持法定职责必须为、法无授权不可为。党的十八届四中全会《全面依法治国决定》进一步要求“提高党员干部法治思维和依法办事能力”。法治思维是一种规则思维、程序思维，它以严守规则为基本要求，强调法律的底线不可逾越、法律的红线不能触碰，凡事必须在既定的程序及法定权限内运行。法治方式是运用法治思维处理和解决问题的行为方式。尊崇法治、敬畏法律是领导干部必须具备的基本素质。全面依法治国，要努力形成办事运用法治思维和法治方式；努力推动形成深化改革、推动发展、化解矛盾、维护稳定等遇事找法、解决问题用法、化解矛盾靠法的良好法治环境，在法治轨道上推动各项工作。

5. 更加重视社会主义法治文化建设

弘扬社会主义法治精神，建设社会主义法治文化是推进法治社会建设提出的明确要求和重要任务。从一般意义上讲，精神和文化是支配人们日常行为的内在力量。任何东西，一旦升华为精神和文化，就会深深熔铸在人们的脑海里，牢牢扎根于人们的心灵中，自觉体现在人们的行为上。因此，文化自信是一个国家、一个民族发展中更基本、更深沉、更持久的力量。法治一旦升华为法治精神和法治文化，就会成为支配全社会成员法治行为的强大力量。从这个意义上讲，法治的生命不在于立法，而在于把法治精神、法治思维、法治观念熔铸到人们的头脑之中，体现在人们的日常行为之中。推进中国特色社会主义法治建设，建设社会主义法治国家，必须大力弘扬社会主义法治精神，建设社会主义法治文化，使法治成为根植于人民群众内心的向往，成为固化在人民群众行为中的强大观念，成为一种社会生活方式和行为习惯。法治精神和法治文化缺失，是当前我国法治社会建设面临的亟待解决的突出问题。在法治建设中，必须要加大全民普法力度，建设社会主义法治文化，树立宪法法律至上、法律面前人人平等的法治理念。各级党组织和全体党员要带头尊法学法守法用法，任何组织和个人都不得有超越宪法法律的特权，绝不允许以言代法、以权压法、逐利违法、徇私枉法。

6. 坚持依法治国和以德治国相结合

法安天下，德润人心。在法治建设中要坚持把依法治国和以德治国结合起来，高度重视道德对公民行为的规范作用，引导公民既依法维护合法权益，又自觉履行法定义务，做到享有权利和履行义务相一致。国家和社会治理需要法律和道德共同发挥作用。十八届四中全会《全面依法治国决定》明确提出，加强公民道德建设，弘扬中华优秀传统文化，增强法治的道德底蕴。法的形成离不开道德，法律的制定必须体现道德的要求和精神。没有全社会思想道德水平的提高，法治建设的道德底蕴就不会浓厚，增强法治的道德底蕴就会失去坚实基础。现代社会，没有法律是万万不能的，但法律也不是万能的。法律是外在约束，是他律；道德是内在自觉，是自律。仅有法律的外在约束，缺失道德的内在自觉，即使是最严厉的外在约束，国家和社会也将难以治理。因此，要坚持依法治国和以德治国相结合，健全自治、法治、德治相结合的社会治理体系。提高全民族法治素养和道德素质，增强法治的道德底蕴。对此，必须加强公民道德建设，提高全社会思想道德水平，积极培育和践行社会主义核心价值观，引导人们树立正确的世界观、人生观、价值观，强化规则意识，倡导契约精神，弘扬公序良俗，在全社会形成知荣辱、讲正气、作奉献、促和谐的良好风尚。

7. 依据党内法规管党治党

党内法规是中国特色社会主义法治体系的重要组成部分，既是管党治党的重要依据，也是建设社会主义法治国家的有力保障。党的十八大以来，以习近平同志为核心的党中央高度重视党内法规制度建设，强调法规制度带有根本性、全局性、稳定性、长期性，是事关党长期执政和国家长治久安的重大战略任务，要加快构建以党章为根本、若干配套党内法规为支撑的党内法规制度体系，扎紧扎牢制度的笼子。因此，加强党内法规制度建设是关乎党的前途命运的根本问题，是关乎中华民族伟大复兴的根本问题，是关乎国家治理体系和治理能力现代化的根本问题，必须要把制度建设摆在党和国家治理全局的重要位置，在制度轨道上推进党和国家的各项事业。加强党内法规制度建设的总体目标是体系健全、执行有力、规矩严明，全面实现依规治党。按照“规范主体、规范行为、规范监督”相统筹相协调的原则，切实加强对党组织和党员干部的监督、奖惩、保障，建立健全相关法规制度，形成有权必有责、有责要担当、用权受监督、失责必追究的激励约束机制，确保行使好党和人民赋予的权力。制度建设对党的建设具有重要的引领保障作用。党中央推进全面从严治党，抓思想从严、抓管党从严、抓执纪从严、抓治吏从严、抓作风从严、抓反腐从严，这“六个从严”各有侧重，共通的一点是每个“从严”都注重发挥制度特别是党内法规制度的引领保障作用，贯穿“六个从严”始终的是从严建章立制、从严执规执纪。在注重建章立制的同时，党中央高度重视党内法规制度执行，坚持有规必依、执规必严、违规必究，从严执规执纪。党的领导和党的建设活动推进到哪里，全面从严治党就延伸到哪里，党内法规制度建设就跟进到哪里，依规治党的强烈信号和强大威力就释放到哪里，制度权威和规矩意识就强化到哪里，党中央权威和集中统一领导就在哪里落地生根。

二、把制度建设摆到更加突出的位置

（一）发挥制度的根本性、全局性、稳定性、长期性作用

党内法规的作用主要通过党内法规制度展现出来。制度是关系党和国家事业发展的根本性、全局性、稳定性、长期性问题，中国特色社会主义制度是当代中国发展进步的根本制度保障，是具有鲜明中国特色、明显制度优势、强大自我完善能力的先进制度。① 大到一个国家、一个政党、一个社会，小到一个部门、一个单位、一个班组，要想平稳有序、持续健康的发展运行，必须要以制度为根据，将自身的工作、管理融入到制度要求上来，确保在制度的轨道上发展壮大。正是有了对制度作用的深刻认识和对制度建设重要性的深刻理解，中国共产党从成立之初就特别注重建章立制，依靠制度来建党立党、管党治党。早在1921年7月，中国共产党第一次全国代表大会就通过了《中国共产党第一个纲领》，这是中国共产党历史上第一个具有党章性质的党内法规，也是党的制度建设史上的第一个纲领性文件。这就充分表明从建党伊始，中国共产党就高度重视制度建设的作用，充分发挥制度建设的功能。

基于制度建设在管党治党、执政兴国中的重要地位和突出作用，中国共产党高度重视党的制度建设，把党的制度建设作为坚持和完善党的执政能力的重要内容来加以看待，作为衡量和改进国家治理体系和治理能力现代化的重要指标来加以看待，把党的制度建设摆到更加突出的位置来加以看待，推动党的制度建设稳步推进，获得了长远发展。党内存在的突出问题，归根结底都与制度和机制有关。党的制度建设既是党的建设的重要内容，又是党的其他建设的重要保障。② 对此，习近平同志2012年11月17日在主持十八届中央政治局第一次集体学习时专门强调，要把制度建设摆在突出位置，充分发挥我国社会主义政治制度优越性。我们要坚持以实践基础上的理论创新推动制

---

① 习近平．在庆祝中国共产党成立95周年大会上的讲话．人民日报，2016-07-02．

② 王庭大．党的制度建设科学化研究．北京：党建读物出版社，2011：18．

度创新，坚持和完善现有制度，从实际出发，及时制定一些新的制度，构建系统完备、科学规范、运行有效的制度体系，使各方面制度更加成熟更加定型，为夺取中国特色社会主义新胜利提供更加有效的制度保障。[①] 2013 年 11 月 12 日，习近平同志在十八届三中全会第二次全体会议上的讲话指出，推进国家治理体系和治理能力现代化，就是要适应时代变化，既改革不适应实践发展要求的体制机制、法律法规，又不断构建新的体制机制、法律法规，使各方面制度更加科学、更加完善，实现党、国家、社会各项事务治理制度化、规范化、程序化。要更加注重治理能力建设，增强按制度办事、依法办事意识，善于运用制度和法律治理国家，把各方面制度优势转化为管理国家的效能，提高党科学执政、民主执政、依法执政水平。[②]

从概念上看，党的制度建设就是把长期以来党的领导工作中和党内生活中的经验教训加以总结和概括，形成党的成员必须共同遵守的条例、规定、规则等党的制度，并狠抓贯彻落实。其作用在于调节党内关系、指导党内生活、实现党的意志、规范党员行为，从而保证党的事业顺利发展。加强党的制度建设，必须以党的事业为轴心，以科学理论为指导，以加强党的长期执政能力建设、先进性和纯洁性建设为主线，吸收和借鉴人类制度文明的一切积极成果，不断提高党的制度建设科学化、规范化水平。在这个意义上，加强党的制度建设，就是要用现代法治规则、法治精神来指导和规范党自身的行为及其自身建设，也就是说不仅要依规治党，而且要依法治党。[③]

2016 年 12 月 13 日中共中央印发的《关于加强党内法规制度建设的意见》提出，要完善党内法规制度体系，即在党章之下分为党的领导法规制度、党的组织法规制度、党的自身建设法规制度、党的监督保障法规制度等四部分内容，这四部分内容实际上也是党的建设的基本内容。在关系上，党的制度建设贯穿于党的建设全过程各方面，

---

① 习近平．紧紧围绕坚持和发展中国特色社会主义　学习宣传贯彻党的十八大精神．求是，2012（23）．

② 习近平．切实把思想统一到党的十八届三中全会精神上来．求是，2014（1）．

③ 王庭大．党的制度建设科学化研究．北京：党建读物出版社，2011：6．

党的建设始终以党的制度建设为抓手为主线：在党的领导工作中，要靠完善的领导制度来保证党的领导稳定有效；在党的组织建设中，要靠完善的组织制度来加强党的建设，保证党内生活的正常化，保证党员队伍的素质能力；在党的自身建设中，要靠完善的制度来保证党的政治建设、思想建设、组织建设、纪律建设、作风建设等自身建设常态化；在党的监督保障中，要靠完善的制度来加强对权力运行的监督和制约，加强和保障党的先进性和纯洁性。根据中共中央《关于加强党内法规制度建设的意见》，党内法规制度体系，是以党章为根本，以民主集中制为核心，以准则、条例等中央党内法规为主干，由各领域各层级党内法规制度组成的有机统一整体。因此，从内容上看，党的制度建设的目标任务就是以党章为根本加强党内法规制度建设，以民主集中制为核心建立健全党内法规制度体系，以提高党内法规执行力为抓手构建高效权威的党内法规执行体系。党的制度建设的内容相当广泛，从大的方面来说，主要包括党的领导制度和党内生活制度两大部分。其中，党的领导制度主要包括不忘初心、牢记使命的制度，坚定维护党中央权威和集中统一领导的各项制度，党的全面领导制度，为人民执政、靠人民执政各项制度，提高党的执政能力和领导水平制度，全面从严治党制度等；党内生活制度主要包括党内民主决策制度，“三会一课”制度，民主生活会和组织生活会制度，民主评议党员制度，谈心谈话制度等。

进入新时代后，党和国家的各项事业都面临着新形势新要求，党的制度建设也面临着新使命新任务，必须与时俱进、开拓进取，主动面对和积极适应时代的变化和经济社会的发展。2019 年 10 月，习近平同志在《关于〈中共中央关于坚持和完善中国特色社会主义制度推进国家治理体系和治理能力现代化若干重大问题的决定〉的说明》中强调，相比过去，新时代改革开放具有许多新的内涵和特点，其中很重要的一点就是制度建设分量更重，改革更多面对的是深层次体制机制问题，对改革顶层设计的要求更高，对改革的系统性、整体性、协同性要求更强，相应的建章立制、构建体系的任务更重。新时代谋划全面深化改革，必须以坚持和完善中国特色社会主义制度、推进国家治理体系和治理能力现代化为主轴，深刻把握我国发展要求和时代潮流，把制度建设和治理能力建设摆到更加突出的位置，继续深化各领域各方面体制机制改革，推动各方面制度更加成熟更加定型，推进国家治理体系和治理能力现代化。① 习近平同志的重要讲话实际上是从党和国家治理体系和治理能力现代化的角度，对制度建设在党和国家事业全局中的地位和作用进行了概括描述，对新形势下制度建设的使命任务进行了明确强调，是我们推进新时代制度建设的重要依据和根本遵循。

党的十九大提出："党政军民学，东西南北中，党是领导一切的。"所以，办好中国的事情，关键在党，关键在党要管党、全面从严治党。管理好这样一个有着 9500 万名党员、480 万个基层组织的大党，离不开完备的党内法规制度作保障。治国必先治党，治党务必从严，从严必依法度，而法规制度建设必须要抓"关键少数"。因此，依靠制度管党治党，关键是要抓住领导干部这个"关键少数"，从严管好各级领导干部。从严管理干部，要坚持思想建党和制度治党紧密结合，既从思想教育上严起来，又从制度上严起来。要建立健全相关制度，用制度管权管事管人。要突出重点，重在管用有效，全方位扎紧制度笼子，更多地用制度治党、管权、治吏。对此，习近平同志在十九届中央政治局第十七次集体学习时专门强调，各级党委和政府以及领导干部要增强制度意识，善于在制度的轨道上推进各项事业。广大党员、干部要做制度执行的表率，引领全社会增强制度意识，自觉维护制度权威。②

在总结党的十八大以来加强制度建设、注重制度治理的基础上，2019 年 10 月 31 日，党的十九届四中全会审议通过了《中共中央关于坚持和完善中国特色社会主义制度　推进国家治理体系和治理能力现代化若干重大问题的决定》，提出新时代党和国家制度建设的总体

① 习近平. 关于《中共中央关于坚持和完善中国特色社会主义制度　推进国家治理体系和治理能力现代化若干重大问题的决定》的说明. 人民日报，2019－11－06.

② 习近平. 继续沿着党和人民开辟的正确道路前进　不断推进国家治理体系和治理能力现代化. 人民日报，2019－09－25.

要求：坚持以马克思列宁主义、毛泽东思想、邓小平理论、“三个代表”重要思想、科学发展观、习近平新时代中国特色社会主义思想为指导，增强“四个意识”，坚定“四个自信”，做到“两个维护”，坚持党的领导、人民当家作主、依法治国有机统一，坚持解放思想、实事求是，坚持改革创新，突出坚持和完善支撑中国特色社会主义制度的根本制度、基本制度、重要制度，着力固根基、扬优势、补短板、强弱项，构建系统完备、科学规范、运行有效的制度体系，加强系统治理、依法治理、综合治理、源头治理，把我国制度优势更好转化为国家治理效能，为实现“两个一百年”奋斗目标、实现中华民族伟大复兴的中国梦提供有力保证。①

制度建设的根本目的是提高党科学执政、民主执政、依法执政水平。党的十九届四中全会提出，完善党的制度特别是完善全面从严治党制度的核心要求是坚持党要管党、全面从严治党，增强忧患意识，不断推进党的自我革命，永葆党的先进性和纯洁性。贯彻新时代党的建设总要求，深化党的建设制度改革，坚持依规治党，建立健全以党的政治建设为统领，全面推进党的各方面建设的体制机制。完善和落实全面从严治党责任制度，坚决同一切影响党的先进性、弱化党的纯洁性的问题做斗争，大力纠治形式主义、官僚主义，不断增强党的创造力、凝聚力、战斗力，确保党始终成为中国特色社会主义事业的坚强领导核心。

新时代中国特色社会主义法治的最鲜明特色，是高度重视党内法规制度建设在管党治党、治国执政中的地位作用，党内法规制度体系不仅是管党治党的重要依据，同时也是新时代中国特色社会主义法治体系不可或缺的重要组成部分。

1. 第一部正式、公开的党内“立法法”

1990 年 7 月 31 日，中共中央印发《中国共产党党内法规制定程序暂行条例》。2012 年 5 月 26 日，中共中央印发《中国共产党党内

① 中共中央关于坚持和完善中国特色社会主义制度　推进国家治理体系和治理能力现代化若干重大问题的决定. 人民日报，2019-11-06.

法规制定条例》。为进一步提高党内法规制定质量和执行力度，党中央对2012年的《中国共产党党内法规制定条例》予以修订，2019年9月，中共中央印发了修订后的《中国共产党党内法规制定条例》。这部党内法规出台后，连同近年来印发的中共中央《关于加强党内法规制度建设的意见》、中共中央办公厅《关于开展党内法规和规范性文件清理工作的意见》、《中国共产党党内法规解释工作规定》等法规文件，对党内法规工作进行了全链条的制度规范，必将有力推进新时代党内法规制度建设。《中国共产党党内法规制定条例》的制定与发布，使党有了第一部正式、公开的党内"立法法"，对推动以党内法规建设为核心环节的党的制度建设，提升党的建设的科学化水平，丰富拓展执政党建设的新路子具有重要意义。

2. 党的历史上第一次编制党内法规制定工作五年规划

为了更好地强化依靠党内法规管党治党的理念，进一步夯实依规治党的制度基石，2013年11月27日，党中央颁发《中央党内法规制定工作五年规划纲要（2013—2017年）》，对之后五年中央党内法规制定工作进行统筹规划，提出了指导思想、工作目标、基本要求、主要任务和落实要求，是做好党内法规制定工作的重要指导性文件，有力地推动了党内法规制度体系建设。这是党的历史上第一次编制党内法规制定工作五年规划，是加强党的制度建设的战略工程，为进一步加强党内法规制度体系建设注入了新的动力。该规划提出，在对现有党内法规进行全面清理的基础上，抓紧制定和修订一批重要党内法规，力争经过五年努力，基本形成涵盖党的建设和党的工作主要领域、适应管党治党需要的党内法规制度体系框架，使党内生活更加规范化、程序化，使党内民主制度体系更加完善，使权力运行受到更加有效的制约和监督，使党执政的制度基础更加巩固，为到建党100周年时全面建成内容科学、程序严密、配套完备、运行有效的党内法规制度体系打下坚实基础。2018年2月，中共中央印发《中央党内法规制定工作第二个五年规划（2018—2022年）》。该规划深入贯彻落实习近平新时代中国特色社会主义思想和党的十九大精神，着眼于到建党100周年时形成比较完善的党内法规制度体系，对之后五年党内法规制度建设进行顶层设计，提出了指导思想、目标要求、重点项目和落实要求，是推进新时代党内法规制度建设的重要指导性文件。该规划提出，做好新时代党内法规制定工作，要贯彻落实新时代党的建设总要求，坚持依法治国和依规治党有机统一，坚持思想建党和制度治党同向发力，以改革创新精神加快补齐党内法规制度短板，使党的各方面制度更加成熟、更加定型，增强依法执政本领，提高管党治党水平，确保党在新时代中国特色社会主义的伟大实践中始终成为坚强领导核心。新时代党内法规制度建设要适应新时代坚持和加强党的全面领导、以党的政治建设为统领全面推进党的各项建设的需要，到建党 100 周年时形成以党章为根本、以准则条例为主干，覆盖党的领导和党的建设各方面的党内法规制度体系，并随着实践发展不断丰富完善。①

3. 第一次将党内法规体系确立为全面依法治国总目标的重要内容

2014 年 10 月 20 日至 23 日，为贯彻落实党的十八大作出的战略部署，加快建设社会主义法治国家，中国共产党第十八届中央委员会第四次全体会议研究了全面推进依法治国若干重大问题，审议通过了《全面依法治国决定》。该决定提出的“形成完备的法律规范体系、高效的法治实施体系、严密的法治监督体系、有力的法治保障体系，形成完善的党内法规体系”，不仅构成了全面依法治国总目标，同时确定了中国特色社会主义法治体系的丰富内涵，在中国法治发展史上第一次将党内法规制度体系与国家法律法规体系并列起来，一起作为管党治党、治国执政的基本方式，进一步将党内法规纳入中国特色社会主义法治体系之中，将形成“完善的党内法规体系”确立为全面依法治国的总目标和中国特色社会主义法治体系建设的重要内容，努力形成国家法律法规与党内法规制度相辅相成、相互促进、相互保障的格局，具有划时代的里程碑意义。《全国依法治国决定》突破了传统意

---

① 中共中央印发《中央党内法规制定工作第二个五年规划（2018—2022 年）》. 人民日报，2018-02-24.

义上“法”的范畴，将党内法规纳入依法治国之“法”的视野中，从此之后，党内法规也属于广义的法的范畴。新时代的“法”，不仅仅包括传统意义上的国家法律法规，而且包括党内法规。因此，随着“法”的范畴的内涵和外延发生了改变，依法治国、依法执政的概念自然也发生了改变，既要求党依据宪法法律治国理政，也要求党依据党内法规管党治党。

4. 党的历史上第一次以学党章党规为主题的学习教育

2016 年 2 月，中共中央办公厅印发了《关于在全体党员中开展“学党章党规、学系列讲话，做合格党员”学习教育方案》。开展“两学一做”学习教育，是面向全体党员深化党内教育的重要实践，是推动党内教育从“关键少数”向广大党员拓展、从集中性教育向经常性教育延伸的重要举措，是党的历史上第一次以学党章党规为主题的学习教育。在此次“两学一做”学习教育中，党中央把党章党规与习近平总书记系列重要讲话并列起来，作为全体党员学习的重要内容，显示了党中央对党内法规制度建设的高度重视。党中央对学党章党规的要求是：着眼明确基本标准、树立行为规范，逐条逐句通读党章，全面理解党的纲领，牢记入党誓词，牢记党的宗旨，牢记党员义务和权利，引导党员尊崇党章、遵守党章、维护党章，坚定理想信念，对党绝对忠诚。认真学习《中国共产党廉洁自律准则》《中国共产党纪律处分条例》等党内法规，学习党的历史，学习革命先辈和先进典型，发挥正面典型的激励作用和反面典型的警示作用，引导党员牢记党规党纪，牢记党的优良传统和作风，树立崇高道德追求，养成纪律自觉，守住为人、做事的基准和底线。2017 年 3 月，中共中央办公厅印发的《关于推进“两学一做”学习教育常态化制度化的意见》进一步指出，党章是管党治党的总章程，党规是党员思想和行为的具体遵循。开展“两学一做”学习教育，是坚持思想建党、组织建党、制度治党紧密结合的有力抓手，是不断加强党的思想政治建设的有效途径，为新形势下落实全面从严治党要求积累了成功经验。学习党章党规，要深刻认识党章是管党治党的总规矩总遵循，践行党内政治生活准则、党内监督条例和廉洁自律准则等党内法规要求。

5. 党的历史上第一次出台关于加强党内法规制度建设的专门文件

2017 年 6 月，中共中央印发了《关于加强党内法规制度建设的意见》。该意见贯彻落实以习近平同志为核心的党中央关于全面从严治党、依规治党的重大决策部署，从指导思想、总体目标、加快构建完善的党内法规制度体系、提高党内法规制度执行力、加强组织领导等方面，对加强新形势下党内法规制度建设提出明确要求、作出统筹部署。① 在全面从严治党向纵深推进、全面依法治国深入开展之际，中共中央印发《关于加强党内法规制度建设的意见》，对于深入推进全面从严治党、依规治党具有重要意义，是新时代中国特色社会主义法治建设的纲领性文件，是加强党内法规制度建设的顶层设计，是全面从严治党与制度治党、依规治党相结合的集中体现。

（二）善于在制度的轨道上推进党内法规事业

1. 建立健全党内法规工作机构

党内法规工作是一项专业性比较强的业务工作，需要健全党内法规工作机构，壮大党内法规专业队伍，完善党内法规工作机制。中共中央《关于加强党内法规制度建设的意见》强调，党中央工作机关和地方各级党委要认真抓好职责范围内的党内法规制度建设工作，与党建其他工作一同部署、抓好落实。加强党内法规工作机构建设，需要充实配强工作力量，各省区市党委应当根据工作需要设立党内法规工作机构，承担党内法规制度规划计划、起草审核、备案清理、督促指导和服务党委领导立法、法律顾问等职责。制定党内法规人才发展规划，建设党内法规专门工作队伍、理论研究队伍、后备人才队伍。坚持把思想政治建设摆在首位，着力打造一支对党绝对忠诚、综合素质高、专业能力强、勇于担当负责、甘于吃苦奉献的党内法规专门工作队伍。②

2016 年 6 月，中共中央办公厅、国务院办公厅印发的《关于推

---

① 中共中央印发《关于加强党内法规制度建设的意见》. 人民日报，2017 - 06 - 26.

② 同①.

行法律顾问制度和公职律师公司律师制度的意见》明确规定，积极推行党政机关法律顾问制度，建立以党内法规工作机构、政府法制机构人员为主体，吸收法学专家和律师参加的法律顾问队伍。党内法规工作机构、政府法制机构以集体名义发挥法律顾问作用。自此，设立专门的党内法规工作机构就成为各地各部门有效开展党内法规制定工作的必然要求。为了进一步将这个制度规定细化，2016 年 12 月份，中共中央办公厅、国务院办公厅印发了《党政主要负责人履行推进法治建设第一责任人职责规定》，其第 5 条规定："党委主要负责人在推进法治建设中应当履行以下主要职责：（二）坚持全面从严治党、依规治党，加强党内法规制度建设，提高党内法规制度执行力。"

因此，对各级党组织来说，贯彻执行党内法规制度、履行主体责任是不可推卸的法定职责。各级党组织要牢记，严格执规是本职、执规不力是失职。党内法规工作涉及党组织和全体党员的权利义务行为，因此是党的一项极为重要的工作，必须在党的领导之下统一进行。根据现行的党内法规工作机制，党内法规的制定在党中央统一领导下进行，中央书记处负责制定党内法规的日常工作，中央办公厅承担党内法规制定的统筹协调工作，其所属法规工作机构承办具体事务。中央纪律检查委员会、中央各工作机关和省、自治区、直辖市党委负责职权范围内的党内法规制定工作，其所属负责法规工作的机构承办具体事务。

2. 完善党内法规制定体制机制

为贯彻落实党的十八届四中全会关于"完善党内法规制定体制机制"的要求，2015 年 8 月，党中央批准建立中央党内法规工作联席会议制度。建立中央党内法规工作联席会议制度，搭建一个统一、权威、高效的跨部门会商协作机制，有利于统筹推进中央党内法规建设各项工作，汇聚各方面智慧和力量，提高党内法规制定质量，推动党内法规的实施和执行。中央党内法规工作联席会议在中央书记处领导下开展工作，主要职责是研究中央党内法规制定工作规划和年度工作计划、统筹协调综合性中央党内法规制定工作、推动已出台的中央党内法规的贯彻实施等。联席会议办公室设在中央办公厅法规局。中央纪委机关、中央组织部、中央宣传部等14家中央党内法规工作联席会议成员单位参加。[1] 联席会议每年召开一次，极大地加快了党内法规建设的体系化进程，推动了党内法规工作的蓬勃发展，成为加强党内法规制度建设的重要推动机制。

2016年12月24日至25日，中共中央批准召开了全国党内法规工作会议。习近平同志专门作出重要指示强调，加强党内法规制度建设是全面从严治党的长远之策、根本之策。中国共产党要履行好执政兴国的重大历史使命、赢得具有许多新的历史特点的伟大斗争胜利、实现党和国家的长治久安，必须坚持依法治国与制度治党、依规治党统筹推进、一体建设。要按照中共中央部署，认真贯彻落实中共中央《关于加强党内法规制度建设的意见》，以改革创新精神加快补齐党建方面的法规制度短板，力争到建党100周年时形成比较完善的党内法规制度体系，为提高党的执政能力和领导水平、推进国家治理体系和治理能力现代化、实现中华民族伟大复兴的中国梦提供有力的制度保障。[2]

3. 加强党内法规学习宣传教育

党内法规工作涉及面广，牵涉部门较多，因此需要形成科学完善的党内法规工作格局，完善党内法规制定体制机制，在党委领导下，形成有关部门各负其责、法规工作机构具体协调、党员群众积极参与的工作格局。习近平同志多次强调，要加快补齐党内法规理论研究这块短板。2017年6月中共中央印发的《关于加强党内法规制度建设的意见》明确提出，提高党内法规制度执行力，要坚持以上率下，从各级领导机关和党员领导干部做起，以身作则、严格要求，带头尊规学规守规用规。要组织编写专门教材，加强学习教育，加大党内法规宣讲解读力度，将党内法规制度作为各级党委（党组）中心组学习重要内容，纳入党校、行政学院、干部学院必修课程。2018年6月25日，《党内法规学》编委会成立及编写工作启动会在京举行，这标志

---

① 中央党内法规工作联席会议制度建立. 人民日报，2015-08-25.

② 坚持依法治国与制度治党、依规治党统筹推进、一体建设. 人民日报，2016-12-26.

着我国第一本党内法规专门教材编写工作正式启动。《党内法规学》定位为基础性、通论性和通用性的教材，编写这样一部政治过硬、专业水平高的专门教材，对于加强党内法规建设、培养党内法规专门人才具有极为重要的昭示意义。[①] 2020 年 10 月，根据党中央部署要求，中国法学会会同中共中央办公厅法规局，依托中国法学会党内法规研究中心，组织法学、党建理论界和实务界四十余位专家学者编写的《党内法规学》，由高等教育出版社出版发行。《党内法规学》是国内第一本正式出版的党内法规权威统编教材，被列入马克思主义理论研究和建设工程项目，同时被列入国家出版基金项目。该书的面世，解决了长期以来党内法规教学“无书可教、无书可学”的问题，为党内法规教学培训提供了统编教材，标志着党内法规学科正式形成。该书的出版有助于推动形成党内法规的话语体系、学科体系、学术体系，有助于引领深化党内法规理论研究，为新时代党内法规制度建设提供坚实学理支撑。[②]

同时，为了在全体公民中不断强化法治观念，增强党内法规意识，在国家普法规划中也专门强调要深入学习宣传党内法规。2016 年 3 月 22 日，中组部、中宣部、司法部、人力资源和社会保障部印发的《关于完善国家工作人员学法用法制度的意见》提出，国家工作人员学法用法要紧密结合实际，认真学习以宪法为核心的各项法律法规，牢固树立社会主义法治理念，努力提高法治素养，不断增强在法治轨道上深化改革、推动发展、化解矛盾、维护稳定的能力。各级领导干部要做尊法学法守法用法的模范，带头学习宪法和法律，带头厉行法治、依法办事。党员干部要深入学习党章和党内法规，尊崇党章，增强党章党规党纪意识，做党章党规党纪和国家法律的自觉尊崇者、模范遵守者、坚定捍卫者。

2016 年 4 月，中共中央、国务院转发的《中央宣传部、司法部关于在公民中开展法治宣传教育的第七个五年规划（2016—2020

---

① 《党内法规学》编委会成立及编写工作启动会在京举行. 秘书工作，2018 (7).

② 周叶中. 党内法规学科的权威教材——《党内法规学》简评. 人民日报，2020-12-30.

年）》强调，要深入学习宣传党内法规，适应全面从严治党、依规治党新形势新要求，切实加大党内法规宣传力度，突出宣传党章，教育引导广大党员尊崇党章，以党章为根本遵循，坚决维护党章权威，大力宣传《中国共产党廉洁自律准则》《中国共产党纪律处分条例》等各项党内法规，注重党内法规宣传与国家法律宣传的衔接和协调，坚持纪在法前、纪严于法，把纪律和规矩挺在前面，教育引导广大党员做党章党规党纪和国家法律的自觉尊崇者、模范遵守者、坚定捍卫者。①

2021 年 6 月，中共中央、国务院转发的《中央宣传部、司法部关于开展法治宣传教育的第八个五年规划（2021—2025 年）》强调，以党章、准则、条例等为重点，深入学习宣传党内法规，注重党内法规宣传同国家法律宣传的衔接协调。突出学习宣传党章，教育广大党员以党章为根本遵循，尊崇党章、遵守党章、贯彻党章、维护党章。把学习掌握党内法规作为合格党员的基本要求，列入党组织“三会一课”内容，在考核党员、干部时注意了解相关情况，促进党内法规学习宣传常态化、制度化。②

第三节　建成内容科学、程序严密、配套完备、运行有效的党内法规制度体系

一、新时代党内法规制度体系建设的基本要求

党的十八大以来，以习近平同志为核心的党中央高度重视党内法规制度建设，着眼管党治党、执政治国战略，对新形势下构建党内法规制度体系、全面提高党的建设科学化水平提出明确要求，并作出重要部署，党内法规制度体系建设问题被摆上重要议事日程。

---

① 中央宣传部、司法部关于在公民中开展法治宣传教育的第七个五年规划（2016—2020 年）. 人民日报，2016-04-18.

② 中央宣传部、司法部关于开展法治宣传教育的第八个五年规划（2021—2025 年）. 人民日报，2021-06-16.

2012 年 11 月 17 日，习近平同志在十八届中央政治局第一次集体学习时指出，坚持以实践基础上的理论创新推动制度创新，坚持和完善现有制度，从实际出发，及时制定一些新的制度，构建系统完备、科学规范、运行有效的制度体系，使各方面制度更加成熟更加定型。

2013 年 11 月，党的十八届三中全会提出，到 2020 年在重要领域和关键环节改革上取得决定性成果，形成系统完备、科学规范、运行有效的制度体系，使各方面制度更加成熟更加定型。

2014 年 10 月，党的十八届四中全会提出，建设中国特色社会主义法治体系，建设社会主义法治国家，形成完备的法律规范体系、高效的法治实施体系、严密的法治监督体系、有力的法治保障体系，形成完善的党内法规体系，坚持依法治国、依法执政、依法行政共同推进，坚持法治国家、法治政府、法治社会一体建设。

2013 年 11 月，中共中央颁布《中央党内法规制定工作五年规划纲要（2013—2017 年）》，标志着党内法规制度体系建设进入科学化、体系化阶段。该规划提出了党内法规制度体系框架基本形成的四个基本标志：一是基础主干党内法规更加健全。对一些分散交叉的党内法规和规范性文件进行整合提升，形成一批综合性党内法规，党内法规制度的集成性明显提高。党的思想建设、组织建设、作风建设、反腐倡廉建设、制度建设各领域的基础主干党内法规基本制定，党的领导和党的工作方面的基础主干党内法规制定取得重要进展，党内法规制度体系框架基本确立。二是实践急需的党内法规及时出台。针对党的建设和党的工作中存在的突出问题，以保障党员权利、发展党内民主、改革用人制度、加强基层组织、推进作风转变、规范权力行使、严明党的纪律、强化党内监督为重点，抓紧制定实践迫切需要、干部群众热切期待的党内法规，努力为解决干部群众普遍关注的热点难点问题提供制度安排。三是配套党内法规更加完备。加强对已有党内法规制度的配套建设，使基础主干党内法规的实施办法和细则基本完备，相应的配套专项制度不断完善，程序性、保障性、惩戒性规定得到强化，党内法规的匹配性、操作性、实用性明显提高。四是各项党内法规之间协调统一。党内法规工作的统筹规划机制、审议审核机制、动态清理机制、备案审查机制、解释评估机制建立健全并有效运行，不同领域、不同位阶、不同效力的党内法规相互衔接，党内法规的系统性、协调性、统一性明显提高。①

2017 年 6 月，中共中央印发了《关于加强党内法规制度建设的意见》。该意见贯彻落实以习近平同志为核心的党中央关于全面从严治党、依规治党的重大决策部署，从指导思想、总体目标、加快构建完善的党内法规制度体系、提高党内法规制度执行力、加强组织领导等方面，对加强新形势下党内法规制度建设提出明确要求、作出统筹部署。该意见强调，党内法规制度体系，是以党章为根本，以民主集中制为核心，以准则、条例等中央党内法规为主干，由各领域各层级党内法规制度组成的有机统一整体。该意见提出，到建党 100 周年时，形成比较完善的党内法规制度体系、高效的党内法规制度实施体系、有力的党内法规制度建设保障体系，党依据党内法规管党治党的能力和水平显著提高。该意见明确了新形势下加强党内法规制度建设的指导思想、总体目标、重点任务和重要举措，是党的历史上第一次出台加强党内法规制度建设的专门文件，具有里程碑式的重要意义。

2016 年 12 月 24 日至 25 日，全国党内法规工作会议在京召开。习近平同志作出重要指示强调，党的十八大以来，党中央高度重视党内法规制度建设，推动这项工作取得重要进展和成效。加强党内法规制度建设是全面从严治党的长远之策、根本之策。中国共产党要履行好执政兴国的重大历史使命、实现党和国家的长治久安，必须坚持依法治国与制度治党、依规治党统筹推进、一体建设。要按照十八大和十八届三中、四中、五中、六中全会部署，认真贯彻落实中共中央《关于加强党内法规制度建设的意见》，以改革创新精神加快补齐党建方面的法规制度短板，力争到建党 100 周年时形成比较完善的党内法规制度体系，为提高党的执政能力和领导水平、推进国家治理体系和

① 中央党内法规制定工作五年规划纲要（2013—2017 年）. 人民日报，2013 - 11 - 28.

治理能力现代化、实现中华民族伟大复兴的中国梦提供有力的制度保障。①

2017 年 10 月 18 日，党的十九大报告提出，要增强依法执政本领，加快形成覆盖党的领导和党的建设各方面的党内法规制度体系，加强和改善对国家政权机关的领导。

2018 年 2 月 9 日，中共中央公布的《中央党内法规制定工作第二个五年规划（2018—2022 年）》提出，要适应新时代坚持和加强党的全面领导、以党的政治建设为统领全面推进党的各项建设的需要，到建党 100 周年时形成以党章为根本、以准则条例为主干，覆盖党的领导和党的建设各方面的党内法规制度体系。该规划是推进新时代党内法规制度建设的重要指导性文件。

由党中央以上重要决策部署可以看出，党中央高度重视党内法规制度体系建设。为适应国家法治建设和党的建设的新形势新任务的需要，应加快形成覆盖党的领导和党的建设各方面的党内法规制度体系，到建党 100 周年时应当全面建成新时代党内法规制度体系。结合《中央党内法规制定工作五年规划纲要（2013—2017 年）》和《中央党内法规制定工作第二个五年规划（2018—2022 年）》中对党内法规制度体系建设的要求，新时代党内法规制度体系的建成应当有以下几个主要标志。

第一，整体上适应党的建设需要。建立健全党内法规制度体系，应当立足党情和实际，符合党的建设的一般规律，集中体现党和人民的意志，与全面从严治党、依规治党的需要相适应，与国家法治建设的需要相协调。

第二，基础主干法规制度已经制定。涵盖党的领导和党的建设的各个领域、各个方面的党内法规门类齐全，各个党规部门基本的、主要的党内法规已经齐备，党的领导和党的建设的各个领域、各个方面基本实现有规可依。

---

① 坚持依法治国与制度治党、依规治党统筹推进、一体建设. 人民日报，2016－12－26.

第三，实践亟需的党内法规及时出台。针对党的建设和党的工作中存在的突出问题，以严肃党内政治生活、严明政治纪律和政治规矩、从严管理干部、推进作风建设、规范权力行使、发扬党内民主、加强党内监督、强化责任追究为重点，抓紧制定实践迫切需要的党内法规，切实解决干部群众普遍关注的热点难点问题。

第四，配套法规制度比较完备。与基础主干法规相配套的法规制度比较齐全，形成严密结构和制度合力。

第五，党内法规体系科学和谐统一。所有党内法规制度统一于宪法和党章，不同党规部门之间、不同位阶的党内法规之间、实体性规范和程序性规范、保障性规范与制裁性规范之间，做到上下配套、左右联动、前后衔接、系统集成。

第六，党内法规制度与国家法律法规衔接协调。党内法规制定机关与国家立法机关之间的沟通协调机制和备案审查联动机制运转顺畅，经过实践检验、立法条件成熟的党内法规能及时通过法定程序转化为国家法律，党内法规与国家法律相辅相成、和谐一致。①

二、形成完善的党内法规制度体系

法的体系问题是法治建设的前提问题，只有建立相对完善的法的体系，法治建设才会有据可循。在国家法律中，法律体系研究相对比较成熟，也已经形成了相对比较完善的法律体系。法律体系即部门法体系。部门法，又称法律部门，是根据一定标准、原则所制定的同类规范的总称。从理论上看，法律体系是指由一国现行的全部法律规范按照不同的法律部门分类组合而形成的有机联系的统一整体。2011年10月27日，我国《中国特色社会主义法律体系》白皮书的公布，宣告了中国特色社会主义法律体系的正式形成。据此，我国的法律体系包括7个门类、3个层次。7个门类是：宪法及宪法相关法、民商法、经济法、行政法、社会法、刑法、诉讼和非诉讼法。3个层次是指，以宪法为统帅，以法律为主干，以行政法规、地方性法规等为重

---

① 李忠. 构建依规治党法规制度体系研究. 西北大学学报，2017（5）.

要组成部分。

相对于较为成熟的国家法律体系，党内法规体系的理论研究与体系建设比较滞后，尚未形成比较完善的党内法规体系。从党内法规的形成发展历史来看，在建党初期，制定党内法规的主要目的是解决党组织工作、活动和党员行为的规范化问题，并没有考虑要从顶层设计的高度来制定一个科学完备的党内法规体系。这就导致了党内法规体系建设从一开始就带有实用性、功利性和临时性色彩。只是后来，随着党内法规的数量越来越多，内容重复、条文冲突问题日益严重，党内法规体系建设问题才逐渐浮出水面，成为党的建设的一个重要内容。

随着党内法规工作的逐步发展，党内法规的制定主体范围也越来越广，不仅包括党的中央组织、中央纪律检查委员会和党中央工作机关，还包括省级党委，甚至一些副省级城市也被赋予了制定党内法规的试点授权。这样导致的一个结果就是，党内法规的数量越来越多。据不完全统计，截至 2021 年 7 月 1 日，全党现行有效党内法规共 3 615 部。特别是党的十八大以来，党内法规制定工作驶入快车道，制订修订的党内法规数量越来越多，仅中央党内法规的制定修订就多达 147 部；党内法规制度调整领域越来越广，涵盖党的领导、党的建设、全面从严治党各个方面；党内法规之间的体系性要求越来越高，组织规范、行为规范、监督保障规范各有侧重、三位一体；党内法规制度时间跨度越来越长，从中华人民共和国成立至今 70 多年时间不同时期出台的党内法规并存，等等。这些问题的存在使得党内法规制度体系化建设问题日益突出、越来越紧迫。如果不抓紧解决好党内法规体系化问题，理顺各种党内法规间的上下左右新老内外等逻辑关系，就很容易造成不同党内法规之间的边界不清、叠床架屋、相互掣肘甚至冲突打架，就无法有效维护党内法规制度的协调统一、制约着制度合力的形成，就不能适应全面从严治党、依规治党的现实需要。①

---

① 宋功德. 党规之治. 北京：法律出版社，2015：4.

在这种背景下，党中央明确提出要“形成完善的党内法规体系”。2013 年 11 月印发的《中央党内法规制定工作五年规划纲要（2013—2017 年）》要求，“到建党 100 周年时全面建成内容科学、程序严密、配套完备、运行有效的党内法规制度体系”。2016 年 12 月 13 日中共中央印发的《关于加强党内法规制度建设的意见》提出，“党内法规制度体系，是以党章为根本，以民主集中制为核心，以准则、条例等中央党内法规为主干，由各领域各层级党内法规制度组成的有机统一整体。”因此，推进党内法规制度建设首先要构建以党章为根本、若干配套党内法规为支撑的党内法规制度体系，体系建设要坚持宏观思考、总体规划，要立治有体、施治有序，注重前后衔接、左右联动、上下配套、系统集成。正是在这个意义上，注重顶层设计、加强体系化建设，已经成为党内法规制度体系建设的主要问题和重点任务，重大而紧迫。

党内法规制度体系的完备程度是法治体系完备与否的重要标志，也是国家治理体系与治理能力现代化与否的重要标志，更是衡量政党执政水平的重要标志。一个成熟的政党，其发展完善离不开完备的党内法规制度体系。不论是党内工作的规范开展，还是党内纪律规范的确立执行，都需要以完备的党内法规制度体系为后盾。中国共产党从成立之初，就特别注重党内法规对规范党组织和全体党员的重要作用，陆续颁布了党章等一系列重要党内法规。中华人民共和国成立以来特别是改革开放以来，中国共产党延续了制度治党的传统，陆续制定颁布了一批重要党内法规，初步形成了党内法规制度体系，为管党治党、治国执政提供了重要制度保障。新形势下，党的建设面临一系列新情况新问题新挑战，党要管党、从严治党的任务比以往任何时候都更为繁重、更为紧迫。全面提高党的建设科学化水平，必须建立健全以党章为根本、以民主集中制为核心、由一系列相关具体法规制度组成的党内法规制度体系。

从党内法规发展的内在要求来看，完善的党内法规制度体系需要符合以下几个条件：一是不同领域的党内法规制度要功能清晰、左右联动，不重叠不冲突；二是不同位阶的党内法规制度要层次分明、上下配套，不越位不抵触；三是不同类型的党内法规制度要各就各位、相互匹配，实体性、程序性、保障性规范不缺位不脱节；四是不同形式的党内法规制度要各展其长、相得益彰，党内法规和有关规范性文件不错位不掣肘；五是党内法规制度要做到同国家法律制度的衔接和协调，党规与国法科学分工、界限清晰，党规党纪严于国法但又不同国法相抵触，形成党规与国法相辅相成、相互促进、相互保障的格局。①

新时代党内法规制度建设的目标是要形成涵盖党的建设和党的工作主要领域、适应管党治党需要的党内法规制度体系框架，使党执政的制度基础更加巩固，为全面建成内容科学、程序严密、配套完备、运行有效的党内法规制度体系打下坚实基础。为实现这一目标，就要坚持科学立法、民主立法的基本理念，坚持内容科学、程序严密、配套完备、运行有效的基本要求，遵循法规制度建设的内在规律，妥善处理数量与质量、前瞻性与现实性等关系，确保党内法规制度适应党的建设和党的工作需要，体现广大党员干部心声意愿，经得起实践和历史检验。2021 年 7 月 1 日，习近平同志在庆祝中国共产党成立 100 周年大会上讲话指出，党的十八大以来，中国特色社会主义进入新时代，我们坚持和加强党的全面领导，统筹推进“五位一体”总体布局，协调推进“四个全面”战略布局，坚持和完善中国特色社会主义制度，推进国家治理体系和治理能力现代化，坚持依规治党、形成比较完善的党内法规体系，战胜一系列重大风险挑战，实现第一个百年奋斗目标，明确实现第二个百年奋斗目标的战略安排，党和国家事业取得历史性成就、发生历史性变革，为实现中华民族伟大复兴提供了更为完善的制度保证、更为坚实的物质基础、更为主动的精神力量。② 这就标志着党内法规制度建设的目标初步完成。

党内法规制度建设体现了坚持依法治国和依规治党的相统一，在治国理政方面的依据是宪法和国家法律，在管党治党方面的依据是党

① 宋功德. 党规之治. 北京：法律出版社，2015：292.
② 习近平. 在庆祝中国共产党成立 100 周年大会上的讲话. 求是，2021（14）.

章和党内法规。改革开放以来，在中国共产党领导下，中国特色社会主义法律体系已经形成并不断发展完善，党内法规制度建设也取得了长足进展。但受诸多主客观条件的限制，两者之间还存在一些衔接不够、协调不够的地方。有的党内法规在制定过程中缺乏论证，部分党纪规定与国法重复，有些党纪规定还有待进一步转化为国法，等等。建设中国特色社会主义法治体系，必须注重党内法规同国家法律的衔接和协调，处理好党内法规与国家法律之间的关系，不断提高党内立规和国家立法的科学化水平。实现党内法规同国家法律的衔接和协调，必须坚持以党章和宪法为基本遵循。党章规定“党必须在宪法和法律的范围内活动”。《中国共产党党内法规制定条例》也规定，制定党内法规应当“遵守党必须在宪法和法律范围内活动”的原则。《宪法》明确规定必须坚持党的领导。我们要将这些原则贯彻到党内立规实践中去，保证党内法规体现党章和宪法的精神和要求，保证党内法规制度体系与中国特色社会主义法律体系内在统一，为管党治党提供坚实的依据和保障。要切实做好党内法规特别是党纪的立、改、废、释工作，对于党纪中虽有规定但可以由法律法规进行规范的，尽量通过法律法规来体现；对于法律既没有规定也不适合规定的事项，应由党纪逐步实现全面覆盖；对于同实践要求不相适应的党纪，应及时修订或废止；对于《立法法》明确规定应由国家法律规定的事项，党内法规不应作出规定；对于那些经过实践检验、应转化为法律的党纪，应及时通过法定程序将其转化为国家法律，逐步形成党内法规与国家法律的衔接机制。

三、党内法规制度体系的逻辑构建

党内法规制度体系，是以党章为根本、民主集中制为核心，由各领域各层级党内法规制度按照内在逻辑形成的有机统一整体。形成完善的党内法规制度体系，是全面从严治党的长远之策、根本之策，是全面从严治党、依规治党的必然要求，是建设中国特色社会主义法治体系的重要内容，是推进国家治理体系和治理能力现代化的重要保障，事关党长期执政和国家长治久安。

参照国家法律体系的概念，党内法规体系可以看作一个由不同党内法规部门分类组合而形成的体系化有机整体。形成完善的党内法规体系，首先要将数量众多、门类繁杂的各种党内法规按一定的逻辑标准划分为若干部门。为保证党规部门分类的科学性、合理性，划分党规部门应当遵循以下原则：一要符合党的建设规律，覆盖全部党内法规，党规部门之间要界限清晰，便于学习、研究和遵守、执行；二要从实际出发，充分考虑党内法规调整的对象范围和现行党内法规的数量及分布情况；三要在不同党规部门的规模或数量之间保持相对均衡，不能使某些党规部门的党内法规特别多，某些党规部门的特别少；四要以现行党内法规为基础，同时兼顾党内法规的发展变化。划分党内法规的部门，关键是要明确各个党内法规部门的内涵和外延，分类归类时要具体问题具体分析，找到决定党内法规归属的主要因素，努力做到党内法规分类的科学合理。①

学术界当前对党内法规分类的研究成果较少，分类标准也不尽相同。比如，有的学者以党章的章节名称为标准，把党内法规分为党章、党员、党的组织制度、党的中央组织、党的地方组织、党的基层组织、党的干部、党的纪律、党的纪律检查机关和其他等；有的学者以党内法规的功能为标准，把党内法规分为党章、党内组织法规、党的行为法规、党内程序法规、党内监督法规等②；有的学者以党务活动的特点为标准，把党内法规分为党章、党员权利义务法规、党内组织法规、党务管理法规、党纪检查法规等③；有的学者以党内法规名称为标准，把党内法规分为章程、准则、条例、规则、规定、办法、细则 7 类④；有的学者参照国家法律的相关理论和做法，把党内法规分为具有“宪法”功能的党章、具有“刑法”功能的党内监督条例和纪律处分条例、具有“民法”功能的以党员权利保障条例为主体的保

---

① 李忠．构建依规治党法规制度体系研究．西北大学学报（哲学社会科学版），2017（5）．

② 兰亚宾．党内法规建设存在的问题及对策研究．理论学刊，2005（11）．

③ 周叶中．关于中国共产党党内法规建设的思考．法学论坛，2011（4）．

④ 白建民．学习贯彻党章与加强党内法规制度建设．安徽工业大学学报，2006（7）．

障党员党内民主权利的相关法规、具有“行政法”功能的领导干部制度、具有“诉讼法”功能的党内法规中的程序性规范和保障性规范等。[①] 上述分类方法和分类标准，尽管各有所长，都有一定的语境合理性，但大多没有严格按照两个中央党内法规制定工作五年规划中所确定的原则要求来，要么是没有覆盖党的领导和党的自身建设法规，要么是有的党内法规部门分类之间没有做到适度均衡。[②]

2013 年颁布的《中央党内法规制定工作五年规划纲要（2013—2017 年）》和 2014 年出版的《中国共产党党内法规选编（2007—2012）》，根据党内法规的调整对象对党内法规制度体系进行分类。据此可将党内法规制度体系分为八个部分。

（1）党章及相关法规。党章及相关法规是用以规范党的性质和宗旨、路线和纲领、指导思想和奋斗目标、组织原则和组织机构、党员基本义务和基本权利、党的纪律，以及衍生于党章、与党章相配套、直接保障党章实施，确定党的理论和路线方针政策、确立党内生活基本准则、规定党员基本行为规范、规范党内法规制定活动、规定党的标志象征等的法规。党章及相关法规是党内法规制度体系的骨架和主干，主要包括党的代表大会制度、党内选举制度、党内法规制定制度、党旗党徽四方面的制度。这方面已制定的党内法规主要有《中国共产党全国代表大会和地方各级代表大会代表任期制暂行条例》《中国共产党地方组织选举工作条例》《中国共产党基层组织选举工作暂行条例》《中国共产党党内法规制定条例》等。

（2）党的领导和党的工作方面法规。党的领导和党的工作方面的法规用以调整党在发挥总揽全局、协调各方的领导核心作用时，与人大、政府、政协、司法机关、人民团体、企业事业单位、军队等形成的领导与被领导关系，主要规定党的领导体制机制、领导方式，规范党组工作、纪律检查工作、组织工作、宣传工作、政法工作、统一战线工作、军队工作、群众工作等，为党更好地实施领导、执政治国提

① 潘泽林. 中国共产党党内法规及其体系构建问题研究. 南昌大学学报，2007（1）.

② 李忠. 构建依规治党法规制度体系研究. 西北大学学报，2017（5）.

供制度保证。

（3）思想建设方面法规。思想建设方面的法规用以规范党的思想建设方面的工作和活动，主要包括规范思想建设、理论武装、党性教育、道德建设等的法规。

（4）组织建设方面法规。组织建设方面的法规用以规范党的组织建设方面的工作和活动，主要包括规范党的组织制度、组织机构、干部队伍、党员队伍、人才工作等的法规。

（5）作风建设方面法规。作风建设方面的法规用以规范党的作风建设方面的工作和活动，主要包括规范思想作风、工作作风、领导作风、学风、干部生活作风等的法规。

（6）反腐倡廉建设方面法规。反腐倡廉建设方面的法规用以规范党的反腐倡廉建设方面的工作和活动，主要包括规范反腐败领导体制机制、反腐倡廉教育、党内监督、预防腐败、惩治腐败等的法规。

（7）民主集中制建设方面法规。民主集中制建设方面的法规用以规范党的民主集中制建设方面的工作和活动，推动民主集中制具体化、程序化，主要包括规范党员民主权利保障、党的代表大会制度、党的委员会制度、党内选举制度、党内基层民主、党的纪律等的法规。

（8）机关工作方面法规。机关工作方面的法规用以规范党的机关运行和服务保障体制机制，主要包括规范党的各级机关公文办理、会议活动服务、综合协调、信息报送、督促检查、法规服务、安全保密、通信保障、档案服务、机关事务管理等的法规。

以上八个部分构成完整统一的党内法规制度体系。在这八个部分中，第一部分规范立党管党治党方面的最基本关系，第二部分规范党与非党组织的关系，第三至第七部分规范党的自身建设，第八部分规范党的机关工作。这种分类方法突出了党的总章程、总规矩，涵盖了党的对内对外两个方面，覆盖了党的建设和党的工作各个领域，既可以保证现有党内法规制度各安其位，又为将来党内法规制度的立改废预留空间，具有较强的包容性和开放性。这种分类借鉴中国特色社会主义法律体系的划分方法，根据调整对象的不同将党内法规制度体系划分为以党章为统领的八个部分，有利于厘清八个部分之间的边界和众多党内法规之间的逻辑关系，呈现出一个以党章为根本，主干突出、主次分明的树状党内法规体系，易于为党员、干部所接受，为理论界和实际工作部门所认可。① 总的来看，这种分类具有较强的现实意义。但党的十九大上对新时代党的建设总布局提出了新的要求，传统的“思想建设、组织建设、作风建设、反腐倡廉建设和制度建设”五大分类已经被新的“政治建设、思想建设、组织建设、作风建设、纪律建设和贯穿其中的制度建设”代替，因此，这种分类虽然具有较强的合理性，但也不能成为新时代党内法规制度体系分类的标准。

2016年12月13日，中共中央印发的《关于加强党内法规制度建设的意见》提出，完善以“1＋4”为基本框架的党内法规制度体系，即在党章之下分为党的组织法规制度、党的领导法规制度、党的自身建设法规制度、党的监督保障法规制度四大板块。

（1）完善党的组织法规制度，全面规范党的各级各类组织的产生和职责，夯实管党治党、治国理政的组织制度基础。

（2）完善党的领导法规制度，加强和改进党对各方面工作的领导，为党发挥总揽全局、协调各方领导核心作用提供制度保证。

（3）完善党的自身建设法规制度，加强党的思想建设、组织建设、作风建设、反腐倡廉建设，深化党的建设制度改革，增强党的创造力、凝聚力、战斗力。

（4）完善党的监督保障法规制度，切实规范对党组织工作、活动和党员行为的监督、考核、奖惩、保障等，确保行使好党和人民赋予的权力。

2018年中共中央颁布的《中央党内法规制定工作第二个五年规划（2018—2022年）》延续了中共中央《关于加强党内法规制度建设的意见》中的“1＋4”分类标准，提出要适应新时代坚持和加强党的全面领导、以党的政治建设为统领全面推进党的各项建设的需要，到建党100周年时形成以党章为根本、以准则条例为主干，覆盖党的

---

① 李忠. 构建依规治党法规制度体系研究. 西北大学学报，2017（5）.

领导和党的建设各方面的党内法规制度体系，并随着实践发展不断丰富完善，党内法规制的系统性、整体性、协同性明显增强。2018 年《中央党内法规制定工作第二个五年规划（2018—2022 年）》提出，要坚持以党章为根本遵循，要突出准则在党内法规制度体系中的特殊地位和作用，要完善党的组织法规，要完善党的领导法规，要完善党的自身建设法规，要完善党的监督保障法规。由此可见，该规划确立的是更进一步的“1＋1＋4”的分类体系，把党内法规分为了党章、准则、党的组织法规、党的领导法规、党的自身建设法规和党的监督保障法规六类。根据 2018 年《中央党内法规制定工作第二个五年规划（2018—2022 年）》确立的“1＋1＋4”的分类体系，可以把党内法规分为党章、准则、党的组织法规、党的领导法规、党的自身建设法规和党的监督保障法规六类，每一分类的具体要求如下。

（1）坚持以党章为根本遵循，全面贯彻党章精神和党章规定，特别是将十九大党章修正案的新规定和新要求细化具体化，切实维护党章权威性和严肃性。坚持问题导向，直面人民群众反映强烈、弱化党的领导、损害党的先进性和纯洁性的问题，发挥制度的治本作用，抓紧制定实践急需、条件成熟、务实管用的法规制度，堵塞制度漏洞。坚持立改废释并举。坚持党内法规和规范性文件相得益彰。坚持党内法规同国家法律衔接和协调。

（2）突出准则在党内法规制度体系中的特殊地位和作用。在已有党内政治生活准则和廉洁自律准则的基础上，研究制定党的思想道德、密切联系群众方面的相关准则，为规范党组织活动和党员行为提供基本准绳。

（3）完善党的组织法规。坚持民主集中制这一根本组织原则，全面规范党的各级各类组织的产生和职责，夯实管党治党、执政治国的组织制度基础，为坚持和加强党的全面领导、实现党在新时代的历史使命提供坚强组织保证。

（4）完善党的领导法规。坚持党对一切工作的领导，完善党的领导体制机制，改进领导方式，提高执政本领，不断增强党的政治领导力、思想引领力、群众组织力、社会号召力，把党总揽全局、协调各方落到实处。

（5）完善党的自身建设法规。坚持党要管党、全面从严治党，以党的政治建设为统领，全面推进党的政治建设、思想建设、组织建设、作风建设、纪律建设，把制度建设贯穿其中，深入推进反腐败斗争，不断提高党的建设质量，增强党的建设工作的科学性和有效性。

（6）完善党的监督保障法规。按照"规范主体、规范行为、规范监督"相统筹相协调原则，切实加强对党组织和党员干部的监督、奖惩、保障，建立健全相关法规制度，形成有权必有责、有责要担当、用权受监督、失责必追究的激励约束机制，确保行使好党和人民赋予的权力。

2021年7月，中共中央办公厅法规局发布的《中国共产党党内法规体系》指出，党内法规体系，是以党章为根本，以民主集中制为核心，以准则、条例等中央党内法规为主干，以部委党内法规、地方党内法规为重要组成部分，由各领域各层级党内法规组成的有机统一整体。按照"规范主体、规范行为、规范监督"相统筹相协调的原则，党内法规体系以"1+4"为基本框架，即在党章之下分为党的组织法规、党的领导法规、党的自身建设法规、党的监督保障法规四大板块。① 应当说，这种"1+4"分类模式基本反映了党的建设实际，覆盖党的建设各领域各方面，各分类之间也大致平衡，具有较强的科学性和合理性，成为当前党内法规理论研究和实践建设的框架依据和体系遵循。但严格来说，这种分类模式也存在一些理论和实践上的问题，需要在党内法规制度体系建设中不断加以改进和解决。

一是分类标准的界定厘清问题。比如，在2021年7月中共中央办公厅法规局发布的《中国共产党党内法规体系》中，《中国共产党组织工作条例》被纳入了党的组织法规之中，但如果从党领导组织工作、贯彻新时代党的组织路线的角度，将其纳入党的领导法规似乎也并不无可。另外，党的组织法规制度，主要职能是规范党的各级各类组织的产生、组成和职权职责等，夯实管党治党、治国理政的组织制

① 中共中央办公厅法规局．中国共产党党内法规体系．人民日报，2021-08-04.

度基础。但是在党的自身建设法规中，又包括党的政治建设、思想建设、组织建设、作风建设、纪律建设等方面的党内法规。从目前的分类来看，二者的区别似乎是，党的组织法规制度是用来全面规范党的各级各类组织的产生、组成和职权职责，党的自身建设法规中的组织建设法规是用来规范党员的行为和权利义务关系。但这二者是否能在理论上截然区分开来仍然存在疑问。因而，如何进一步界定《中国共产党组织工作条例》的性质归属，厘清党的领导法规中的领导组织工作法规、党的组织法规和党的自身建设中的组织建设法规的范围仍然是一个需要加以研究的问题。

二是分类内容的交叉重叠问题。党的自身建设法规中有加强党的政治建设、思想建设、组织建设、作风建设、纪律建设方面的党内法规，这部分党内法规往往以党的纪律形式表现出来，尤其是党的纪律建设法规，顾名思义就是对党的纪律建设加以规定的党内法规的总称，肯定会涉及党纪方面的内容。而正在完善中的党的监督保障法规，有一部分内容涉及对党组织和党员干部的监督、奖惩，这部分内容也会以党的纪律法规的形式表现出来。比如《中国共产党纪律处分条例》在 2018 年《中央党内法规制定工作第二个五年规划（2018—2022 年）》确立的“1＋1＋4”体系中、在 2021 年《中国共产党党内法规体系》中，都被划入了党的监督保障法规之中，目的是严肃党的纪律、纯洁党的组织，使铁的纪律转化为党员干部的自觉遵循。但 2015 年 10 月与《中国共产党纪律处分条例》同时印发的《中国共产党廉洁自律准则》，在《中国共产党党内法规体系》中则被纳入了党的自身建设法规中的纪律建设法规之中。因此，从逻辑上看，《中国共产党纪律处分条例》似乎也可以划入党的自身建设法规中的纪律建设法规之中。

三是分类逻辑的并列包容问题。党的十九大报告提出：“党政军民学，东西南北中，党是领导一切的。”为了贯彻落实党的十九大精神，2018 年《中央党内法规制定工作第二个五年规划（2018—2022 年）》提出，要完善党的领导法规，坚持党对一切工作的领导，完善党的领导体制机制，改进领导方式，提高执政本领，不断增强党的政治领导力、思想引领力、群众组织力、社会号召力，把党总揽全局、协调各方落到实处。在分类上，该规划将“党的领导法规”“党的组织法规”“党的自身建设法规”“党的监督保障法规”并列起来。但既然党是领导一切的，那么不论是党的组织法规、自身建设法规还是党的监督保障法规，都要在党的领导下开展，在逻辑上应该是包容关系，属于党的领导法规的具体内容，而不应当是并列关系。再如，党的领导法规中提及的《中国共产党宣传工作条例》，从党管宣传角度来看，可以被划入党的领导法规，在《中国共产党党内法规体系》中，被划入了党的领导法规中的党领导文化建设方面的法规中。但如果从内容角度来看，似乎也可以被划入党的自身建设法规中的思想建设法规范畴。同理，党的领导法规中列举的其他领域的党内法规，如机构编制工作条例、群团工作条例、人才工作条例，也面临着同样的问题。

四是分类层级的位阶区分问题。在党内法规体系中，准则是一种极为特殊的党内法规形式。在效力上，准则仅次于党章，高于条例；在性质上，准则是对全党政治生活、组织生活和全体党员行为作出的基本规定，是仅次于党章的重要基础性党内法规；在内容上，准则是对党章的重要补充，集中体现了党章精神，是处理党内关系、开展党外活动、规范全体党员行为的基本标准或者原则，是全党必须遵循的基本行为规范。准则的层级较高、数量比较少，截至目前，共有1980年2月29日通过的《关于党内政治生活的若干准则》、2015年10月中共中央印发的《中国共产党廉洁自律准则》和2016年10月27日通过的《关于新形势下党内政治生活的若干准则》等三部准则。2018年《中央党内法规制定工作第二个五年规划（2018—2022年）》专门强调，突出准则在党内法规制度体系中的特殊地位和作用。在已有党内政治生活准则和廉洁自律准则基础上，研究制定党的思想道德、密切联系群众方面的相关准则，为规范党组织活动和党员行为提供基本准绳。在2021年《中国共产党党内法规体系》中，《关于党内政治生活的若干准则》《关于新形势下党内政治生活的若干准则》被划入党的自身建设法规中的党的政治建设方面的法规；《中国共产党廉洁自律准则》被划入党的自身建设法规中的党的纪律建设方面的法规，在地位和作用上，基本等同于其他一般党内法规，没有彰显准则的特殊地位和作用。然而，准则不是一般的、普通的党内法规，而是带有统领性、全局性属性的党内法规。

第六章　党内法规体系

党内法规体系，是以党章为根本，以民主集中制为核心，以准则、条例等中央党内法规为主干，以部委党内法规、地方党内法规为重要组成部分，由各领域各层级党内法规组成的有机统一整体。① 按照“规范主体、规范行为、规范监督”相统筹相协调的原则，党内法规体系以“1＋4”为基本框架，即在党章之下分为党的组织法规、党的领导法规、党的自身建设法规、党的监督保障法规四大板块。

第一节　党章是党的根本大法

一、党章是最根本的党内法规

党章是党的章程的简称。党章是党的根本大法，是立党、治党、管党的总章程，集中表达了党的理论基础和政治主张，集中体现了党的整体意志和共同理想，为全党统一思想、统一行动提供了根本准

① 党内法规体系和党内法规制度体系是既有联系又有区别的两个概念。在一般情况下，无须对两个概念加以严格的区别，二者在大多数语境下是可以混用的。在特殊情况下，二者的区别在于：党内法规体系特指由党章、准则、条例、规定、办法、规则、细则等 7 类党内法规构成的规范体系；党内法规制度体系除了由党章、准则、条例、规定、办法、规则、细则等 7 类党内法规构成的规范体系外，还包括通知、意见、规程、程序等其他规范性文件、制度性文件等。

则。党章又是全面从严治党的根本依据，对党内政治生活、组织生活的所有重大原则问题都提出了明确要求，规定了党内的各项基本制度，并为制定党内其他规章制度提供了根据和基础。党章一般由党的全国代表大会制定和通过，在内容上主要是规定党纲、组织机构、组织制度、党员条件、党员的权利义务、党的纪律等。党章的内容随着形势的发展、任务的变化、斗争的需要和党员的情况，定期进行修改。

在性质上，党章是最根本的党内法规，是制定其他党内法规的基础和依据，是全党最基本、最重要、最全面的行为规范，集中体现了党的性质和宗旨、党的理论和路线方针政策、党的重要主张，规定了党的重要制度和体制机制，是全党必须共同遵守的根本行为规范，是党的政治信仰的本质体现。2013 年 1 月 22 日，习近平同志在十八届中央纪委二次全会上讲话指出，每一个共产党员特别是领导干部都要牢固树立党章意识，自觉用党章规范自己的一言一行，在任何情况下都要做到政治信仰不变、政治立场不移、政治方向不偏。不论担任何种职务、从事何种工作，首先要明白自己是一名在党旗下宣过誓的共产党员，要用入党誓词约束自己。2016 年 12 月 27 日，习近平同志在主持中共中央政治局召开的民主生活会时指出，对党忠诚、永不叛党，是党章对党员的基本要求。在对党忠诚问题上，中央政治局的同志必须纯粹。对党忠诚，不是抽象的而是具体的，不是有条件的而是无条件的，必须体现到对党的信仰的忠诚上，必须体现到对党组织的忠诚上，必须体现到对党的理论和路线方针政策的忠诚上。2019 年 3 月 1 日，习近平同志在中央党校（国家行政学院）中青年干部培训班开班式上发表重要讲话指出，衡量干部是否有理想信念，关键看是否对党忠诚。领导干部要忠诚干净担当，忠诚始终是第一位的。对党忠诚，就要增强“四个意识”、坚定“四个自信”、做到“两个维护”，严守党的政治纪律和政治规矩，始终在政治立场、政治方向、政治原则、政治道路上同党中央保持高度一致。这种一致必须是发自内心、坚定不移的，任何时候任何情况下都要站得稳、靠得住。忠诚和信仰是具体的、实践的，要经常对照党章党规党纪，检视自己的理想信念和思想言行，不断掸去思想上的灰尘，永葆政治本色。

政治信仰是中国共产党人强大的精神支柱，党章信仰是中国共产党人高举的精神旗帜。坚定的政治信仰和党章信仰，是中国共产党最根本的政治优势，也是全面从严治党的逻辑起点。没有信仰就没有方向，没有行动就没有未来。没有对政治信仰的坚定、没有对党章信仰的坚定，就不会有政治立场的坚定、政治思想的坚强、政治责任的担当、政治行动的坚决。习近平同志反复强调："全面从严治党首先要尊崇党章。"尊崇党章必然要求信仰党章，每个党员只有坚定对党章的信仰，才能把党章的要求内化于心、外化于行，才能对党章尊而从之、敬而仰之、崇而尚之，才能把党章真正作为行为标尺，时刻检查衡量自己的一言一行。因此，学习党章、尊崇党章，最重要的是要把党章作为终身信仰，矢志不渝。

二、党章的主要内容

党章是党的根本大法，是全党必须遵循的总规矩，在党的发展历史和政治生活中发挥着极为重要的作用。在内容上，党章共 19 497 余字，由总纲和 11 章组成，共 55 条。其中，总纲占 1/3 以上篇幅，7 800 余字，第 1～11 章实际是它的具体化，包括：第一章"党员"（第 1～9 条）、第二章"党的组织制度"（第 10～18 条）、第三章"党的中央组织"（第 19～24 条）、第四章"党的地方组织"（第 25～29 条）、第五章"党的基层组织"（第 30～34 条）、第六章"党的干部"（第 35～38 条）、第七章"党的纪律"（第 39～44 条）、第八章"党的纪律检查机关"（第 45～47 条）、第九章"党组"（第 48～50 条）、第十章"党和共产主义青年团的关系"（第 51～52 条）、第十一章"党徽党旗"（第 53～55 条）。

1. 总纲

在党章中，总纲作为党章的有机组成部分，既是党的简要纲领，又是党章的总则，对于全党的团结统一具有十分重要的意义，其地位和作用非同一般。党章总纲，是整个党章的总则和灵魂，展现了党艰苦奋斗和辉煌发展的基本历程，旗帜鲜明地表达了党的思想理论、政治主张及路线方针政策，在整个党章中具有独一无二的地位和作用。党章总纲是党的思想理论、政治主张以及路线方针政策的集中表现。它就像一面鲜红的旗帜，统领着党章的条文，发挥着核心作用。邓小平同志曾指出，党章的总纲是中国共产党的最基本的政治纲领和组织纲领。在内容上，党章的总纲就是阐述党的纲领的，它集中阐述党的世界观和重大政治主张、重大方针政策。可从 5 个大的层次去理解和把握其内容：总纲第 1 自然段规定了党的性质、最高理想和最终目标；总纲第 2～8 自然段规定了党的指导思想，阐明了中国共产党对马克思列宁主义的认识和态度，分别阐述了毛泽东思想、邓小平理论、“三个代表”重要思想、科学发展观、习近平新时代中国特色社会主义思想的科学内涵和历史地位，并对改革开放以来我们取得一切成绩和进步的根本原因作出总结；总纲第 9～18 自然段规定了党在现阶段的奋斗目标和基本路线，在深入分析我国正处于并将长期处于社会主义初级阶段的基本国情的基础上，确定了全面推进经济建设、政治建设、文化建设、社会建设、生态文明建设五位一体的中国特色社会主义事业总体布局，阐明了党的基本路线的科学内涵和基本要求；总纲第 19～22 自然段规定了党对军队的领导、党的民族政策和宗教工作基本方针、党的统一战线、党的外交政策等重大主张；总纲第 23～28 自然段规定了党的建设的基本要求和党的领导主要内容。

2. 党员

党章第一章规定的是党员（第 1～9 条）。党员是政党的基本构成要素，是党章规范的对象。在党章中，党员条款是基础，包括入党资格、党员基本条件、党员标准、党员义务和权利、入党手续、党员纪律和处分等内容。因此党章第一章所列内容，其实就是党员标准所应当包含的内容。其中有 3 句话最为关键，我们可以视其为党员标准的核心内容，这就是《中国共产党章程》第 2 条所规定的：中国共产党党员是中国工人阶级的有共产主义觉悟的先锋战士；中国共产党党员必须全心全意为人民服务，不惜牺牲个人的一切，为实现共产主义奋斗终身；中国共产党党员永远是劳动人民的普通一员。除了法律和政策规定范围内的个人利益和工作职权以外，所有共产党员都不得谋求任何私利和特权。

3. 党的组织

党的组织机构是党的各级组织、领导机关、工作机关的统称，由中央组织、地方组织和基层组织三个层级构成。党章第二章、第三章、第四章、第五章是对党的“组织”的规定。第二章“党的组织制度”（第 10～18 条）阐述党的组织制度，规定民主集中制是中国共产党的根本组织制度和领导制度，确定了民主集中制的六项基本原则，并规定了党的代表大会制度这个基本组织制度和一些具体制度。第三章“党的中央组织”（第 19～24 条）规定了党的中央组织各机构的产生、职权和基本工作规则等。第四章“党的地方组织”（第 25～29 条）规定了党的地方组织的设立、机构、产生、职权和基本工作规则等。第五章“党的基层组织”（第 30～34 条）规定了党的基层组织的设立、机构、产生、职权和基本工作规则等。这四章是党的组织机构各自的基本行为规范，同时也是处理党的组织机构之间相互关系的行为规范。

4. 党的干部

党的干部是具有中国共产党党员身份的干部，是整个干部队伍的骨干力量。第六章“党的干部”（第 35～38 条）规定了中国共产党对党的干部的要求，首先是政治上的要求。选拔任用干部，首先要看干部政治上清醒不清醒、坚定不坚定，必须把好政治关，把是否忠诚于党和人民，是否具有坚定理想信念，是否增强“四个意识”、坚定“四个自信”、做到“两个维护”，是否全面贯彻执行党的理论和路线方针政策，作为衡量干部的第一标准。

5. 党的纪律

党的纪律是党的各级组织和全体党员必须遵守的行为规则，是维护党的团结统一、完成党的任务的保证。党组织必须严格执行和维护党的纪律，共产党员必须自觉接受党的纪律的约束。党的纪律主要包括政治纪律、组织纪律、廉洁纪律、群众纪律、工作纪律、生活纪律。对党员的纪律处分有五种：警告、严重警告、撤销党内职务、留党察看、开除党籍。中国共产党是靠革命理想和铁的纪律组织起来的马克思主义政党，纪律严明是党的优良传统和独特优势。党的纪律检查机关主要包括党的中央纪律检查委员会、党的地方各级纪律检查委员会和基层纪律检查委员会，是党内监督专责机关。第七章“党的纪律”（第 39～44 条）阐述了党的纪律，规定了党的纪律处分的原则、种类、程序等。党的组织制度和党的纪律都是党内管总的“规矩”，是党内各个组织、各个成员必须一体遵循的行为规范。第八章“党的纪律检查机关”（第 45～47 条）规定了党的纪律检查机关的设置、产生、职权和基本工作规则等。

6. 党组

党组是党在中央和地方国家机关、人民团体、经济组织、文化组织和其他非党组织的领导机关中设立的领导机构，在本单位发挥领导作用，是党对非党组织实施领导的重要组织形式。党组必须服从批准它成立的党组织的领导。第九章“党组”（第 48～50 条）对作为党的特殊组织机构的党组进行了规定。2015 年 6 月中共中央印发的《中国共产党党组工作条例（试行）》，对推进党组工作制度化、规范化、程序化发挥了重要作用。党的十九大《中国共产党章程（修正案）》对党组职责作了充实，进一步明确了党组管党治党的政治责任。2019 年 4 月，中共中央根据十九大党章的新规定和新形势下管党治党的新使命、新任务、新要求，对条例予以修订完善，颁发了修订后的《中国共产党党组工作条例》。

7. 党和共产主义青年团的关系

中国共产主义青年团是中国共产党领导的先进青年的群团组织，是广大青年在实践中学习中国特色社会主义和共产主义的学校，是党的助手和后备军，同时受中国共产党的委托领导中国少年先锋队的工作，指导中华全国学生联合会开展工作。第十章“党和共产主义青年团的关系”（第 51～52 条）是对党和其“助手”关系的规定。中国共产主义青年团是党的助手和后备军，不同于其他群团组织，党的八大以来的历次党章都对党和共产主义青年团的关系作出规定。截至 2017 年底，中国共有共青团员 8 124.6 万名，其中学生团员 5 795.1 万名；共有基层团组织 357.9 万个，其中，基层团委 20.4 万个，基层团工委 1.6 万个，团总支 16.5 万个，团支部 319.4 万个。

8. 党徽党旗

中国共产党党旗党徽是中国共产党的象征和标志。中国共产党党徽为镰刀和锤头组成的图案，颜色为金黄色。锤子、镰刀代表工人和农民的劳动工具，象征着中国共产党是中国工人阶级的先锋队，代表着工人阶级和广大人民群众的根本利益。金黄色象征光明。中国共产党党旗为旗面缀有金黄色党徽图案的红旗，是中国共产党的象征和标志。第十一章“党徽党旗”（第 53～55 条）是对党的“标志”的规定，对党徽、党旗和党徽党旗的制作、使用等作出规定。

为了维护党旗党徽的尊严，使党旗党徽的制作和使用规范化，经中央批准，中央办公厅于 1996 年 9 月印发了《中国共产党党旗党徽制作和使用的若干规定》（中办发〔1996〕325 号），对党旗党徽的性质、式样、规格、制作和使用等作了明确而具体的规定。

三、党章的基本要求

党之所以始终高度重视党章，是因为能否有效学习党章、遵守党章、贯彻党章、维护党章，关系到能否增强党的创造力、凝聚力、战斗力，关系到党能否带领人民取得革命、建设和改革的胜利，关系到能否巩固党的执政地位和保持党的先进性，关系到党的事业兴衰成败和党的生死存亡。

认真学习党章、严格遵守党章，是加强党的建设的一项基础性经常性工作，也是全党同志的应尽义务和庄严责任，对强化全党党章意识，增强党的创造力、凝聚力、战斗力具有极为重要的作用。

学习党章是全体党员的基本功，这个功课要经常做。学习党章不仅要原原本本学、反反复复学，做到知其然，而且要联系实际学、深入思考学，做到知其所以然。要联系党的历史和党所处的历史方位、承担的历史使命的实际，联系党的理论发展和坚定理想信念的实际，联系党的基本路线和做好各项工作的实际，联系党的性质宗旨和更好为人民服务的实际，联系党员义务权利和发挥好党员先锋模范作用的实际，联系党的纪律规矩和解决好党内存在的突出问题的实际，深入思考党章对党组织和党员、干部的要求是哪些、怎样身体力行，深入思考对照党章自己哪些没做到、应该如何提高，深入思考全面从严治党还有哪些环节需要加强、哪些制度需要完善。要通过这样的学习，把党章融会贯通，做到学而懂、学而信、学而用。

党章对党的性质、宗旨、指导思想、奋斗纲领和重大方针政策作出了明确规定，对党员权利和义务作出了明确规定，对党的制度和各级党组织的行为规范作出了明确规定，对党的各级领导干部的基本条件作出了明确规定，对党的纪律作出了明确规定。全党要把党章学习教育作为经常性工作来抓，通过日常学习、专题培训等形式，组织党员学习党章，全面掌握党章基本内容。要把学习党章作为各级党校、干校培训党员领导干部的必备课程，把检查学习和遵守党章情况作为组织生活会、民主生活会的重要内容。要严格遵守党章各项规定。全党要牢固树立党章意识，真正把党章作为加强党性修养的根本标准，作为指导党的工作、党内活动、党的建设的根本依据，把党章各项规定落实到行动上、落实到各项事业中。党员领导干部要做学习党章、遵守党章的模范。各级领导干部要把学习党章作为必修课，走上新的领导岗位的同志要把学习党章作为第一课，带头遵守党章各项规定。①

第二节　党的组织法规

一、党的组织法规概述

党的组织法规，是调整党的各级各类组织产生、组成、职权职责等的党内法规，为党管党治党、执政治国提供组织制度保障。党的组织法规旨在全面规范党的各级各类组织的产生和职责，夯实管党治党、治国理政的组织制度基础。在党内法规制度体系中，党的组织工作法规制度体系处于极其重要的地位，不论是数量上还是层级上，都

① 习近平．认真学习党章　严格遵守党章．求是，2012（23）．

远远超过其他领域的党内法规。党的十八大以来，党中央新修新订的党内法规中，绝大多数和党的组织建设紧密相关。例如，为进一步夯实全面从严治党的组织制度基础，党中央修订了《中国共产党地方党委工作条例》，制定了《中国共产党党组工作条例》《中国共产党工作机关条例（试行）》等。同时，党中央要求进一步加大党的各级组织法规制定力度，实现对各级各类党组织全覆盖。通过制定组织建设方面的党内法规，党的组织建设逐渐形成了以党章为根本、以准则为基础、以条例为支撑的党内法规制度体系，提升了党组织的组织力，提高了党员队伍建设质量，推动了党内政治生态好转，巩固了党长期执政的组织基础，体现了党中央全面从严治党的坚强决心和科学部署，为践行新时代党的组织路线、贯彻落实新时代党的建设总要求提供了可靠制度保障。截至2021年7月1日，现行有效党的组织法规共153部，其中，中央党内法规15部，部委党内法规1部，地方党内法规137部。① 党的组织法规主要包括四个方面的内容。

（一）党的组织体系方面的法规

党的组织体系就是由党的中央组织、党的地方组织、党的基层组织以及在中央和地方国家机关、人民团体、经济组织、文化组织和其他非党组织的领导机关中的党组，按照民主集中制原则组成的有机统一整体。严密的组织体系，是马克思主义政党的优势所在、力量所在。党的组织自上而下分为三个层次：党的中央组织、党的地方组织和党的基层组织。党的中央组织，是指党的中央一级的组织，是党的首脑机关，领导全党的工作。具体包括：党的全国代表大会、中央委员会、中央纪律检查委员会、中央政治局、中央政治局常务委员会、中央书记处、中央军事委员会。党的地方组织，是指按照国家行政区域设置的各级党的组织，是党的地方领导机关。包括：党的省、自治区、直辖市，设区的市、自治州、县（旗）、自治县，不设区的市、市辖区的代表大会和它们所产生的委员会（纪律检查委员会）和常务委员会，以及党的中央和地方各级委员会派出的代表机关。党的基层组织，是

① 中共中央办公厅法规局. 中国共产党党内法规体系. 人民日报，2021-08-04.

指党在社会基层单位（包括企业、农村、机关、学校、科研院所、街道社区、社会组织、人民解放军连队和其他基层单位）成立的组织。其中，党的基层组织按照建制分为基层党委、党总支和党支部三类，分别设立党的基层委员会、总支部委员会、支部委员会作为领导机构。

1. 党的中央组织法规

党的中央组织法规主要有《中国共产党中央委员会工作条例》。制定出台《中国共产党中央委员会工作条例》，是党和国家政治生活的一件大事，事关党长期执政和国家长治久安。坚持和加强党的全面领导，最重要的是坚定维护以习近平同志为核心的党中央权威和集中统一领导；坚持和完善党的领导制度体系，最关键的是强化“两个维护”制度保障。《中国共产党中央委员会工作条例》坚持以习近平新时代中国特色社会主义思想为指导，以党章为根本遵循，深刻总结长期以来特别是党的十八大以来党中央治国理政、管党治党的实践经验，着眼于加强中央委员会工作，对党中央的领导地位、领导体制、领导职权、领导方式、决策部署、自身建设等作出全面规定，为保证党中央对党和国家事业的集中统一领导提供了基本遵循。

2. 党的地方组织法规

党的地方组织法规主要有《中国共产党地方委员会工作条例》。地方党委制度是我们党执政治国的重要组织制度，完善这项制度是推进国家治理体系和治理能力现代化的重要方面。协调推进“四个全面”战略布局，必须始终坚持和加强党的领导，更好发挥党总揽全局、协调各方的领导核心作用。省市县三级地方党委作为本地区的领导核心，在贯彻落实中央决策部署、推动党的奋斗目标实现上居于关键位置、负有重大责任。必须进一步加强地方党委工作，必须进一步提高地方党委领导能力。《中国共产党地方委员会工作条例》突出地方党委全面从严治党的政治责任，健全地方党委发挥领导核心作用的制度基础，完善地方党委运行机制，明确规定地方党委全面领导本地区经济社会发展、全面负责本地区党的建设，充分发挥地方党委把方向、管大局、作决策、保落实的重要作用，是新形势下做好地方党委工作的基本遵循，对进一步加强和改进地方党委工作，提高党的执政能力和领导水平，具有十分重要的意义。

3. 党的基层组织法规

党的基层组织法规主要有《中国共产党党和国家机关基层组织工作条例》《中国共产党国有企业基层组织工作条例（试行）》《中国共产党普通高等学校基层组织工作条例》《中国共产党农村基层组织工作条例》、《中国共产党支部工作条例（试行）》等。这些条例树立大抓基层的鲜明导向，明确把党的基层组织建设成为宣传党的主张、贯彻党的决定、领导基层治理、团结动员群众、推动改革发展的坚强战斗堡垒。党的基层组织是党在社会基层单位中的战斗堡垒，是党的全部工作和战斗力的基础。基层党委、党总支和党支部三类基层党组织的关系主要是通过层级隶属来体现的。基层党委下设总支，总支下设支部。也可以设二级基层党委，也可以直接设支部。党组织建制如何确定，即基层单位设立党委、总支还是支部主要取决于两个方面：党员人数和工作需要。一般情况下，党员人数超过 100 名的成立基层党委；超过 50 名、不足 100 名的成立党总支；正式党员超过 3 名、不足 50 名的成立党支部。人数是原则性规定，因工作需要，经上级党组织批准，可以突破上述党员人数限制。党支部是党的基础组织，是教育管理党员的最基本单位，担负直接教育党员、管理党员、监督党员和组织群众、宣传群众、凝聚群众、服务群众的职责。按照党章规定，每个党员，不论职务高低，都必须编入党的一个支部、小组或其他特定组织。

除了党的中央组织法规、党的地方组织法规和党的基层组织法规，党的组织体系方面的党内法规还有《中国共产党党组工作条例》《中国共产党工作机关条例（试行）》。党组是党在中央和地方国家机关、人民团体、经济组织、文化组织和其他非党组织的领导机关中设立的领导机构，在本单位发挥领导作用，是党对非党组织实施领导的重要组织形式。《中国共产党党组工作条例》对党组的设立、职责、运行等作出规定，推动充分发挥党组把方向、管大局、保落实的领导作用。党的工作机关是党实施政治、思想和组织领导的政治机关，是落实党中央和地方各级党委决策部署，实施党的领导、加强党的建设、推进党的事业的执行机关，主要包括办公厅（室）、职能部门、办事机构和派出机关。《中国共产党工作机关条例（试行）》规范党的工作机关的设立和运行，推动其提高履职能力和工作水平，当好党委的参谋助手。

（二）党内选举方面的法规

党内选举制度，是党的组织制度的重要内容之一，是健全党内民主的一项根本制度，是党内民主发展程度的重要标志。《中国共产党章程》第 10 条规定，党的各级领导机关，除它们派出的代表机关和在非党组织中的党组外，都由选举产生。党内选举制度的具体内容，由《中国共产党章程》和《中国共产党地方组织选举工作条例》、《中国共产党基层组织选举工作条例》规定。

就选举人参与选举的形式而言，党内选举可以分为直接选举和间接选举。直接选举就是让有选举权的人直接参加选举，行使选举权利。间接选举是通过有选举权的人先选出代表，再由代表进一步行使选举权利。党内直接选举，一般是在党的基层组织进行，通过召开党员大会，由党员直接投票选举党的支部委员会、党的总支部委员会、党的基层委员会、党的纪律检查委员会或出席上级党的代表大会的代表。党内间接选举，一般是在党的中央组织、党的地方组织和部分基层组织进行，即召开党代表大会，选举党的委员会、党的纪律检查委员会或出席上级党的代表大会的代表。根据候选人数占应选人数的比例，又可分为等额选举和差额选举两种方式。等额选举是指候选人数与应选人数相等的选举。目前实行等额选举的，主要有党的各级委员会和纪律检查委员会书记、副书记。差额选举是指在选举中实行候选人数多于应选人数的选举。差额选举的方式无外乎有两种：一是直接采用候选人数多于应选人数的差额选举办法进行正式选举；二是先采用差额选举办法进行预选，产生候选人名单，然后进行正式选举。党内选举的具体规则和实际工作步骤主要包括：选举单位的划分、候选人的酝酿提名、产生候选人、介绍候选人情况、规定投票方式和当选计票方法、进行选举、公布选举结果和确定当选人等。

党内选举方面的法规主要有《中国共产党地方组织选举工作条

例》《中国共产党基层组织选举工作条例》《中国共产党全国代表大会和地方各级代表大会代表任期制规定》等。这些党内法规注重发扬党内民主，加强党的地方组织和基层组织建设，健全维护党的集中统一的组织制度，完善党代表大会制度，推动党代表大会代表履行代表职责、发挥代表作用。

（三）党的组织工作方面的法规

党的组织工作是按照党的建设的总要求，以领导班子建设、干部队伍建设、人才队伍建设、党的基层组织建设和党员队伍建设为主要内容的全部实践活动，是党的建设的重要组成部分。党的组织工作不仅与党的组织建设直接相关，而且与党的政治建设、思想建设、作风建设、纪律建设、制度建设有着密不可分的联系。党的组织工作是党的全部工作的基础，是实现党的领导的重要途径，是实现党的政治路线的重要保证，是党的长期执政能力建设、先进性和纯洁性建设的重要组成部分。

党的组织工作方面的法规主要有《中国共产党组织工作条例》，这是我们党历史上第一部关于组织工作的统领性、综合性基础主干法规，是做好新时代党的组织工作、加强党的组织建设的基本遵循，对于坚持和加强党对组织工作的全面领导、深入贯彻新时代党的组织路线、推进组织工作科学化制度化规范化、全面提高组织工作质量，具有重要意义。

（四）党的象征标志方面的法规

党徽党旗是中国共产党的象征和标志。党徽党旗鲜明表明中国共产党是中国工人阶级的先锋队，同时是中国人民和中华民族的先锋队，是为中国人民谋幸福、为中华民族谋复兴，为坚持和发展中国特色社会主义、为实现共产主义远大理想而不懈奋斗的马克思主义政党。维护党徽党旗的尊严，就是维护党的尊严，是各级党组织和每名党员必须履行的政治责任。党徽是代表一个政党的徽号。中国共产党党徽为镰刀和锤头组成的图案，锤头是工人的劳动工具，象征着工人阶级；镰刀是农民的劳动工具，象征着农民阶级。党旗是代表一个政党的旗帜，中国共产党党旗为旗面缀有金黄色党徽图案的红旗。

党的象征标志方面的法规主要有《中国共产党党徽党旗条例》。《中国共产党党徽党旗条例》是我们党历史上第一部关于党徽党旗的基础主干法规，是党徽党旗制作、使用、管理的基本遵循。《中国共产党党徽党旗条例》以党章为根本遵循，继承已有好做法，吸收实践新经验，对党徽党旗工作作出全面规范，对于充分发挥党徽党旗的政治功能，增强党的凝聚力、战斗力，激发党员的意识，激励全党不忘初心、牢记使命，坚定理想信念，团结全国各族人民在党的旗帜下奋勇前进，具有十分重要的意义。

二、完善党的组织法规制度

完善党的组织法规制度，就是全面规范党的各级各类组织的产生和职责，夯实管党治党、治国理政的组织制度基础。党的力量来自组织。党的全面领导、党的全部工作要靠党的坚强组织体系去实现。党中央是大脑和中枢，党中央必须有定于一尊、一锤定音的权威。党的地方组织的根本任务是确保党中央决策部署贯彻落实，有令即行、有禁即止。党组在党的组织体系中具有特殊地位，要贯彻落实党中央和上级党组织决策部署。每个党员特别是领导干部都要强化党的意识和组织观念，自觉做到思想上认同组织、政治上依靠组织、工作上服从组织、感情上信赖组织。党的组织建设集中体现在党的组织路线上，组织路线对坚持党的领导、加强党的建设、做好党的组织工作具有十分重要的意义。毛泽东同志曾经指出："政治路线确定之后，干部就是决定的因素。因此，有计划地培养大批的新干部，就是我们的战斗任务。"中国共产党是在 14 亿人口的大国领导伟大革命斗争的党，没有多数才德兼备的领导干部，是不能完成其历史任务的。

在新时代，要把坚持和发展中国特色社会主义这场伟大社会革命进行好，我们党必须勇于进行自我革命，把党建设得更加坚强有力。对此，习近平总书记在 2018 年 7 月 3 日召开的全国组织工作会议上强调指出，不断推进党的建设新的伟大工程，必须践行新时代党的组织路线。新时代党的组织路线是：全面贯彻新时代中国特色社会主义思想，以组织体系建设为重点，着力培养忠诚干净担当的高素质干部，着力集聚爱国奉献的各方面优秀人才，坚持德才兼备、以德为先、任人唯贤，为坚持和加强党的全面领导、坚持和发展中国特色社会主义提供坚强组织保证。新时代党的组织路线是理论的也是实践的，要在推进党的建设新的伟大工程、落实全面从严治党的实践中切实贯彻落实。这一重要论述，在我们党的历史上是第一次，是对马克思主义党建学说的开创性贡献，具有里程碑意义，为新时代党的建设和组织工作指明了前进方向，提供了根本遵循。

坚持把制度建设贯穿于党的组织建设全过程，是我们党管党治党的一条宝贵经验。中国共产党始终重视党的组织建设和制度建设相结合，早在党的一大上就讨论了党的组织原则和组织机构问题，通过了《中国共产党第一个党纲》和《中国共产党的第一个决议》，确立了党的组织建设的制度起点。在整个新民主主义革命时期，党对组织建设进行了初步探索，制定和逐步完善了党的章程，确立了民主集中制和党的代表大会制度，确立了党的领导、活动、纪律、监督等一系列制度，为党的组织建设奠定了制度基础，也为夺取全国革命的胜利提供了坚强组织保证。改革开放以后，邓小平同志在总结正反两方面经验教训的基础上深刻指出："领导制度、组织制度更带有根本性、全局性、稳定性和长期性。这种制度问题，关系到党和国家是否改变颜色，必须引起全党的高度重视。"① 改革开放以来，特别是党的十八大以来，我们党大力加强以党章为核心的党内法规制度建设，党的组织建设取得了长足的进步，党的组织建设呈现制度化、科学化、规范化的趋势。制度治党对党的组织建设具有重要保障作用，党的组织建设的关键就是通过制度建设，做到用制度管权管事管人，使党的组织建设实现制度化、规范化和程序化。

中国共产党是马克思主义执政党，是工人阶级的先锋队，是中华民族的先锋队。作为一个具有 9 500 多万党员、480 多万个基层党组织的大党来说，完善的组织体系、严明的组织纪律是保持党的先进性、纯洁性的政治密码，是维护党的战斗力和组织力的根本保障。中

① 邓小平文选：第 2 卷. 北京：人民出版社，1994：322.

国共产党的组织包括中央组织、地方组织、基层组织三个层级，在类型上可以分为领导机关、决策机关、执行机关、监督机关。其中，各级党代会和它产生的党委会是领导机关和决策机关，党的工作机关是执行机关，党的各级纪律检查委员会是党内监督的专责机关。党的组织制度体系建设，就是要在党中央和各级地方党委领导下，促进和提高决策机关、执行机关、监督机关的组织合力，实现党的领导与执政的组织意图，建立健全决策权、执行权、监督权既相互制约又相互协调的权力结构和运行机制。

第三节　党的领导法规

一、党的领导法规概述

党的领导法规，是规范和保障党对各方面工作实施领导，明确党与人大、政府、政协、监察机关、审判机关、检察机关、武装力量、人民团体、企事业单位、基层群众性自治组织、社会组织等领导与被领导关系的党内法规，为党发挥总揽全局、协调各方领导核心作用提供制度保障。截至 2021 年 7 月 1 日，现行有效党的领导法规共 772 部，其中，中央党内法规 44 部，部委党内法规 29 部，地方党内法规 699 部。① 党的领导法规主要包括以下六个方面内容。

（一）党领导经济建设方面的法规

经济工作是我们党的中心工作，领导经济工作是我们党义不容辞的责任。在发展社会主义市场经济的条件下，党对经济工作的领导，不是也不应当取代政府直接组织经济活动和处理日常性行政事务，不是也不应当取代企业直接从事微观经济活动。我们党领导了经济体制改革，同样也要顺应建立社会主义市场经济体制的要求，自觉改变和完善领导经济工作的方式方法和体制机制。因此，党领导经济建设，主要是把握方向，谋划全局，提出战略，制定政策，推动立法，营造

① 中共中央办公厅法规局. 中国共产党党内法规体系. 人民日报，2021-08-04.

良好环境。

党领导经济建设方面的法规主要有《中国共产党农村工作条例》《党中央领导经济工作规定》等，目的是加强党中央对经济工作的集中统一领导，保证党中央的经济决策部署得到有效贯彻落实，坚持和加强党对“三农”工作的全面领导，全面推进乡村振兴。特别是《中国共产党农村工作条例》，在党内法规体系中具有重要而特殊的地位。党管农村工作是我们的传统。在革命、建设、改革各个历史时期，我们党都把解决好“三农”问题作为关系党和国家事业全局的根本性问题，始终牢牢掌握党对农村工作的领导权。《中国共产党农村工作条例》对坚持和加强党对农村工作的全面领导作出了系统规定，是新时代党管农村工作的总依据，有助于落实加强党对农村工作的全面领导，把党管农村工作的总体要求细化成具体的规定，实现有章可循、有法可依，从制度机制上把加强党的领导落实到“三农”各个方面、各个环节，确保党始终总揽全局、协调各方。

（二）党领导政治建设方面的法规

推进社会主义政治建设，必须要坚持党的领导，充分发挥党总揽全局、协调各方的领导核心作用。中国特色社会主义最本质的特征是中国共产党领导，中国特色社会主义制度的最大优势是中国共产党领导，党是最高政治领导力量。坚持党的领导，必须正确认识和把握党的领导、依法治国、人民当家作主三者之间的关系，将三者有机结合起来，支持人民当家作主，实施好依法治国这个党领导人民治理国家的基本方略，不能把三者对立起来，更不能用人民当家作主、依法治国来动摇和否定党的领导。发挥党总揽全局、协调各方领导核心作用，至关重要的是维护党中央权威。要坚持党中央集中统一领导，维护党的领导核心，不断强化“四个意识”，确保在思想上政治上行动上始终同以习近平同志为核心的党中央保持高度一致。

党领导政治建设方面的法规主要有《中国共产党机构编制工作条例》《中国共产党统一战线工作条例》《社会主义学院工作条例》《中国共产党政法工作条例》等。其中，《中国共产党统一战线工作条例》《社会主义学院工作条例》等，加强党对统一战线工作的集中统一领导，巩固和发展最广泛的爱国统一战线。《中国共产党政法工作条例》《保护司法人员依法履行法定职责规定》《党政主要负责人履行推进法治建设第一责任人职责规定》《法治政府建设与责任落实督察工作规定》等，完善党领导立法、保证执法、支持司法、带头守法的体制机制，把党的领导落实到依法治国全过程各方面。《中国共产党机构编制工作条例》《"三定"规定制定和实施办法》《机构编制监督检查工作办法》等，加强党对机构编制工作的集中统一领导，推进党和国家机构职能优化协同高效。

（三）党领导文化建设方面的法规

文化是民族的血脉，是人民的精神家园，是爱国主义的精神基因，是一个国家、一个民族的灵魂。文化兴则国运兴，文化强则民族强。一个民族的复兴需要强大的物质力量，也需要强大的精神力量。没有高度的文化自信，没有文化的繁荣兴盛，就没有中华民族的伟大复兴。文化自信，是更基础、更广泛、更深厚的自信，是更基本、更深沉、更持久的力量。中国共产党领导文化建设就是坚持中国特色社会主义文化发展道路，激发全民族文化创新创造活力，建设社会主义文化强国。

党领导文化建设方面的法规主要有《中国共产党宣传工作条例》《党委（党组）意识形态工作责任制实施办法》《党委（党组）网络意识形态工作责任制实施细则》等。其中，《中国共产党宣传工作条例》对加强党对宣传工作的全面领导等作出明确规定，为党和国家事业发展提供有力思想保证和强大精神力量。《党委（党组）意识形态工作责任制实施办法》《党委（党组）网络意识形态工作责任制实施细则》等，严格意识形态工作责任制，维护意识形态安全和文化安全。

（四）党领导社会建设方面的法规

社会建设工作是直接服务群众的工作，与群众冷暖息息相关，是我们党人民立场、人民情怀的集中体现。随着经济社会发展，人民对美好生活的需要也日益多样化、多层次、多方面，不仅对物质文化生活提出了更高要求，而且在民主、法治、公平、正义、安全、环境等方面的要求日益增长，对社会建设也提出新的更高要求。在推动社会建设过程中，要结合中国特色社会主义进入新时代的新形势新要求，不断实现好、维护好、发展好最广大人民根本利益，真正做到发展为了人民、发展依靠人民、发展成果由人民共享。这既是开展社会建设工作的出发点和落脚点，也是检验社会建设工作质量和成效的最高标准。社会建设任务主要包括两个方面：提高保障和改善民生水平，加强和创新社会治理。

党领导社会建设方面的法规主要有《中国共产党领导国家安全工作条例》《地方党政领导干部食品安全责任制规定》《地方党政领导干部安全生产责任制规定》《健全落实社会治安综合治理领导责任制规定》。其中，《中国共产党领导国家安全工作条例》等，坚持党对国家安全工作的绝对领导，深入贯彻总体国家安全观，推进国家安全体系和能力现代化。《地方党政领导干部食品安全责任制规定》《地方党政领导干部安全生产责任制规定》《健全落实社会治安综合治理领导责任制规定》等，加快推进社会治理现代化，把党的领导优势更好转化为社会治理效能。

（五）党领导生态文明建设方面的法规

生态文明建设是经济持续健康发展的关键保障，是民意所在、民心所向，是党提高执政能力的重要体现。建设生态文明，是关系人民福祉、关乎民族未来的长远大计。面对资源约束趋紧、环境污染严重、生态系统退化的严峻形势，必须树立尊重自然、顺应自然、保护自然的生态文明理念，把生态文明建设放在突出地位，融入到经济建设、政治建设、文化建设、社会建设各方面和全过程，努力建设美丽中国，实现中华民族永续发展。

党领导生态文明建设方面的法规主要有《中央生态环境保护督察工作规定》《领导干部自然资源资产离任审计规定（试行）》《党政领导干部生态环境损害责任追究办法（试行）》等，核心要义是压实生态文明建设和生态环境保护政治责任，推动建设美丽中国。

（六）党领导国防和军队建设方面的法规

强国必须强军，军强才能国安。站在新的历史起点上，面对国家安全环境的深刻变化，面对强国强军的时代要求，必须全面贯彻新时代党的强军思想，坚定不移走中国特色强军之路，把新时代强军事业不断向前推进。建设强大的人民军队是我们党的不懈追求。党在新时代的强军目标是建设一支听党指挥、能打胜仗、作风优良的人民军队，把人民军队建设成为世界一流军队。这是总结我们党建军治军成功经验、适应国际战略形势和国家安全环境发展变化、着眼于解决军队建设所面临的突出矛盾和问题提出的新任务新目标。

党领导国防和军队建设方面的法规主要有《中国共产党军队党的建设条例》《军队政治工作条例》等，核心要义是坚持党对军队的绝对领导，全面深入贯彻军委主席负责制，为实现党在新时代的强军目标提供有力保证。

二、完善党的领导法规制度

完善党的领导法规制度，就是加强和改进党对各方面工作的领导，为党发挥总揽全局、协调各方领导核心作用提供制度保证。完善党的领导法规制度的目的是规范和保障中国共产党对各方面工作实施领导，通过巩固党的领导地位、强化党的领导职责、规范党的领导活动等，解决党领导谁、领导什么、怎么领导的问题。坚持党中央权威和集中统一领导，是马克思主义政党的本质属性，是中国特色社会主义政治发展道路的历史必然，是推进新时代党和国家各项事业的根本原则，是在新时代不断增强党的政治领导力、思想引领力、群众组织力、社会号召力的内在要求。党的十九大提出，党政军民学，东西南北中，党是领导一切的。必须增强政治意识、大局意识、核心意识、看齐意识，自觉维护党中央权威和集中统一领导，自觉在思想上政治上行动上同党中央保持高度一致，完善坚持党的领导的体制机制，坚持稳中求进工作总基调，统筹推进“五位一体”总体布局，协调推进“四个全面”战略布局，提高党把方向、谋大局、定政策、促改革的能力和定力，确保党始终总揽全局、协调各方。①

① 习近平. 决胜全面建成小康社会　夺取新时代中国特色社会主义伟大胜利——在中国共产党第十九次全国代表大会上的报告. 人民日报，2017-10-28.

坚持党对一切工作的领导，就要坚持发挥党总揽全局、协调各方的领导核心作用，保证党领导人民有效治理国家的制度，坚持和完善中国共产党领导的多党合作和政治协商制度，加强社会各种力量合作协调的制度。坚持党的领导，是战胜一切困难和风险的“定海神针”，是做好党和国家各项工作的根本保证，是我国政治稳定、经济发展、民族团结、社会稳定的根本点，是实现中华民族伟大复兴的关键所在。事在四方，要在中央。坚持党的领导，首先是坚持党中央的集中统一领导。加强党的政治建设，首要任务就是保证全党服从中央，坚决维护党中央权威和集中统一领导。这是党的领导的最高原则，是全党的最高政治原则，是党和国家团结、统一、稳定、繁荣的制胜机理，是进行伟大斗争、建设伟大工程、推进伟大事业、实现伟大梦想的根本保证。作为党员干部，必须牢固树立“四个意识”，坚定“四个自信”，做到“两个维护”，不断提高政治判断力、政治领悟力、政治执行力，自觉在思想上政治上行动上同党中央保持高度一致，始终在政治立场、政治方向、政治原则、政治道路上同党中央保持高度一致。

第四节　党的自身建设法规

一、党的自身建设法规概述

党的自身建设法规，是调整党的政治建设、思想建设、组织建设、作风建设、纪律建设等的党内法规，为提高党的建设质量、永葆党的先进性和纯洁性提供制度保障。截至 2021 年 7 月 1 日，现行有效党的自身建设法规共 1 319 部，其中，中央党内法规 74 部，部委党内法规 76 部，地方党内法规 1 169 部。[①] 党的自身建设法规主要包括以下六个方面内容。

① 中共中央办公厅法规局. 中国共产党党内法规体系. 人民日报，2021 - 08 - 04.

（一）党的政治建设方面的法规

旗帜鲜明讲政治是我们党作为马克思主义政党的根本要求。党的政治建设是党的根本性建设，决定党的建设方向和效果。保证全党服从中央，坚持党中央权威和集中统一领导，是党的政治建设的首要任务。全党要坚定执行党的政治路线，严格遵守政治纪律和政治规矩，在政治立场、政治方向、政治原则、政治道路上同党中央保持高度一致。要尊崇党章，严格执行《关于新形势下党内政治生活的若干准则》，增强党内政治生活的政治性、时代性、原则性、战斗性，自觉抵制商品交换原则对党内生活的侵蚀，营造风清气正的良好政治生态。完善和落实民主集中制的各项制度，坚持民主基础上的集中和集中指导下的民主相结合，既充分发扬民主，又善于集中统一。弘扬忠诚老实、公道正派、实事求是、清正廉洁等价值观，坚决防止和反对个人主义、分散主义、自由主义、本位主义、好人主义，坚决防止和反对宗派主义、圈子文化、码头文化，坚决反对搞两面派、做两面人。全党同志特别是高级干部要加强党性锻炼，不断提高政治觉悟和政治能力，把对党忠诚、为党分忧、为党尽职、为民造福作为根本政治担当，永葆共产党人政治本色。

党的政治建设方面的法规主要有《关于党内政治生活的若干准则》《关于新形势下党内政治生活的若干准则》《中共中央政治局关于加强和维护党中央集中统一领导的若干规定》《中国共产党重大事项请示报告条例》。其中，《关于党内政治生活的若干准则》《关于新形势下党内政治生活的若干准则》，要求坚定维护党中央权威和集中统一领导，全面加强和规范党内政治生活，努力造成又有集中又有民主，又有纪律又有自由，又有统一意志又有个人心情舒畅生动活泼的政治局面。中共中央政治局《关于加强和维护党中央集中统一领导的若干规定》，强调中央政治局同志必须带头严格遵守党章和党内政治生活准则，自觉在党中央集中统一领导下履行职责、开展工作。《中国共产党重大事项请示报告条例》，要求建立健全重大事项请示报告体制机制和方式方法，严格向党中央请示报告制度，确保政令畅通、令行禁止。

（二）党的思想建设方面的法规

党的思想建设，是指党为保持创造力、凝聚力和战斗力而在思想理论方面所进行的一系列工作。思想建设是党的基础性建设，主要任务就是强化马克思主义理论武装，对党员进行党的基本理论、基本路线、基本方略的教育，保持全党在思想上政治上行动上的高度一致，保持党的先进性、纯洁性。革命理想高于天。共产主义远大理想和中国特色社会主义共同理想，是中国共产党人的精神支柱和政治灵魂，也是保持党的团结统一的思想基础。要把坚定理想信念作为党的思想建设的首要任务，教育引导全党牢记党的宗旨，挺起共产党人的精神脊梁，解决好世界观、人生观、价值观这个“总开关”问题，自觉做共产主义远大理想和中国特色社会主义共同理想的坚定信仰者和忠实实践者。

党的思想建设方面的法规主要有《中国共产党党校（行政学院）工作条例》《中国共产党党委（党组）理论学习中心组学习规则》等。《中国共产党党校（行政学院）工作条例》，旨在加强马克思主义基本理论研究和党的思想理论建设，充分发挥党校（行政学院）干部培训、思想引领、理论建设、决策咨询的作用。《中国共产党党委（党组）理论学习中心组学习规则》等，旨在推动理论武装工作深入开展，加强领导班子思想政治建设。

（三）党的组织建设方面的法规

党的组织建设，涉及党的组织制度、党的中央组织、党的地方组织、党的基层组织、党的干部、党的纪律、党的纪律检查机关、党组等内容，主要包括民主集中制建设、党的基层组织建设、干部队伍建设和党员队伍建设等。组织建设是党的建设的重要基础。中国共产党立志于中华民族千秋伟业，百年恰是风华正茂。我们党要长期执政、永葆活力，团结带领全国各族人民沿着中国特色社会主义道路实现中华民族伟大复兴，最重要的是把党建设得更加坚强有力。新时代党的组织路线是：全面贯彻新时代中国特色社会主义思想，以组织体系建设为重点，着力培养忠诚干净担当的高素质干部，着力集聚爱国奉献的各方面优秀人才，坚持德才兼备、以德为先、任人唯贤，为坚持和加强党的全面领导、坚持和发展中国特色社会主义提供坚强组织保证。新时代党的组织路线为加强党的组织建设提供了科学遵循，为增强党的创造力、凝聚力、战斗力提供了重要保证。党要实现各个历史时期的政治任务，必须始终把加强党的组织建设摆在突出位置。

党的组织建设方面的法规主要有《党政领导干部选拔任用工作条例》《干部教育培训工作条例》《干部人事档案工作条例》《中国共产党党员教育管理工作条例》《中国共产党发展党员工作细则》等。其中，《党政领导干部选拔任用工作条例》《干部教育培训工作条例》《干部人事档案工作条例》《推进领导干部能上能下若干规定（试行）》《干部双重管理工作规定（试行）》《党政领导干部职务任期暂行规定》《党政领导干部交流工作规定》《党政领导干部任职回避暂行规定》《党政领导干部辞职暂行规定》《关于地方党委向地方国家机关推荐领导干部的若干规定》《县以上党和国家机关党员领导干部民主生活会若干规定》等，旨在建立健全干部选育管用的全链条机制，推动建设忠诚干净担当的高素质专业化干部队伍。《中央企业领导人员管理规定》《中管金融企业领导人员管理暂行规定》《事业单位领导人员管理暂行规定》等，旨在加强国有企事业单位干部队伍建设。《中国共产党党员教育管理工作条例》《中国共产党发展党员工作细则》等，指导建设信念坚定、政治可靠、结构合理、素质优良、纪律严明、作用突出的党员队伍。《公务员职务与职级并行规定》《专业技术类公务员管理规定（试行）》《行政执法类公务员管理规定（试行）》《聘任制公务员管理规定（试行）》等，从不同方面完善中国特色公务员制度。

（四）党的作风建设方面的法规

党的作风是党的形象，是观察党群干群关系、人心向背的晴雨表。党的作风正，人民的心气顺，党和人民就能同甘共苦。实践证明，只要真管真严、敢管敢严，党风建设就没有什么解决不了的问题。作风建设永远在路上。作风建设是党的建设的永恒主题，中国共产党的发展历程中，领导革命、建设和改革取得胜利和成就的经验中都贯穿着加强党的作风建设的实践，都把建设党的事业与建设良好的作风紧紧地联系在一起。作风建设的核心是保持党同人民群众的血肉联系，这是以人民为中心价值取向对党自身提出的道德要求。党的十八大以来，党中央把中央八项规定作为加强作风建设的切入点、全面从严治党的突破口，率先垂范、身体力行，较真碰硬，善做善成，开创了全面从严治党新局面，推进中国特色社会主义进入新时代。

党的作风建设方面的法规主要有《十八届中央政治局关于改进工作作风密切联系群众的八项规定》《党政机关厉行节约反对浪费条例》《党政机关国内公务接待管理规定》《党政机关办公用房管理办法》《党政机关公务用车管理办法》《节庆活动管理办法（试行）》《评比达标表彰活动管理办法》等。其中，《十八届中央政治局关于改进工作作风密切联系群众的八项规定》及其实施细则，坚持以上率下，深入整治形式主义、官僚主义、享乐主义和奢靡之风，为党和国家事业开创新局面提供坚强政治和作风保证。《党政机关厉行节约反对浪费条例》《党政机关国内公务接待管理规定》《党政机关办公用房管理办法》《党政机关公务用车管理办法》《节庆活动管理办法（试行）》等，弘扬艰苦奋斗、勤俭节约的优良作风。《评比达标表彰活动管理办法》《全国性文艺新闻出版评奖管理办法》等，坚决纠正评比达标表彰过多过滥问题。《关于严禁在历史建筑公园等公共资源中设立私人会所的暂行规定》等，严厉整治人民群众反映强烈的不正之风。

（五）党的纪律建设方面的法规

党的纪律是党的各级组织和全体党员必须遵守的行为规则，是维护党的团结统一、完成党的任务的保证。党组织必须严格执行和维护党的纪律，共产党员必须自觉接受党的纪律的约束。党的纪律主要包括政治纪律、组织纪律、廉洁纪律、群众纪律、工作纪律、生活纪律。对党员的纪律处分有五种：警告、严重警告、撤销党内职务、留党察看、开除党籍。加强纪律建设是全面从严治党的治本之策。党要管党、从严治党，就是要靠严明的纪律。我们党是用革命理想和铁的纪律组织起来的马克思主义政党，组织严密、纪律严明是党的优良传统和政治优势，也是我们的力量所在。纪律建设作为党的建设至关重要的组成部分，必须长期坚持且不断加强。坚持思想教育，提高纪律自觉。心中无党，行动必然无党；心中无纪律，行动必然无纪律。要守纪律，就要学纪律，强化思想认识和纪律意识，坚持抓早抓小，力求防微杜渐，抓早抓常、防患未然。加强党的纪律建设，树立牢固的纪律意识，在实践中严格按纪律、按规矩行事，关键是要构建一整套行之有效的运行机制，通过教育、制度、执行、监督、评价等机制的良性运行，推动党的纪律建设不断取得新成效。

党的纪律建设方面的法规主要有《中国共产党廉洁自律准则》《国有企业领导人员廉洁从业若干规定》《农村基层干部廉洁履行职责若干规定（试行）》等。其中，《中国共产党廉洁自律准则》重申党的理想信念宗旨、优良传统作风，展现共产党人高尚道德追求。《关于进一步制止党政机关和党政干部经商办企业的规定》《国有企业领导人员廉洁从业若干规定》《农村基层干部廉洁履行职责若干规定（试行）》等，强化重点领域、关键环节廉洁纪律要求。

（六）管党治党主体责任方面的法规

做好中国的事情，关键在党，关键在党要管党、全面从严治党。全面从严治党是各级党组织的职责所在，各级党组织及其负责人都是责任主体，必须担负起全面从严治党的主体责任。全面推进从严治党，关键是要落实党委主体责任。落实党委主体责任，是党的政治使命决定的。建成富强民主文明和谐美丽的社会主义现代化强国，实现中华民族伟大复兴的中国梦，是党肩负的政治使命。中国共产党是中国特色社会主义事业的领导核心，东西南北中，党政军民学，党是领导一切的。在新的历史条件下，党面临着“四大考验”“四种危险”，全面从严治党关系党和国家生死存亡，关系党的政治使命能否顺利实现。全面从严治党永远在路上，必须要抓住主体责任这个“牛鼻子”，真正把抓好党建作为“最大政绩”，确保主体责任落实到位。领导干部作为“关键少数”，既是全面从严治党的对象，也是全面从严治党的重要主体。各级党委（党组）和领导干部要自觉当好主体责任的践行者、引领者、推动者和示范者，不忘初心、牢记使命，砥砺奋进、扎实工作，以管党治党的实际成效营造风清气正的政治生态。

管党治党主体责任方面的法规主要有《党委（党组）落实全面从

严治党主体责任规定》《关于实行党风廉政建设责任制的规定》等，旨在以责任制强化和落实管党治党政治责任，推动全面从严治党向纵深发展。

二、完善党的自身建设法规制度

完善党的自身建设法规制度，旨在解决党的自身建设谁来建、建什么、怎么建等问题，目的是全面推进加强党的政治建设、思想建设、组织建设、作风建设、纪律建设，深入推进党风廉政建设和反腐败斗争，增强党的创造力、凝聚力、战斗力，为深化党的建设制度改革，提高党的建设科学化水平，保持党的先进性和纯洁性提供制度保障。党的十九大提出，中国特色社会主义进入新时代，我们党一定要有新气象新作为。打铁必须自身硬。党要团结带领人民进行伟大斗争、推进伟大事业、实现伟大梦想，必须毫不动摇坚持和完善党的领导，毫不动摇把党建设得更加坚强有力。全面从严治党永远在路上。一个政党，一个政权，其前途命运取决于人心向背。人民群众反对什么、痛恨什么，我们就要坚决防范和纠正什么。全党要清醒地认识到，我们党面临的执政环境是复杂的，影响党的先进性、弱化党的纯洁性的因素也是复杂的，党内存在的思想不纯、组织不纯、作风不纯等突出问题尚未得到根本解决。要深刻认识党面临的执政考验、改革开放考验、市场经济考验、外部环境考验的长期性和复杂性，深刻认识党面临的精神懈怠危险、能力不足危险、脱离群众危险、消极腐败危险的尖锐性和严峻性，坚持问题导向，保持战略定力，推动全面从严治党向纵深发展。

新时代党的建设总要求是：坚持和加强党的全面领导，坚持党要管党、全面从严治党，以加强党的长期执政能力建设、先进性和纯洁性建设为主线，以党的政治建设为统领，以坚定理想信念宗旨为根基，以调动全党积极性、主动性、创造性为着力点，全面推进党的政治建设、思想建设、组织建设、作风建设、纪律建设，把制度建设贯穿其中，深入推进反腐败斗争，不断提高党的建设质量，把党建设成为始终走在时代前列、人民衷心拥护、勇于自我革命、经得起各种风浪考验、朝气蓬勃的马克思主义执政党。①

习近平总书记明确指出，党委（党组）必须“把抓好党建作为最大的政绩”，党委和党委书记“抓好党建是本职，不抓党建是失职，抓不好党建就是不称职，党建出问题是渎职”。推进中国特色社会主义事业“五位一体”总体布局，加强党的建设是有力保障；在“四个全面”战略布局中，全面从严治党居于关键。从战略和全局意义上来看，党的建设如何，关乎中国共产党的兴衰，关乎中华人民共和国的兴衰，关乎中华民族的兴衰。可以说，国家富强、民族复兴、人民幸福，党的建设是根本性保障。在新的历史时期，我们要夺取具有许多新的历史特点的伟大斗争的新胜利，需要党在一切领域、一切方面的坚强领导，需要480多万个党组织、9 500多万党员发挥战斗堡垒、先锋模范作用。党风决定政风，影响民风。不论是当下还是将来，加强党的自身建设，不断增强党自我净化、自我完善、自我革新、自我提高的能力，都是一个十分重要的政治命题。

第五节　党的监督保障法规

一、党的监督保障法规概述

党的监督保障法规，是调整党的监督、激励、惩戒、保障等的党内法规，为保证党组织和党员干部履行好党和人民赋予的职责提供制度保障，内容上包括党内监督、考察考核、问责追责、表彰奖励、关怀帮扶、容错纠错、党员权利保障、制度建设保障、机关运行保障等方面。截至2021年7月1日，现行有效党的监督保障法规共1 370部，其中，中央党内法规77部，部委党内法规57部，地方党内法规1 236部。② 党的监督保障法规主要包括以下三个方面内容：

---

① 习近平．决胜全面建成小康社会　夺取新时代中国特色社会主义伟大胜利——在中国共产党第十九次全国代表大会上的报告．人民日报，2017-10-28.

② 中共中央办公厅法规局．中国共产党党内法规体系．人民日报，2021-08-04.

（一）监督方面的法规

党内监督是指各级党组织和广大党员依据党章、党规党纪和国家法律法规，对党员干部，特别是各级领导干部的监督，主要包括党组织的监督和党员相互间的监督。党内监督是我们党加强自身建设的永恒课题，也是新时代全面从严治党的重要保障。强化党内监督是全党的共同任务，也是一项复杂的系统工程，必须全党动手一起抓，任何党组织和党员都不能置身事外。《中国共产党党内监督条例》第 9 条规定：“建立健全党中央统一领导，党委（党组）全面监督，纪律检查机关专责监督，党的工作部门职能监督，党的基层组织日常监督，党员民主监督的党内监督体系。”只有构建起各负其责、密切协调的党内监督体系，才能形成监督合力，增强监督实效，真正发挥党内监督的职能作用。

监督方面的法规主要有《中国共产党党内监督条例》《中国共产党巡视工作条例》《党政领导干部考核工作条例》《中国共产党纪律检查机关监督执纪工作规则》《纪检监察机关处理检举控告工作规则》《关于党员领导干部述职述廉的暂行规定》《关于对党员领导干部进行诫勉谈话和函询的暂行办法》《领导干部报告个人有关事项规定》《党政主要领导干部和国有企事业单位主要领导人员经济责任审计规定》等。其中，《中国共产党党内监督条例》等，把强化党内监督作为党的建设的重要基础性工程，全面落实党内监督责任，着力使监督的制度优势充分释放出来。《中国共产党巡视工作条例》等，深化政治巡视，充分发挥巡视监督的利剑作用。《中国共产党纪律检查机关监督执纪工作规则》《纪检监察机关处理检举控告工作规则》等，保证纪检机关依规依纪履行监督执纪职责。《关于党员领导干部述职述廉的暂行规定》《关于对党员领导干部进行诫勉谈话和函询的暂行办法》《领导干部报告个人有关事项规定》《党政主要领导干部和国有企事业单位主要领导人员经济责任审计规定》等，明确加强对“关键少数”的监督，确保领导干部尽职尽责、廉洁从政。《党政领导干部考核工作条例》《高质量发展综合绩效评价办法（试行）》等，完善考核评价机制，树立讲担当、重担当、改革创新、干事创业的鲜明导向。

（二）奖惩方面的法规

奖励制度与惩戒制度，合称奖惩制度。奖励制度，指根据党员干部的现实表现和工作实绩对其进行物质或精神上的鼓励，以调动其工作潜能和工作积极性的制度，是一种正激励机制。惩戒制度，指通过剥夺党员干部的权利和增加党员干部的义务，对违规违纪行为给予最大限度的防范和纠正的制度，是一种负激励机制。奖惩制度是双向的党员干部工作评价体系，从正反两个方面保证党内政治生活的良性运行。

奖惩方面的法规主要有《中国共产党党内功勋荣誉表彰条例》《国家功勋荣誉表彰条例》《中国共产党党内关怀帮扶办法》《中国共产党问责条例》《中国共产党纪律处分条例》《中国共产党组织处理规定（试行）》《干部选拔任用工作监督检查和责任追究办法》等。其中，《中国共产党党内功勋荣誉表彰条例》《国家功勋荣誉表彰条例》等，充分发挥功勋荣誉表彰的精神引领、典型示范作用，推动全社会形成见贤思齐、崇尚英雄、争做先锋的良好氛围。《中国共产党党内关怀帮扶办法》等，坚持严管和厚爱结合、激励和约束并重，增强广大党员荣誉感、归属感、使命感。《中国共产党问责条例》《关于实行党政领导干部问责的暂行规定》等，推动失责必问、问责必严成为常态，督促各级党组织和领导干部负责守责尽责，保证党的路线方针政策和党中央重大决策部署贯彻落实。《中国共产党纪律处分条例》等，严肃党的纪律，纯洁党的组织，努力使铁的纪律真正转化为党员干部的自觉遵循。《中国共产党组织处理规定（试行）》，完善干部管理监督制度，促进组织处理与纪律处分、法律责任追究有机衔接。《干部选拔任用工作监督检查和责任追究办法》《领导干部干预司法活动插手具体案件处理的记录通报和责任追究规定》等，强化相关纪律约束和责任追究。

（三）保障方面的法规

党的十八大以来，党中央高度重视发扬党内民主、保障党员权利，强调要尊重党员主体地位、激发党员参与党内事务的热情，党内民主制度体系不断健全，推动党员权利保障工作取得重要成效。民主集中制是党的根本组织原则，是党内政治生活正常开展的重要制度保障。民主集中制，是我们党的根本组织原则和领导制度，其基本含义是民主基础上的集中和集中指导下的民主相结合。把这一制度列入推进国家治理体系和治理能力现代化要求中，必将释放出更加有力高效的制度优势。同时，全面总结党的十八大以来全面从严治党、依规治党的宝贵经验，把党内法规工作中的规律性认识和行之有效的做法提炼为制度规定，并着眼于新的形势和任务要求，完善体制机制，创新制度安排，强化制度保障。

保障方面的法规主要有《中国共产党党员权利保障条例》《中国共产党党务公开条例（试行）》《中国共产党党内法规制定条例》《中国共产党党内法规和规范性文件备案审查规定》《中国共产党党内法规执行责任制规定（试行）》《中国共产党党内法规解释工作规定》《党政机关公文处理工作条例》《机关档案工作条例》等。其中，《中国共产党党员权利保障条例》《中国共产党党务公开条例（试行）》等，发扬党内民主，保障党员权利，增强党的生机活力。《中国共产党党内法规制定条例》《中国共产党党内法规和规范性文件备案审查规定》《中国共产党党内法规执行责任制规定（试行）》《中国共产党党内法规解释工作规定》《中央文件制定工作规定》等，将党内法规制度建设和中央文件制定工作纳入制度化规范化轨道。《党政机关公文处理工作条例》《机关档案工作条例》《电子文件管理暂行办法》等，推动提升机关运行服务保障水平。

二、完善党的监督保障法规制度

完善党的监督保障法规制度，旨在通过完善党内监督、考察考核、问责追责、表彰奖励、关怀帮扶、容错纠错、党员权利保障、制度建设保障、机关运行保障等方面的一系列党内法规，切实规范对党组织工作、活动和党员行为的监督、考核、奖惩、保障等，确保行使好党和人民赋予的权力。党的十九大提出，勇于自我革命，从严管党治党，是我们党最鲜明的品格。必须以党章为根本遵循，把党的政治建设摆在首位，思想建党和制度治党同向发力，统筹推进党的各项建设，抓住“关键少数”，坚持“三严三实”，坚持民主集中制，严肃党内政治生活，严明党的纪律，强化党内监督，发展积极健康的党内政治文化，全面净化党内政治生态，坚决纠正各种不正之风，以零容忍态度惩治腐败，不断增强党自我净化、自我完善、自我革新、自我提高的能力，始终保持党同人民群众的血肉联系。① 强化党内监督，是党的先进性和纯洁性、组织性和纪律性、革命性和战斗性的根本体现，是依规治党、全面从严治党的战略支撑，是党永葆生机活力的重要法宝。全党要坚持把监督摆在落实党内法规的重要位置，不断优化党内监督的体制机制，持续发挥监督的积极作用，努力提高党内法规的执行效力和威力，推进全面从严治党纵深发展。

严格执行党的监督保障制度，首先落实党内监督制度，认真执行《中国共产党党内监督条例》，健全党中央统一领导、党委（党组）全面监督、纪检监察机关专责监督、党的工作部门职能监督、党的基层组织日常监督、党员民主监督的党内监督体系，把党内监督同国家机关监督、民主监督、司法监督、群众监督、舆论监督贯通起来，特别要建立巡视巡察上下联动的监督网，使其作为党之利剑、国之重器的地位和作用不断彰显。落实干部监督制度，突出对党员领导干部，突出对贯彻党的理论和路线方针政策、党中央决策部署情况的监督，并将这种监督不断向常态化治理深入。落实督促检查制度，完善常规督查、专项督查、联合督查、调研督查等机制，以推进党中央决策部署落实作为督查工作重点。落实党内问责制度，认真执行《中国共产党问责条例》，坚持有权必有责、有责要担当、失责必追究，聚焦落实管党治党政治责任，着力解决党的领导弱化、党的建设缺失、全面从严治党不力，党的观念淡漠、组织涣散、纪律松弛等问题，强化各级党组织和党的干部的政治担当。

① 习近平. 决胜全面建成小康社会　夺取新时代中国特色社会主义伟大胜利——在中国共产党第十九次全国代表大会上的报告. 人民日报，2017-10-28.

第七章 党内法规效力

党内法规的效力理论源于国家法律的效力理论。在法理学上，所谓法律效力是指法律所具有或者赋予的约束力。根据法律规范的效力形态的不同，可以将法律规范的效力分为规范效力和实际效力两种。前者是指“据以衡量人的行为之行为要求或标准，其所具有的准则性或拘束性。”而后者意指“规范的效率或其贯彻施行的机会”①。凯尔森将这种分类称为法律实效（efficacy）和法律效力（validity）的区别，一个规则可能会因为多种原因缺乏实效，并未被服从或者被适用，但是它却仍然是有效力的。② 在国内，这种区分被称为“应然法律效力”和“实然法律效力”之别。③ 基于法律规范效力的应然与实然二分法，我们可以将党内法规的效力形态也分为应然效力与实然效力两种。党内法规的应然效力是指党内法规作为一种规范所应当产生的拘束力，而党内法规的实然效力是指党内法规作为一种规范实际上产生的拘束力。由于党内法规的实际性效力或者实然效力是一个事实层面的描述性问题，这里主要研究党内法规作为一种特殊规范形态所应当具有的规范性效力。

---

① 拉伦茨. 法学方法论. 陈爱娥，译. 北京：商务印书馆，2003：78.

② 凯尔森. 法与国家的一般理论. 沈宗灵，译. 北京：中国大百科全书出版社，1996：3－32.

③ 张根大. 法律效力论. 北京：法律出版社，1999：159 页以下.

第一节 党内法规的效力范围

通常，法律效力是指法律的生效范围或适用范围，即法律对什么人、什么事、在什么地方和什么时间有约束力。法律效力一般具有四维效力：第一，时间效力，指法律开始生效的时间和终止生效的时间；第二，空间效力，指法律生效的地域（包括领海、领空），通常全国性法律适用于全国，地方性法规仅在本地区有效；第三，事件效力，指法律的适用范围，对哪些事有约束力；第四，对象效力，指法律对什么人生效，如有的法律适用于全国公民，有的法律只适用于一部分公民。作为一种特殊的法律规范形态，党内法规也具有四维效力，分别是时间效力、空间效力、对事效力和对人效力。

一、党内法规的时间效力

党内法规的时间效力是指党内法规何时生效、何时终止效力以及对其生效以前的事件和行为有无溯及力。

首先，党内法规的生效时间主要有三种：(1) 自党内法规公布之日起生效，如没有明确生效时间，根据惯例，自党内法规公布之日起生效；(2) 党内法规条文中自行规定具体生效时间；(3) 现定党内法规公布后符合一定条件时生效，即由有权主体另行发布专门文件规定党内法规的生效时间。

其次，党内法规终止生效的时间。党内法规终止生效，意味着党内法规被清理废止，其规范效力自然消灭。它一般分为明示的废止和默示的废止两类。具体形式主要有：(1) 党内法规本身规定了有效期，有效期届满，从而自动失效；(2) 新党内法规明确规定自本法实施之日起，旧党内法规立即失效；(3) 党内法规据以存在的时代背景或者条件消失，或者其所调整的对象不复存在，或者其使命完成，使法律法规失去了存在的意义，从而自动失效，比如在一些特殊时期公布的一些特殊党内法规制度规定；(4) 有权机关进行党内法规清理，对外公布某项党内法规作废；（5）随着新党内法规的颁布实施，相关内容与已生效的新法抵触的旧的党内法规自动失效。

最后，党内法规的溯及力。党内法规的溯及力，也称党内法规溯及既往的效力，是指党内法规对其生效以前的事件和行为是否适用。如果适用，就具有溯及力；如果不适用，就没有溯及力。法律一般以不溯及既往为原则。各国普遍采用的通例是“从旧兼从轻”的原则，即新法原则上不溯及既往，但是新法不认为犯罪或者处刑较轻的，适用新法。而在某些有关民事权利的法律中，法律有溯及力。党内法规是否具有溯及力，不同党内法规规范之间的情况是不同的。关于党内法规的溯及力问题，一般通行两个原则：首先“不溯及既往”原则，即不能用现在制定的党内法规指导人们过去的行为，更不能由于人们过去从事某种当时是合规而现在看来是违规的行为，而依照现在的规定加以处罚。其次，作为不溯及既往原则的补充，党内法规的效力可以有条件地适用于既往的行为。从我国目前有关党内法规溯及既往的原则的规定来看，一般采用“不溯及既往”的原则，只有在极少数情况下，才会规定党内法规有溯及力。

二、党内法规的空间效力

党内法规的空间效力，是指党内法规发生效力的地域范围，即在哪些地域有效力，适用于哪些地区。党内法规的空间效力范围主要由党内法规的形式、效力等级、调整对象或内容等因素决定。通常有两种空间效力范围。

一是有的党内法规在全国范围内有效，即在国家主权所及全部领域有效，包括属于主权范围的全部领陆、领空、领水，也包括国家驻外使馆和在境外航行的飞机或停泊在境外的船舶。这种党内法规一般是由党的中央组织制定的党章和中央党内法规。中央纪律检查委员会和中央工作机关制定的部门党内法规，除本身有特别规定外，通常情况下也都在全国范围内有效。

二是有的党内法规在一定区域内有效。这里主要有两种情况：一种是由各省、自治区、直辖市党委制定的党内法规，只在本省级行政区域内有效；另一种是被赋予党内法规制定权的沈阳、福州、青岛、武汉、深圳、南宁、兰州等 7 个副省级城市和省会城市党委制定的党内法规，仅在本级行政区域内有效。

三、党内法规的对事效力

党内法规的对事效力，即党内法规的适用范围，指的是党内法规对什么样的行为有效力，适用于哪些事项。这种效力范围的意义在于以下两点。

一是告诉调整对象什么行为应当做，什么行为不应当做，什么行为可以做。例如，2017 年 3 月 1 日施行的《中国共产党工作机关条例（试行）》第 3 条规定："本条例适用于中央和地方党的工作机关。党委直属事业单位、设在党的工作机关或者由党的工作机关管理的机关，参照本条例执行，法律法规和中央另有规定的除外。党的纪律检查机关的产生和运行，按照党章和中央有关规定执行。"

二是指明党内法规对什么事项有效，对哪些事有约束力，确定不同党内法规之间调整范围的界限。例如，2015 年 10 月 14 日施行的《干部教育培训工作条例》第 3 条规定："本条例适用于党的机关、人大机关、行政机关、政协机关、审判机关、检察机关，以及列入公务员法实施范围的其他机关和参照公务员法管理的机关（单位）的干部教育培训工作。国有企业、不参照公务员法管理的事业单位结合各自特点执行本条例。"

四、党内法规的对人效力

与国家法律相比，党内法规的调整对象具有特殊性，具有典型的"属人效力"的特征，对人的效力比较清楚。《中国共产党党内法规制定条例》第 3 条第 1 款规定："党内法规是党的中央组织，中央纪律检查委员会以及党中央工作机关和省、自治区、直辖市党委制定的体现党的统一意志、规范党的领导和党的建设活动、依靠党的纪律保证实施的专门规章制度。"由此可以看出，党内法规的调整对象仅限于党组织和全体党员，无论该党组织和该党员是在国内还是国外，都要接受党内法规的约束。

虽然党内法规的调整对象是党组织和党员，但是由于每部党内法规的制定目的不同，不同层级的党组织和党员往往也会适用不同的党内法规。这样导致的一个结果是，党内法规的对人效力因规范对象的不同产生差别，主要有以下几种情形。

（1）有的党内法规规范各级党组织和广大党员，如《中国共产党章程》《中国共产党廉洁自律准则》《关于新形势下党内政治生活的若干准则》，适用于全党。

（2）有的规范某一部分党组织，如 2015 年 12 月 25 日施行的《中国共产党地方委员会工作条例》第 2 条规定“本条例适用于党的省、自治区、直辖市，设区的市和自治州，县（旗）、自治县、不设区的市和市辖区委员会及其常务委员会。”因此，该条例适用于党的地方委员会。

（3）有的规范某一部分党员，如 2019 年 9 月 1 日施行的《中国共产党问责条例》第 5 条规定：“问责对象是党组织、党的领导干部，重点是党委（党组）、党的工作机关及其领导成员，纪委、纪委派驻（派出）机构及其领导成员。”因此，该条例适用于各级党委（党组）、党的工作部门及其领导成员，各级纪委（纪检组）及其领导成员，而不是全体党员。2012 年 12 月 4 日通过的十八届中央政治局《关于改进工作作风、密切联系群众的八项规定》，适用于中央政治局领导同志。

党内法规本来是规范党组织和党员行为的，但在有些情况下也可能适用于非党组织和非党员。例如，2019 年 3 月 3 日起施行的《党政领导干部选拔任用工作条例》，不仅适用于选拔任用中共中央、全国人大常委会、国务院、全国政协、中央纪律检查委员会工作部门领导成员或者机关内设机构担任领导职务的人员，国家监察委员会、最高人民法院、最高人民检察院领导成员（不含正职）和内设机构担任领导职务的人员，县级以上地方各级党委、人大常委会、政府、政协、纪委监委、法院、检察院及其工作部门领导成员或者机关内设机构担任领导职务的人员，上列工作部门内设机构担任领导职务的人员；而且在上列机关、单位选拔任用非中共党员领导干部时，也应当被参照执行。再如，2013 年 11 月印发的《党政机关厉行节约反对浪费条例》的适用范围除了党的机关，还包括人大、行政、政协、审判、检察等机关，工会、共青团、妇联等人民团体以及参照公务员法管理的事业单位。有人将这种现象称为党内法规的“溢出效应”，认为这与党内法规的定位不符，也与《中国共产党党内法规制定条例》的规定有所出入，并建议未来在党内法规建设的过程中，应该尽量避免党内法规的直接约束力覆盖党外的人和组织，尽量避免党政联合制定、发布党内法规的做法。①

溢出效应（Spillover Effect）原本是一个经济学上的术语，是指一个组织在进行某项活动时，不仅会产生活动所预期的效果，而且会对组织之外的人或社会产生影响。溢出效应适用于党内法规效力问题时，是指党内法规的效力本来是适用于党组织和党员，现在扩展到非党组织和非党员，因而有违党内法规的性质地位和调整对象，是一种需要极力避免的党内法规现象。那么，如何看待党内法规溢出效力问题呢？其实，党内法规的溢出效应理论是一个伪命题，存在诸多对党的全面领导的误读和对党内法规效力的误解。

首先，党内法规的溢出效应理论违背了“坚持党对一切工作的领导”原则。党的十九大报告提出：“党政军民学，东西南北中，党是领导一切的。必须增强政治意识、大局意识、核心意识、看齐意识，自觉维护党中央权威和集中统一领导，自觉在思想上政治上行动上同党中央保持高度一致，完善坚持党的领导的体制机制，坚持稳中求进工作总基调，统筹推进‘五位一体’总体布局，协调推进‘四个全面’战略布局，提高党把方向、谋大局、定政策、促改革的能力和定力，确保党始终总揽全局、协调各方。”根据党的十九大精神，党在中国特色社会主义事业中具有总揽全局、协调各方的领导核心地位，因此，党内法规建设也应当以坚持和加强党的全面领导为根本原则。在坚持和加强党的全面领导背景下，所有工作都是党领导下的具体工

① 李树忠．党内法规与国家法律关系的再阐释．中国法律评论，2017（2）．

作，都是党的路线方针政策的体现。党内法规作为管党治党的基本遵循和重要依据，自然可以通过对党组织和党员的规定来实现党对一切工作的领导。在我国，不存在离开党的领导而独立存在的工作，也不存在党内法规无法涉及的特殊领域，自然也就不存在所谓的“溢出效应”。

其次，党内法规的“溢出效应”理论是对党内法规效力的一种误读。党内法规效力可以分为直接效力和间接效力。党内法规的直接效力是指党内法规直接作用于其所调整的党组织和党员。所有的党组织和全体党员都有尊崇党章、遵守党规的义务，对违反党章党规党纪规定的党组织和党员，有权机关可以给予直接的处理制裁。党内法规除对党组织和党员有直接效力外，对非党组织和非党员其实也是有效力的，只不过这种效力是一种间接效力。因为，中国共产党是执政党，执政党的路线方针政策和决策部署并不仅仅对党组织和党员有影响力，它是影响全国的，还对全国人民都有着重要的影响。比如，党的十九大报告，虽然是在党的全国代表大会上作出的，但是党的十九大报告的影响力早已超出了党组织和全体党员的范围，而成为全国人民都要学习贯彻落实的重要内容。学习贯彻党的十九大精神不仅是全体党员的必修党课，也成为全国人民都要学习的政治必修课。因此，党的执政党地位决定了党内法规不仅直接约束党组织和党员，对非党组织的活动、工作和非党员的行为进行间接意义上的规范也是坚持党的全面领导的题中应有之义。这样的话，自然也就不存在什么党内法规的“溢出效应”。

最后，党内法规的“溢出效应”理论是对深化党和国家机构改革精神的一种背离。2018 年 2 月 28 日，中国共产党第十九届中央委员会第三次全体会议通过的《中共中央关于深化党和国家机构改革的决定》指出，加强党对各领域各方面工作领导，是深化党和国家机构改革的首要任务。要优化党的组织机构，确保党的领导全覆盖，确保党的领导更加坚强有力。《深化党和国家机构改革方案》指出，深化党中央机构改革，要着眼于健全加强党的全面领导的制度，优化党的组织机构，建立健全党对重大工作的领导体制机制，更好发挥党的职能部门作用，推进职责相近的党政机关合并设立或合署办公，优化部门职责，提高党把方向、谋大局、定政策、促改革的能力和定力，确保党的领导全覆盖，确保党的领导更加坚强有力。因此，“党政一体”成为新时代党和国家机构改革的一个基本趋向，在这个指导原则之下，党的机构和政府机关的权力边界在逐渐消解融合。比如，2018年6月27日，中央宣传部、文化和旅游部、国家税务总局、国家广播电视总局、国家电影局等联合印发相关通知，要求加强对影视行业天价片酬、“阴阳合同”、偷逃税等问题的治理，控制不合理片酬，推进依法纳税，促进影视业健康发展。这个带有党内规范性文件性质的通知实际上就是党的机构和政府机关联合作出的，是新时代“党政一体”权力运行原则的集中体现。在深化党和国家机构改革背景下，由党的机构和政府机关联合发文可以有效地避免政出多门、责任不明、推诿扯皮，使党和国家机构设置更加科学、职能更加优化、权责更加协同、监督监管更加有力、运行更加高效。因此，基于党总揽全局、协调各方的领导核心地位，以党政机关联合发文形式发布的党内法规，既适用于党组织、党员和党内事务，也适用于国家机关、社会组织、非党员和党外事务。这既符合深化党和国家机构改革精神，也有利于更好地发挥党内法规应有的规范指引作用，不存在所谓的“溢出效应”问题。

第二节　党内法规的效力位阶

效力等级是确立党内法规适用规则的前提，是指不同层级的制定机关制定的党内法规由于效力不同，因而形成相互关联、层级分明的效力等级体系。党内法规的效力等级体现不同党内法规在党内法规制度体系中的不同位阶。效力等级高的是上位党内法规，效力等级低的是下位党内法规。党内法规发生冲突时，一般遵循“上位法规优于下位法规”“特别规定优于一般规定”“新规定优于旧规定”等冲突规则。

一、上位法规优于下位法规

由于制定机关不同，党内法规的效力等级是不同的。制定机关地位的高低直接影响到其制定的党内法规的效力高低，地位高的制定机关制定的党内法规，效力高于地位低的制定机关制定的党内法规。不同层级的党内法规发生效力冲突时，应当选择适用位阶高的党内法规，这是党内法规效力等级的一般规则和首要规则。

根据《中国共产党党内法规制定条例》，党内法规的效力可以分为以下几个等级：

（1）党章。党章是党内根本大法，是最根本的党内法规，是制定其他党内法规的基础和依据。党章在党内法规中具有最高效力，其他任何党内法规都不得同党章相抵触。

（2）中央党内法规。中央党内法规由党的中央组织制定，主要规定党的地方组织和基层组织的产生、组成和职权，党员义务和权利的基本方面，党的各方面工作的基本制度等，是党内法规体系的主干部分。其效力低于党章，高于中央纪律检查委员会以及党中央工作机关和省、自治区、直辖市党委制定的党内法规，中央纪律检查委员会以及党中央工作机关和省、自治区、直辖市党委制定党内法规不得同中央党内法规和规范性文件相抵触。中央党内法规一般以中共中央文件、中共中央办公厅文件形式发布。

（3）部委党内法规。中央纪律检查委员会以及党中央工作机关制定的党内法规主要对党的某一方面工作或者事项作出具体规定，是党内法规体系的重要组成部分。其效力低于中央党内法规，高于省、自治区、直辖市党委制定的党内法规，省、自治区、直辖市党委制定的党内法规不得同中央纪律检查委员会以及党中央工作机关制定的党内法规相抵触。不同部委制定的党内法规对同一事项作出的规定相冲突的，提请党中央处理。部委党内法规一般采用中央纪律检查委员会、中央工作机关文件形式发布。

（4）地方党内法规。各省、自治区、直辖市党委制定的地方党内法规主要对本地区党的工作或者事项作出具体规定，是党内法规体系的重要组成部分。其内容不得同中央党内法规和部委党内法规相抵触。省、自治区、直辖市党委制定的党内法规一般采用省、自治区、直辖市党委文件、党委办公厅文件形式发布。

中央纪律检查委员会以及党中央工作机关和省、自治区、直辖市党委制定的党内法规有下列情形之一的，党中央予以责令改正或者撤销：(1) 同党章、党的理论和路线方针政策相抵触；(2) 同宪法、法律和行政法规相抵触；(3) 同上位党内法规和规范性文件相抵触；(4) 其他应当责令改正或者撤销的情形。

二、特别规定优于一般规定

从理论上说，党内法规整体上应当协调一致。但由于不同党内法规规范党内生活和党内关系的范围和角度不同，制定党内法规的时间有先有后，以及受制定者认识能力、制定技术等因素限制，同一机关制定的党内法规有时会出现不一致现象，给党内法规的执行和遵守造成混乱。在这种情况下，确立"特别规定优于一般规定"冲突规则是极其必要的。《中国共产党党内法规制定条例》第 33 条规定："同一制定机关制定的党内法规，一般规定与特别规定不一致的，适用特别规定；旧的规定与新的规定不一致的，适用新的规定。"

特别规定优于一般规定是就同一效力等级的两个或者更多党内法规而言的特殊规则。所谓特别规定，是指根据某种特殊情况和需要制定的调整某种特殊党内关系的规范。所谓一般规定，是指为了调整某类党内关系制定的规范。所谓特别规定优于一般规定，是指同一效力等级的两个或者更多党内法规，在适用时期、对象、事项、地域等方面，具有特别指向的特别规定优于适用范围广泛的一般规定。具体而言，适用于特定时期的党内法规优于适用于平时的党内法规，适用于特定组织和党员群体的党内法规优于适用于各级党组织和全体党员的党内法规，适用于特定事项的党内法规优于适用于一般事项的党内法规，适用于特定地域的党内法规优于适用于一般地域的党内法规。

三、新的规定优于旧的规定

随着党的建设深入推进，党内法规的一些规定可能过时，与党的建设新要求不相适应，需要加以修改完善。因此，党内法规发布后，在新的党内法规与旧的党内法规之间、新的规定与旧的规定之间，可能产生不一致。在这种情况下，确立“新规定优于旧规定”冲突规则是极其必要的。对此《中国共产党党内法规制定条例》第33条专门规定：“同一制定机关制定的党内法规，一般规定与特别规定不一致的，适用特别规定；旧的规定与新的规定不一致的，适用新的规定。”

新的规定优于旧的规定是就同一效力等级的两个或者更多党内法规而言的特殊规则，是指就同一事项作出不同规定时，后制定的党内法规的效力优于先制定的党内法规的效力。主要有两种情况：一是新的党内法规发布后，旧的党内法规被废止，自然适用新的党内法规；二是新的党内法规虽然发布，但旧的党内法规并未被废止，在两部党内法规涉及的内容相同或者相似的情况下，适用新的党内法规。修改后的党内法规，更加符合发展变化了的新情况，体现了制定机关作出的新调整，应当优先适用。

第三节　党内法规的效力机制

党内法规具有规范效力，违反党内法规的规定，必然要承担相应的规范责任，否则，党内法规就会形同虚设。责任机制是确保党内法规效力的重要机制，党组织和党员违反党章和其他党内法规，违反国家法律法规，违反党和国家政策，违反社会主义道德，危害党、国家和人民利益的行为，依照党内法规规定应当给予纪律处理或者处分的，都必须受到追究。管党治党责任是最根本的政治责任，是全面从严治党与依规治党相结合的必然结果。全面从严治党说到底是个责任问题，不明确责任、不落实责任、不追究责任，全面从严治党就是一句空话。各级党委（党组）要强化全面从严治党主体责任，肩负管党治党主体责任，党委（党组）书记是第一责任人，决不能当“甩手掌柜”，要切实把管党治党当作分内之事、应尽之责，真正把担子担起来，种好自己的“责任田”。落实主体责任能否形成长效机制，很大程度取决于相关的制度建设是否配套跟进。以深入推进党的建设制度改革为契机，建立健全选人用人、防错纠错、源头防腐、“三重一大”决策等制度机制，增强落实主体责任的严肃性和严密性。按照“谁主管、谁负责”的原则，通过听取汇报、检查指导、诫勉谈话等方式，加大制度执行和权力运行的监督检查力度，将压力层层传导下去，把责任压紧压实。《中国共产党党内法规制定条例》第 36 条规定：“坚持制定和实施一体推进，健全党内法规执行责任制，加大党内法规宣传、教育、培训力度，对党内法规执行情况、实施效果开展评估，加强监督执纪问责，确保党内法规得到有效实施。”《中国共产党党内法规执行责任制规定（试行）》第 10 条也规定：“党的纪律检查机关应当带头严格执行党内法规，并对其他党组织和党员领导干部履行执规责任进行监督检查，切实维护党章和其他党内法规。”当前，比较重要的党内法规责任形式是党风廉政建设责任制、党建工作责任制和意识形态工作责任制，这三大主体责任既是党内法规执行责任制的核心内容，也是新时代管党治党的主要抓手。

一、党风廉政建设责任制

党风廉政建设责任制是指各级党委（党组）、政府（行政）及其职能部门的领导班子、领导干部在党风廉政建设中应当承担责任的制度。党风廉政建设的责任主体为各级党政领导班子及其成员，各级党政领导班子中的正职为本地区、本部门、本单位党风廉政建设第一责任人。党风廉政建设责任制的法规依据是 2010 年 11 月 10 日颁布的《关于实行党风廉政建设责任制的规定》，其中第 6 条规定：“领导班子对职责范围内的党风廉政建设负全面领导责任。领导班子主要负责人是职责范围内的党风廉政建设第一责任人，应当重要工作亲自部署、重大问题亲自过问、重点环节亲自协调、重要案件亲自督办。领导班子其他成员根据工作分工，对职责范围内的党风廉政建设负主要领导责任。”

党风廉政建设责任制是新时代全面从严治党三大主体责任之首，也是新时代党内法规制度建设的重要内容，贯穿于各部重要的党内法规之中。例如，2017 年 12 月 20 日施行的《中国共产党党务公开条例（试行）》第 22 条规定：“党的组织应当建立健全党务公开工作督查机制，开展经常性检查和专项督查，专项督查可以与党风廉政建设责任制检查考核、党建工作考核等相结合。督查情况应当在适当范围通报。”2017 年 3 月 1 日施行的《中国共产党工作机关条例（试行）》第 22 条第 2 款规定：“党的工作机关领导班子应当认真履行全面从严治党主体责任，落实党风廉政建设责任制，模范执行廉洁自律各项规定，坚决维护党的纪律，推动形成风清气正、干事创业的良好环境。”因此，坚持全面从严治党必须要压实党风廉政建设责任制，在党内法规制度体系建设中贯彻和体现党风廉政建设责任制要求，在每一部党内法规中都要体现出党风廉政建设责任制、全面从严治党精神。

二、党建工作责任制

党建工作责任制是加强党的建设的管理机制，主要规定党建工作的各项制度、目标任务、工作责任、保障机制等。建立健全党建工作责任制，目标是要形成党委统一领导，一把手负总责，分管领导具体负责，党的各级组织抓落实的党的建设工作格局。党建工作责任制实行集体领导与个人分工负责相结合，各级领导干部“一岗双责”，谁主管谁负责，一级抓一级，层层抓落实，做到党建工作与教育、管理等工作一起部署、落实、检查、考核、总结。2014 年 10 月 8 日，习近平同志在党的群众路线教育实践活动总结大会上指出，各级各部门党委（党组）必须树立正确政绩观，坚持从巩固党的执政地位的大局看问题，把抓好党建作为最大的政绩。如果我们党弱了、散了、垮了，其他政绩又有什么意义呢？各级党委要把从严治党责任承担好、落实好，坚持党建工作和中心工作一起谋划、一起部署、一起考核，把每条战线、每个领域、每个环节的党建工作抓具体、抓深入，坚决防止“一手硬、一手软”①。

“把抓好党建作为最大的政绩”，习近平同志提出的这个重大论断，使党建工作上升到前所未有的高度。这就要求全体党员必须进一步深刻领会加强和改进党的建设的极端重要性，真正把党建工作摆到更加突出位置，真正扛起全面从严治党的政治责任。党内法规制度建设是党的建设的重要内容和有力保证。在党内法规制度建设中，党建工作责任制是多部党内法规规定的重要的责任机制。例如，2019 年 12 月 30 日施行的《党委（党组）书记抓基层党建工作述职评议考核办法（试行）》第 2 条规定：“开展党委（党组）书记抓基层党建工作述职评议考核，必须坚持以习近平新时代中国特色社会主义思想为指导，把党的政治建设摆在首位，全面从严治党；坚持围绕中心、服务大局，推动基层党建与中心工作深度融合；坚持书记抓、抓书记，强化责任落实；坚持分类指导、务求实效，重在解决问题，坚决防止形式主义。”2019 年 11 月 29 日修订的《中国共产党党和国家机关基层组织工作条例》第 35 条规定：“党组（党委）领导机关和直属单位党组织的工作，履行全面从严治党主体责任。党组（党委）应当定期研究机关党建工作，督促落实各项任务。通过机关基层党组织了解机关工作人员的思想情况，以及对重要决策和领导干部廉洁自律等方面的反映和意见，支持机关基层党组织对党员特别是党员领导干部进行监督。建立健全党建工作制度体系，加强党建工作保障。党组（党委）主要负责人履行第一责任人职责，其他成员按照‘一岗双责’要求抓好职责范围内党建工作。党组（党委）每年在本单位一定范围内通报抓机关党建工作情况、接受评议。”2014 年 5 月 28 日公布的《中国共产党发展党员工作细则》第 38 条规定：“各级党委应当把发展党员工作列入重要议事日程，纳入党建工作责任制，作为党建工作述职、评议、考核和党务公开的重要内容。”2015 年 6 月 11 日施行的《中国共产党党组工作条例（试行）》第 13 条规定：“党组应当认

---

① 习近平．在党的群众路线教育实践活动总结大会上的讲话．人民日报，2014－10－09．

真履行党要管党、从严治党责任，加强对本单位党的建设的领导，落实党建工作责任制。党组书记应当履行抓党建第一责任人的职责，其他党组成员根据分工抓好职责范围内党的建设工作。”因此，党内法规制度建设应当以加强和完善党的全面领导为出发点，以“把抓好党建作为最大的政绩”作为价值目标，完善工作机制，夯实主体责任，确保党建工作责任制的落地生根。

三、意识形态工作责任制

意识形态工作关乎旗帜、关乎道路、关乎国家政治安全。旗帜指引方向，道路决定命运，因此，意识形态涉及的都是原则性、战略性和根本性问题，涉及党治国理政、管党执政的合法性和正当性，涉及中国特色社会主义事业的方向性和导向性。从意识形态角度来看，要想高举旗帜，坚定道路，维护好国家政治安全，就必须始终坚持党管意识形态原则，核心就是坚持正确的政治方向，站稳政治立场，坚决同党中央保持高度一致，坚决维护中央权威。因此，意识形态的首要问题就是举什么旗、走什么路问题，在这个问题上，一定要政治态度鲜明、政治立场坚定、政治认识清醒，高举中国特色社会主义旗帜不含糊，坚定中国特色社会主义道路不动摇，以对党和人民事业负责的态度牢牢掌握意识形态工作的领导权、管理权。

意识形态工作的极端重要性首次提出于 2013 年 8 月 19 日至 20 日召开的全国宣传思想工作会议。在这次会议上，习近平同志振聋发聩地指出，经济建设是党的中心工作，意识形态工作是党的一项极端重要的工作。[①] 能否做好意识形态工作，事关党的前途命运，事关国家长治久安，事关民族凝聚力和向心力。因此，必须把意识形态工作的领导权、管理权牢牢掌握在手中，任何时候都不能旁落，否则就要犯无可挽回的历史性错误。为了贯彻落实习近平同志关于做好意识形态工作的重要论述，2015 年 10 月 3 日，中共中央办公厅颁布了《党

① 胸怀大局把握大势着眼大事．努力把宣传思想工作做得更好．人民日报，2013-08-21.

委（党组）意识形态工作责任制实施办法》，指出：全党要强化党管宣传、党管意识形态，牢牢掌握意识形态工作的领导权主动权，要进一步明确各级领导干部的意识形态工作责任，坚决守好“责任田”。要不断改进和加强宣传思想工作，着力加强宣传思想阵地建设与管理，进一步加强思想政治教育队伍建设。要高度重视网络安全，进一步提升网络舆论引导水平，严密防范网上意识形态渗透，牢牢把握网络意识形态主导权。这是党的十八大以来意识形态领域的第一部中央党内法规，是党的历史上第一次以党内法规的形式对意识形态工作责任制作出制度规定，具有里程碑意义。2016 年，中共中央办公厅又颁布了《党委（党组）网络意识形态工作责任制实施细则》，明确网络意识形态工作是意识形态工作的重中之重，各班子成员要按照属地管理、分级负责和谁主管谁负责的原则，对分管网络意识形态工作负主体责任，应当带头抓网络意识形态工作，并严格按照“一岗双责”的要求，抓好网络意识形态工作。

为了确保意识形态工作责任制落到实处，从 2016 年年底十八届中央第十一轮巡视开始，党中央把意识形态工作责任制落实情况纳入巡视工作安排。2017 年 7 月 1 日，党中央对《中国共产党巡视工作条例》进行修改，明确将“落实意识形态工作责任制不到位”问题列入第 15 条规定的“违反政治纪律和政治规矩，存在违背党的路线方针政策”的言行之中。对意识形态工作责任制落实情况进行监督检查是《中国共产党巡视工作条例》与《党委（党组）意识形态工作责任制实施办法》这两部重要党内法规的有机结合，深化了巡视内容、丰富了巡视手段、创新了巡视制度设计，在党的历史上、在巡视工作发展史上、在意识形态工作发展史上都具有里程碑意义。2019 年 4 月，中央政治局会议审议通过了《中国共产党宣传工作条例》，里面专设一章对意识形态建设进行了规定。2020 年 5 月，中央政治局会议修订了《党委（党组）意识形态工作责任制实施办法》，对新形势下的意识形态工作提出了新的要求。这些意识形态领域的重要党内法规，为不断增强党的政治领导力、思想引领力，为夺取新时代中国特色社会主义胜利、实现中华民族伟大复兴的中国梦提供了坚强的制度保障。

第八章　党内法规制定

制定党内法规是党内法规制度建设的逻辑起点，是形成完善的党内法规体系的关键环节，是推进依规治党、制度治党的前提基础。党内法规制定有广义和狭义之分，广义上的党内法规制定包括党内法规的制定、修改、解释和清理等工作和活动。狭义上的党内法规制定仅指党内法规的制定环节。本章采用的是广义上的概念。加强党内法规制定工作，有利于推进中国共产党的科学执政、民主执政、依法执政，有利于推进党内法规制度建设的规范进行，有利于提升党内法规制定的前瞻性、民主性和科学性，有利于保障党内法规的权威性、严肃性和执行力。

第一节　党内法规制定

一、党内法规制定的总体要求

立法是全面依法治国的前提和基础，立法质量直接关系到法治的质量。党的十九大报告指出，以良法促进发展、保障善治。当前，我国全面深化改革已进入攻坚期和深水区，推进深化改革必然要涉及一些重大利益关系的调整，必然要涉及牵动全局的敏感问题和重大问题。因此，必须在法治下推进改革、在改革中完善法治，不断提升立法质量，积极发挥立法引导、推动、规范、保障改革的作用，做到重大改革于法有据。国家法律如此，党内法规也应当如此。需要注意的是，本节中的“党内法规制定”采用的是狭义上的概念。

质量是法规制度的生命，质量高低直接关系到实施效果。制定法规制度必须牢牢抓住质量这个关键，保证每项法规制度都立得住、行得通、管得了。中国共产党一直就重视党内法规制定质量问题，早在1990年7月31日，中共中央就印发了《中国共产党党内法规制定程序暂行条例》，其在立法目的中开宗明义地提出：“为使党内法规制定程序科学化、规范化，提高工作效率，保证党内法规质量，根据《中国共产党章程》和党的建设的实践经验，制定本条例，”并在正文中对党内法规的规划、起草、审定、发布、解释等程序进行了明确规定，在当时对提高党内法规制定质量、规范党内法规制定程序起到了重要而积极的作用。

党的十八大之后，中共中央对党内法规工作高度重视，作出了一系列重大决策部署，推动了党内法规工作取得了一系列重大进展。2013年11月，中共中央公布了《中央党内法规制定工作五年规划纲要（2013—2017）》，为随后五年的中央党内法规制定工作明确了“时间表”、“路线图”和“任务书”。该纲要确定了党内立法的三个基本原则：一是按照分级立法的原则，由中央办公厅会同有关部门制定规划和计划，中央纪委、党中央工作机关根据自己的职责权限，按照一定的程序对党员和党组织的行为作出规范，并适时予以公布，使各级党组织和广大党员有规可依。二是按照开门立法的原则，鼓励党员甚至党外群众有序参与到党内立法工作中来，鼓励和尊重专家学者对党内立法提出咨询意见和政策建议，一些党内法规的初稿和征求意见稿可以通过媒体、网络予以公布，广泛听取党员群众的意见，做到民主立法、科学立法、依法立法。三是按照党内法规和国家法律相衔接整合的原则，将基层一些成熟的做法和经验，上升为政策；成熟的并带有普遍适用性的政策上升为党内法规；条件成熟时，可以将党内法规经过法定程序由国家立法机关制定成为国家法律。

2019年8月30日中共中央政治局会议修订了《中国共产党党内

法规制定条例》《中国共产党党内法规和规范性文件备案审查规定》。这两部党内法规被称为党内“立法法”，对推动以党内法规制度建设为核心环节的党的制度建设，提升党的建设的科学化水平，丰富拓展执政党建设的新路子具有重要意义。这两部党内法规的修订公布，进一步表明中共中央高度重视党内法规制度建设，希望通过规范党内法规的制定、审查、备案和清理活动，来促进从严治党，推进科学执政、民主执政、依法执政，有利于推进党内法规制度建设的规范进行，有利于提升党内法规制定的前瞻性、民主性和科学性，有利于保障党内法规的权威性、严肃性和执行力。

二、党内法规制定的主体权限

党内法规制定工作由党中央集中统一领导，日常工作由中央书记处负责。中央办公厅承担党内法规制定的统筹协调和督促指导工作。

（一）党内法规的制定主体

党内法规是党的中央组织，中央纪律检查委员会以及党中央工作机关和省、自治区、直辖市党委制定的体现党的统一意志、规范党的领导和党的建设活动、依靠党的纪律保证实施的专门规章制度。根据党内法规的界定，可以看出党内法规主要有三类主体，分别为：

（1）党的中央组织。主要包括党的全国代表大会、党的全国代表会议、党的中央委员会、中央政治局及其常务委员会。

（2）中央纪律检查委员会以及党中央工作机关。主要包括中共中央纪律检查委员会机关、中共中央办公厅、中共中央组织部、中共中央宣传部、中共中央统战部、中共中央对外联络部、中共中央政法委员会机关、中共中央对外宣传办公室、中国共产党中央和国家机关工作委员会等。

（3）省、自治区、直辖市党委。在地方党内法规的制定中，除省、自治区、直辖市党委可以就其职权范围内有关事项制定党内法规外，需要特别注意的是，2016 年 12 月 13 日印发的中共中央《关于加强党内法规制度建设的意见》提出，探索赋予副省级城市和省会城市党委在基层党建、作风建设等方面的党内法规制定权。据此，2017

年5月，党中央决定在沈阳、福州、青岛、武汉、深圳、南宁、兰州等7个副省级城市和省会城市开展党内法规制定试点，为期1年。各试点城市将围绕基层党建、作风建设，率先探索制定出台符合地方实际、操作性强、务实管用的党内法规，为推动全面从严治党向基层延伸提供制度支撑，为全国提供可复制可推广的经验。据此可以推论，将来党内法规的制定主体也有可能会进一步扩大到副省级城市和省会城市党委，从而将其增列为新的党内法规制定主体。

（二）党内法规的制定权限

党内法规的作用在于规范党的领导和党的建设活动，调整党组织和党员的行为和活动。因而，制定党内法规，主要就以下事项作出规定：（1）党的各级各类组织的产生、组成、职权职责；（2）党的领导和党的建设的体制机制、标准要求、方式方法；（3）党组织工作、活动和党员行为的监督、考核、奖惩、保障；（4）党的干部的选拔、教育、管理、监督。同时，根据法律保留原则，凡是涉及创设党组织职权职责、党员义务权利、党的纪律处分和组织处理的，只能由党内法规作出规定。

不同层级的党内法规具有不同的调整事项，不同层级的党组织也具有不同的制定权限。

1. 党的中央组织的党内法规制定权限

党的中央组织就下列事项制定中央党内法规：（1）党的性质和宗旨、路线和纲领、指导思想和奋斗目标；（2）党的各级各类组织的产生、组成和职权职责的基本制度；（3）党员义务权利方面的基本制度；（4）党的领导和党的建设各方面的基本制度；（5）涉及党的重大问题的事项；（6）党的纪律处分和组织处理方面的基本制度；（7）其他应当由中央党内法规规定的事项。上述这7项内容，都是涉及党的性质和本质的根本性问题、涉及党组织和党员的义务和权利的重要内容，涉及党的领导和党的建设的制度性问题，所以都应当由党中央组织统一规定，而不能由党的各工作机关和地方组织各自为政。为了进一步强化中央党内法规的效力和权威，《中国共产党党内法规制定条例》第9条第2款还专门规定：“凡是涉及党中央集中统一领导的事项，只能由中央党内法规作出规定。”

2. 中央纪律检查委员会以及党中央工作机关的党内法规制定权限

中央纪律检查委员会以及党中央工作机关就其职权范围内下列有关事项制定党内法规：(1) 为贯彻执行中央党内法规作出配套规定；(2) 履行党章和中央党内法规规定的党的工作相关职责。除此之外，为了更好地履行管党治党职责，对确有必要的，经党中央批准，有关中央国家机关部门党委可以就特定事项制定党内法规。

3. 省、自治区、直辖市党委的党内法规制定权限

省、自治区、直辖市党委就其职权范围内的下列有关事项制定党内法规：(1) 为贯彻执行中央党内法规作出配套规定；(2) 履行党章和中央党内法规规定的领导本地区经济社会发展和负责本地区党的建设的相关职责。

(三) 党内法规制定的特殊情形

1. 授权制定

根据党中央授权，就应当制定中央党内法规的有关事项，中央纪律检查委员会以及党中央工作机关和省、自治区、直辖市党委可以先行制定党内法规，待条件成熟时再制定中央党内法规。根据党中央授权制定党内法规的，制定机关应当严格遵循授权要求，及时向党中央请示报告有关重大事项，经报党中央批准后方可发布。

2. 联合制定

涉及两个以上部委职权范围的事项，有关部委应当联合制定党内法规或者提请党中央制定中央党内法规。制定党内法规涉及政府职权范围事项的，可以由党政机关联合制定。

3. 配套制定

上位党内法规明确要求制定配套党内法规的，应当及时制定；没有要求的，一般不再制定。制定配套党内法规，不得超出上位党内法规规定的范围，作出的规定应当明确、具体，具有针对性、可操作性。除非必要情况，对上位党内法规已经明确规定的内容不作重复性规定。在配套制定工作中，凡是中央党内法规提出明确要求的，都要

及时制定细化具体、针对性和可操作性强的配套法规，但不能简单照抄照转，确保中央党内法规落地生根。同时，对中央党内法规暂未明确规定的事项，可以在符合中央精神的前提下，按照职责权限大胆探索、先行先试，积极进行制度创新，为制定中央党内法规积累实践经验。

三、党内法规制定的基本程序

《中国共产党党内法规制定条例》及《中国共产党党内法规和规范性文件备案审查规定》，不仅仅是完善党内法规制定体制机制的重要制度，还是提高党内法规制定质量的重要抓手。与1990年的《中国共产党党内法规制定程序暂行条例》相比，2012年发布、并于2019年修订的《中国共产党党内法规制定条例》，都将原条例名称中的“程序”二字删去，表明新的修订不仅仅是对党内法规制定程序方面的修补完善，同时还增加了党内法规制定工作的实体性要求，特别是对党内法规制定权限作出专门规定，明确了哪些事项只能由党的中央组织制定、哪些事项可以由中央纪委、中央工作机关或省、自治区、直辖市党委制定，有利于从根本上避免或减少无权制定、越权制定、重复制定等无序制定现象，确保党内法规制度体系的统一性和权威性。同时，将省、自治区、直辖市党委制定党内法规纳入适用范围，有助于解决该层级党委制定党内法规的做法不够规范的问题。

1. 党内法规制定工作的规划与计划

党内法规制定工作的规划与计划是制定党内法规的基本依据，因此，制定党内法规应当统筹进行，科学编制党内法规制定工作五年规划和年度计划，突出重点、整体推进，构建内容科学、程序严密、配套完备、运行有效的党内法规体系。党内法规制定工作规划和计划在执行过程中，可以根据实际情况进行调整。

根据党内法规效力层级的不同，党内法规制定规划与计划也有所不同。其中，中央党内法规制定工作五年规划，由中央办公厅对中央纪律检查委员会以及党中央工作机关和省、自治区、直辖市党委提出的制定建议进行汇总，并广泛征求意见后拟订，经中央书记处办公会议讨论，报党中央审定。中央党内法规制定工作年度计划，由中央办公厅对中央纪律检查委员会以及党中央工作机关每年年底前提出的下一年度制定建议进行汇总后拟订，报党中央审批；而中央纪律检查委员会以及党中央工作机关和省、自治区、直辖市党委可以根据职权和实际需要，编制本系统、本地区党内法规制定工作规划和计划。中央纪律检查委员会以及党中央工作机关和省、自治区、直辖市党委提出的中央党内法规制定建议，应当包括党内法规名称、制定必要性、报送时间、起草单位等。

2. 党内法规的起草程序

党内法规的起草程序主要包括党内法规的起草主体、草案内容、起草要求等内容。

首先，不同层级的党内法规有不同的草案起草主体。中央党内法规按其内容一般由中央纪律检查委员会以及中央有关部门等起草，综合性党内法规由中央办公厅协调中央纪律检查委员会以及中央有关部门等起草或者成立专门起草小组起草。特别重要的中央党内法规由党中央组织起草。中央纪律检查委员会以及党中央工作机关和省、自治区、直辖市党委制定的党内法规，由其自行组织起草。

其次，党内法规草案的内容有明确的程序性要求，一般应当包括下列内容：(1) 名称；(2) 制定目的和依据；(3) 适用范围；(4) 具体规范；(5) 解释机关；(6) 施行日期等内容。

最后，党内法规的起草应当坚持“于法周延、于事简便”的制定原则，符合“方向正确，内容明确，逻辑严密，表述准确、规范、简洁，具有可操作性”的起草要求。具体要求有：一是深入调查研究。为了确保党内法规草案的科学性和实践指导性，起草党内法规的部门和单位在起草党内法规时，应当深入调查研究，全面掌握实际情况，认真总结历史经验和新的实践经验，充分了解各级党组织和广大党员的意见和建议。必要时，可以吸收党委及其工作机关法律顾问和有关专家学者参加调查研究，或者委托专门机构开展。起草党内法规的部门和单位，应当就涉及其他部门和单位工作范围的事项，同有关部门和单位协商一致。经协商未能取得一致意见的，应当在报送党内法规草案时对有关情况作出说明。二是与现行党内法规相衔接。起草党内法规时，应当与现行党内法规相衔接。对同一事项，如果需要作出与现行党内法规不一致的规定，应当在草案中作出废止或者如何适用现行党内法规的规定，并在报送草案时说明情况和理由。三是广泛征求意见。党内法规草案形成后，应当广泛征求意见。征求意见范围根据党内法规草案的具体内容确定，必要时在全党范围内征求意见。征求意见时应当注意听取党的代表大会代表和基层党员、干部以及有关专家学者的意见。与群众切身利益密切相关的党内法规草案，应当充分听取群众意见。征求意见可以采取书面形式，也可以采取座谈会、论证会、网上征询等形式。四是同时报送草案制定说明。起草部门和单位向审议批准机关报送党内法规草案，应当同时报送草案制定说明。制定说明应当包括制定党内法规的必要性、主要内容、征求意见情况、同有关部门和单位协商情况等。

3. 党内法规的审批与发布程序

党内法规的审批与发布程序是党内法规制定程序的核心环节和关键要素，决定着党内法规制定质量的高低。

（1）党内法规的审议批准主体及其权限。

根据党内法规的起草主体和起草内容的不同，党内法规的审议批准主体也有所不同。总的来看，准则草案一般由中央委员会全体会议审议批准；条例草案一般由中央政治局会议审议批准；规定、办法、规则、细则草案一般由中央政治局常委会会议审议批准；对调整范围单一或者配套性的规定、办法、规则、细则草案，可以采取传批方式，由中央办公厅报党中央审批。在实践中，党内法规的审议批准，一般按照下列职权进行：

1）涉及党的中央组织、中央纪律检查委员会产生、组成和职权的党内法规，以及涉及党的重大问题的党内法规，由党的全国代表大会审议批准。

2）涉及党的地方组织和基层组织产生、组成和职权的党内法规，涉及党员义务和权利方面基本制度的党内法规，以及涉及党的各方面工作基本制度的党内法规，由党的中央委员会全体会议、中央政治局会议或者中央政治局常务委员会会议审议批准。

3）应当由中央发布的其他党内法规，根据情况由中央政治局常务委员会会议审议批准，或者按规定程序报送批准。

4）中央纪律检查委员会以及党中央工作机关制定的党内法规草案，由其领导机构会议审议批准。

5）省、自治区、直辖市党委制定的党内法规草案，由党委全体会议或者常委会会议审议批准。

（2）党内法规的主要审核内容。

审议批准机关收到党内法规草案后，交由所属法规工作机构进行前置审核。前置审核主要审核下列内容：

1）是否符合增强“四个意识”、坚定“四个自信”、做到“两个维护”等政治要求；

2）是否同党章、党的理论和路线方针政策相抵触；

3）是否同宪法和法律不一致；

4）是否同上位党内法规和规范性文件相抵触；

5）是否与其他同位党内法规和规范性文件对同一事项的规定相冲突；

6）是否就涉及的重大问题与有关部门和单位协商；

7）是否存在谋求部门利益和地方保护问题；

8）是否符合制定权限、程序以及规范表述要求。

对存在问题的党内法规草案，法规工作机构经批准可以向起草部门和单位提出修改意见。如起草部门和单位不采纳修改意见，法规工作机构可以向审议批准机关提出修改、缓办或者退回的建议。

（3）审议批准后的发布程序。

经审议批准的党内法规草案，由法规工作机构审核并按照程序报批后发布。中央党内法规采用中央文件形式发布。中央纪律检查委员会制定的党内法规采用中央纪律检查委员会文件形式发布。党中央工作机关制定的党内法规采用党中央工作机关文件形式发布。省、自治区、直辖市党委制定的党内法规采用党委文件或者党委办公厅文件形式发布。发布时，党内法规标题应当添加题注，载明制定机关、通过日期、发布日期。

需要注意的是，现行《中国共产党党内法规制定条例》第 29 条第 3 款规定，“党内法规除涉及党和国家秘密不得公开或者按照有关规定不宜公开外，应当在党报党刊、重点新闻网站、门户网站等党的媒体上公开发布”，由此确立了“以公开发布为常态、以不公开发布为例外”的原则。这样更符合法的公开透明的基本品性，有利于提高党内法规的知晓率，进而监督相应法规的贯彻执行，体现了中国共产党管党治党的民主性、科学性、先进性。

另外，根据《中国共产党党内法规制定条例》第 30 条的规定，实际工作迫切需要但还不够成熟的党内法规，可以先试行。试行期限一般不超过 5 年。“试行”和“暂行”是党内法规制定中经常使用的词汇，一般认为，党内法规中含“暂行”字样的，是指文件规定得相对比较简单概括，以便以后修订；党内法规中含有“试行”字样的，表示文件有待进一步成熟，虽然规定得比较全面仔细，但可能不够严密，以便以后作进一步修改完善。尽管从实践效果上讲，“试行”和“暂行”是一种切实可行的党内法规制定方式，但“试行”和“暂行”毕竟是立法技术不成熟的一种妥协结果，不宜在党内法规制定中频繁使用，更不能将“试行”和“暂行”当作正常立法来长期使用。据不完全统计，1978—2012 年间制定的 176 个党内法规中，标注“暂行”的有 44 个、“试行”的有 43 个，占全部党内法规的 49.4%。不仅如此，还有相当一部分党内法规长期戴着试行、暂行的帽子，有的一试行就是二三十年。① 针对这种不良立法现象，2012 年 12 月 4 日，习近平总书记在中央政治局会议上明确指出，规定就是规定，不加“试行”两字，就是要表明一个坚决的态度，表明这个规定是刚性的。“试行”给人的感觉是还有点含糊。但先按这个规定去做，做了以后真正推开了，一两年后再完善。中央纪委有那么多规定，不也就规定下去了？反正要不断地去约束。最重要的是要抓好落实，言必行、行

① 李忠. 构建依规治党法规制度体系研究. 西北大学学报（哲学社会科学版），2017（5）.

必果。我们说了不是白说，说了就必须做到，把文件上写的内容一一落到实处。因此，不断提高党内法规制定技巧，完善党内法规制定技术，减少党内法规制定中的“试行”和“暂行”数量，就成为提高党内法规制定质量的一个重要内容。

第二节 党内法规修改

党内法规的修改是指党内法规制定机关依照有关规定对现行党内法规的某些部分加以变更、删除或补充的立规活动，其直接目的是适应经济社会发展的需要而不断完善现有党内法规制度体系。在实践中，党内法规修改主要有三种形式：修订、修改决定和修正案。其中，修正案形式用于对党章的修改，修订形式与修改决定形式用于对其他党内法规的修改，具体区别是：修订形式适用于对党内法规的全面修改；修改决定形式适用于对党内法规的部分修改。

一、党章的修改

党章是一个政党为实现党的纲领、开展正规活动、规定党内事务所制定的根本法规，是党赖以建立和活动的法规体系的基础，是党的各级组织和全体党员必须遵守的基本准则和规定，具有最高党法、根本大法的效力。党章一般由党的全国代表大会制定和通过，它的内容上要求规定党纲、组织机构、组织制度、党员条件、党员的权利义务、党的纪律等。党章的内容随着形势的发展、任务的变化、斗争的需要和党员的情况，定期进行修改。

1. 党章的修改主体

党章是最根本的党内法规，是制定其他党内法规的基础和依据，对党的性质和宗旨、路线和纲领、指导思想和奋斗目标、组织原则和组织机构、党员义务权利以及党的纪律等作出根本规定。为了保障党章的权威性、稳定性，对党章的修改要求自然也不同于其他的普通党内法规的。由于党章的法典化程度较高、稳定性较强，党章修改一般采取修正案的形式。在党内法规实践中，修正案是指党章制定机关通过一个修正决议案对党章条文作出修改的一种立规形式。这一点与作为国家最高法的宪法的修改比较相似。

《中国共产党党内法规制定条例》第40条规定：“党内法规的修改，适用本条例。党章的修改适用党章的规定。”党章中关于党章修改的规定主要是《中国共产党章程》第20条，其规定：“党的全国代表大会的职权是：（1）听取和审查中央委员会的报告；（2）审查中央纪律检查委员会的报告；（3）讨论并决定党的重大问题；（4）修改党的章程；（5）选举中央委员会；（6）选举中央纪律检查委员会。”其中第4项明确强调修改党的章程是党的全国代表大会的固有职权。因此，党章修改的主体只能是党的全国代表大会，除此之外的党的其他机关都无权修改党章。

党的全国代表大会一般是每五年举行一次，由中央委员会召集。在党的历史上，唯一的不是由党的全国代表大会通过的党章是1927年6月1日由党的五大选举产生的中央政治局通过的《中国共产党第三次修正章程决案》。党章最近的一次修改是2017年10月24日党的十九大表决通过的关于《中国共产党章程（修正案）》的决议，共修改107处，其中总纲部分修改58处，条文部分修改49处。

2. 党章的历次修改情况

世界无产阶级政党的第一部章程是由马克思、恩格斯制定并于1847年11月29日到12月8日召开的共产主义者同盟第二次代表大会上通过的《共产主义者同盟章程》。中国共产党在1921年召开了一大，由于当时条件的限制，一大提出并制定了党纲，没有来得及制定党章。中国共产党的第一个章程，是1922年党的第二次全国代表大会通过的，其名称是《中国共产党章程》。根据形势和任务的变化，二大以后的历次代表大会（五大除外）均对党章作出不同程度的修改。由于当时的特殊环境，五大未对党章进行修改，而在会后由中央政治局对党章进行修改。现行党章是1982年9月党的十二大修改制定的。1987年11月，党的十三大对条文作了部分修改；1992年10月，党的十四大对总纲和条文作了部分修改；1997年9月，党的十五大对总纲作了个别修改；2002 年 11 月，党的十六大对总纲和条文作了部分修改；2007 年 10 月，党的十七大对总纲和条文作了部分修改；2012 年 11 月 14 日，党的十八大对总纲和条文作了部分修改；2017 年 10 月 24 日，党的十九大对总纲和条文作了较大修改。截至目前，中国共产党对党章一共进行了 17 次修改。党章的历次修改情况简要列举如下。

一大党纲：提出党的政治主张。1921 年 7 月，党的一大制定的《中国共产党第一个纲领》，以高度凝炼的文字确定了党的名称，提出了党的政治主张。这表明中国共产党从成立起，就是一个用马克思列宁主义武装起来的、以实现共产主义为奋斗目标的、完全新型的无产阶级政党。

二大党章：制定党内纪律规范。1922 年 7 月，党的二大通过的《中国共产党章程》，是中国共产党第一部正式党章，标志着党的创建工作基本完成。二大党章把“纪律”单独列为一章，详细规定了党内的纪律规范，以及对违纪党员的纪律处分。这表明，在严酷环境下诞生的中国共产党，一开始就以严密的组织和严格的纪律区别于其他任何政党。

三大党章：严格党员发展程序。1923 年 6 月，党的三大通过的《中国共产党第一次修正章程》，把入党介绍人从原来的 1 人增加为 2 人，第一次规定了党员候补期，这对于严格党员发展程序、提高党员质量具有重要意义。

四大党章：重视党支部的作用。1925 年 1 月，党的四大通过的《中国共产党第二次修正章程》，第一次规定凡有党员 3 人以上均得成立党支部。这表明中国共产党高度重视党的基层组织建设，尤其注意发挥党支部的作用。四大党章首次把中央最高领导人的称谓改为总书记。

五大党章：提出党的组织原则。1927 年 6 月 1 日，由五大选举产生的中央政治局通过的《中国共产党第三次修正章程决案》，是唯一的不是由党的全国代表大会通过的党章。五大党章共 12 章 85 条，是中国共产党历史上条目最多的党章，内容比较完整系统，在党章发展史上具有重要的里程碑意义。五大党章第一次明确提出党的组织原则为民主集中制，将党的组织系统划分为中央组织、地方组织（省委、市委或县委、区委）和基层组织三个层次，并明确规定了各级党组织的职责任务；第一次规定设立中央政治局和中央常务委员会。这些规定对于危急形势下巩固和发展党的组织具有积极的促进作用。

六大党章：对民主集中制的完善。1928 年 6 月至 7 月，在大革命失败后的低潮中，中国共产党在莫斯科郊外召开了第六次全国代表大会。六大通过的党章具体规定了坚持民主集中制的三条原则，这对于健全完善党的民主集中制具有重要意义。

七大党章：确立毛泽东思想的指导地位。1945 年 4 月至 6 月，抗日战争即将取得胜利前夕，党的七大在延安召开。在长期斗争中逐渐成熟起来的中国共产党，对中国革命规律和党的建设规律的认识达到了新的水平。七大党章是我党独立自主制定的第一部党章。1945 年 6 月 11 日通过的《中国共产党党章》，是我党独立自主制定的第一部党章。七大党章共有 11 章 70 条。它的主要特点是：第一，在党章发展史上第一次增加了党章的总纲部分。总纲是党的最基本的政治纲领和组织纲领，是党章的前提和总则。第二，确定了毛泽东思想为全党的指导思想。第三，更加完善了党的民主集中制的原则，对扩大党内民主和实行集中统一领导作了详细的规定

八大党章：党执政以后制定的第一部党章。1956 年 9 月 26 日中共第八次全国代表大会通过的《中国共产党章程》，是中国共产党执政以后制定的第一部党章。新党章根据执政党的特点，提出了全面开展社会主义建设的任务，对贯彻党的民主集中制的根本原则作出了许多新规定。针对党处于执政党地位的情况，强调“必须不断地发扬党的工作中的群众路线的传统”。此外，八大党章对党的组织机构也作了一些新的规定。

九大党章：体现了错误方针。1969 年 4 月 14 日通过的《中国共产党章程》，体现了九大在思想上、政治上和组织上的错误方针。九大党章背离了八大党章的正确纲领，肯定了根据“无产阶级专政下的继续革命”的错误理论发动的“文化大革命”，否定了八大已经明确

的党的工作重点的转移和党领导社会主义四个现代化的任务；在组织原则上，取消了八大党章中关于发扬党内民主，加强党的集体领导，发挥下级组织的积极性、创造性等条文，并取消了五大以来设立的党的监察委员会。

十大党章：继续了“左”的错误。1973 年 8 月 28 日中共第十次全国代表大会通过的《中国共产党章程》继续了九大的“左”的错误，沿袭了九大党章的总纲和条文，只作了个别的修改和补充。十大党章继续肯定了“文化大革命”，并且强调“这样的革命，今后还要进行多次。”

十一大党章：没能清除“左”倾错误的影响。1977 年 8 月 18 日中共第十一次全国代表大会通过的《中国共产党章程》是十年内乱以后的第一部党章。它恢复了八大关于把中国建设成四个现代化的社会主义强国的提法。在内容上与九大、十大党章比较作了较多的修改。但十一大党章没能彻底清除“左”倾错误的影响，继续沿用了“文化大革命”的错误理论、政策和口号。这些错误在党的十一届三中全会后才得到彻底的纠正。

十二大党章：总结党的建设历史经验。1982 年 9 月，经历了“文化大革命”十年内乱和两年探索之后，在全面拨乱反正的基础上制定的十二大党章，在总纲中体现了新形势新任务对执政党建设的新要求，第一次增加了禁止个人崇拜的内容；增加了“党的干部”一章，提出了干部队伍“四化”方针；首次将入党誓词写进党章。这表明在改革开放的新时期，中国共产党开始了执政党建设的新探索。

十三大修正案：突出改革和制度建设。1987 年 11 月，党的十三大通过的《关于〈中国共产党章程部分条文修正案〉的决议》，是第一次也是迄今为止唯一的一次，用部分条文修正的形式对党章进行修改。修正案共 10 条，总共有 13 处增删改动，着重体现在党的领导体制和党内选举制度的改革方面，表明党的建设正在走上一条不搞政治运动，而靠改革和制度建设的新路子。

十四大党章：提出“建设有中国特色社会主义的理论”的概念。1992 年 10 月，党的十四大通过的党章。第一次郑重提出了邓小平

“建设有中国特色社会主义的理论”的概念，阐述了这一理论的科学内涵和历史地位，适应建立社会主义市场经济体制的需要，对党的思想建设、组织建设、作风建设提出了新的更高的要求。

十五大党章：将邓小平理论确立为党的指导思想。1997年9月，党的十五大通过的党章，只有7处150个字的修改。这部改动最小却意义重大的党章，第一次明确提出了“邓小平理论”的科学概念，并把它确立为党的指导思想。这是中国共产党从历史和现实中得出的不可动摇的结论，也反映了全国各族人民的共识和心愿。

十六大党章：将“三个代表”重要思想确立为党的指导思想。2002年11月，党的十六大通过的新党章，是中国共产党进入新世纪的政治宣言。这部体现鲜明时代特征、具有丰富内涵的党章，总共有60多处改动。

十七大党章：首次将科学发展观写入党章。2007年10月，党的十七大通过新党章，对中国特色社会主义作出精辟概括，丰富了党的基本路线和基本纲领，把党的一系列对内对外重大方针政策写入党章，包括：军队建设、民族、宗教工作、统战工作、外交工作等。对推进党的建设新的伟大工程作出全面部署。

十八大党章：把科学发展观确立为党的行动指南。2012年11月14日，党的十八大通过的党章修正案，对党章共作了30处修改，主要包括：把科学发展观同马克思列宁主义、毛泽东思想、邓小平理论、“三个代表”重要思想一道，确立为党的行动指南；充实了完善中国特色社会主义主要成就的内容；充实了坚持改革开放的内容；充实了中国特色社会主义事业总体布局的内容；把生态文明建设同经济建设、政治建设、文化建设、社会建设一道，纳入中国特色社会主义事业五位一体的总体布局；充实完善关于党的建设总体要求的表述；总结吸收近年来党的建设的成功经验，并与总纲部分的相关修改相衔接，对条文部分关于党员、党的基层组织、党的干部这三章作了一些修改。

十九大党章：将习近平新时代中国特色社会主义思想确立为党的指导思想。2017年10月24日，中国共产党第十九次全国代表大会通过了关于《中国共产党章程（修正案）》的决议。共修改 107 处，其中总纲部分修改 58 处，条文部分修改 49 处。《中国共产党章程（修正案）》规定：中国共产党以马克思列宁主义、毛泽东思想、邓小平理论、“三个代表”重要思想、科学发展观、习近平新时代中国特色社会主义思想作为自己的行动指南。把习近平新时代中国特色社会主义思想确立为党的指导思想，写在党的旗帜上，是这次党章修改的最大亮点和最突出的历史贡献。

二、党内法规的修改

任何法律规范都有滞后性的特点，党内法规也不例外。如何根据时代的发展和社会的变迁，与时俱进地修改完善现行有效的党内法规，是提高党内法规执行力的一个关键环节。党内法规修改的一个重要任务是，根据党和国家事业发展的新形势新任务新要求，及时把党中央确定的理论和路线方针政策写入党内法规，把党和人民在实践中取得的重大理论创新、实践创新、制度创新成果上升为党内法规制度规定，更好地发挥党内法规的规范、引领、推动、保障作用，在法治轨道上更好地推进新时代党的建设新的伟大工程。

党内法规修改的主要规范依据是《中国共产党党内法规制定条例》。《中国共产党党内法规制定条例》第 38 条规定：“制定机关应当及时修改滞后于实践发展的党内法规。视情可以采取修订、修正案或者修改决定等方式修改，对相关联的党内法规可以开展集中修改。修改后，应当发布新的党内法规文本。”由于修正案方式主要适用于党章的修改，一般党内法规的修改主要是采用修订、修改决定两种方式。这两种形式的不同之处主要有以下几点。

（1）法律修改的前提条件不同。修改决定形式的使用主要是在党内法规的基本原则和主要条款基本适应需要，党内法规的表现形式和内部结构基本合理的情况下，党内法规的某些方面、某个部分或者某些词句、若干条款不能适应管党治党实践发展和党内法规制度建设的需要。而修订形式的使用通常是基于党内法规的调整对象发生重大变化，或者党中央对党内法规的任务和要求有明显转变，需要通过全面修改来适应变化较大的新情况。一般认为，在至少具备以下条件之一时，应当采用修订的形式：需要修改的条文所占比例达到50%；直接对有关党内法规原则条文的重大修改和创制，包括对指导思想、调整对象、重要制度等需要作出新的调整或修改；原党内法规的篇章结构需要作重要的调整变化。不具备上述条件的党内法规修改，一般应当采用修改决定形式。

（2）修改范围和内容不同。修改决定形式的修改范围相对较小，一般是对现行党内法规的某些方面、某个部分乃至个别条款、词句进行修改。而修订形式的修改范围比较大，包括对有关党内法规原则条文的修改和创制，党内法规的调整对象的变化或者适用范围的扩大或缩小，在重要制度方面的调整或修改，以及在党内法规篇章结构上的重大调整变化等。

（3）审议的内容不同。由于党内法规修改是有权机关对党内法规的部分条款进行的修改，是局部的或者个别的修改，通常提出修改案草案，审议机关的审议是针对修改案草案进行的，未作修改的部分不审议；而党内法规修订是指有权机关对党内法规进行全面的修改，是整体的修改，通常提出全面的修订草案，审议机关的审议是针对草案文本的全部内容，而不是针对修改内容进行审议。

（4）修改后施行时间不同。采用修改决定形式修改党内法规后，由于涉及的只是若干条款和部分内容，在通过的修改决定中只规定修改决定的施行时间，该党内法规的原施行时间不变，也就是说，整部法律的施行时间不变。而采用修订形式修改党内法规后，由于修改的内容较多，涉及党内法规原则、制度的修改，整部党内法规的施行时间需要重新规定。

对于党内法规修改的修订形式和修改决定形式的具体使用情况的不同，可以《中国共产党巡视工作条例》的两次修改为例来加深理解。

第一次修改采取的是修订形式。《中国共产党巡视工作条例》是为了规范中国共产党巡视工作、强化党内监督而制定的一般基础性、骨干性、重要党内法规，其前身是2009年7月党中央颁布实施的

《中国共产党巡视工作条例（试行）》。《中国共产党巡视工作条例（试行）》颁布实施后，对于推动巡视工作制度化、规范化发挥了重要作用。党的十八大以来，巡视工作面临新的形势任务，在内容和方式上都作了重要调整和改变，在实践中积累了丰富经验，原“试行”的巡视工作条例不仅迫切需要进行修订，也具备了开展修订工作的基本条件。条例修订工作自 2013 年 10 月启动，历经调研、论证、反复修改、不断完善。2015 年 8 月 3 日，中共中央颁布修订后的《中国共产党巡视工作条例》。原试行条例共有 6 章 49 条，修订后的条例共 7 章 42 条。修订时，将原条例第二章“机构设置”和第四章“人员管理”合并为“机构和人员”一章，增设第三章“巡视范围和内容”、第四章“工作方式和权限”；删除 10 条，增加 3 条。从内容上，这次党内法规修改是对原试行条例的一次重大修改，涉及指导思想、调整对象、重要制度、篇幅结构等核心内容，因此，这次修改采取的是修订形式。

第二次修改采取的是修改决定形式。2016 年 10 月 24 日至 27 日，党的十八届六中全会对全面从严治党作出新的重大部署。为贯彻落实党的十八届六中全会精神，深化政治巡视，进一步发挥巡视监督全面从严治党利剑作用，党中央决定对《中国共产党巡视工作条例》进行修改。2017 年 5 月 26 日，中央政治局召开会议，审议《关于修改〈中国共产党巡视工作条例〉的决定》和《关于巡视中央意识形态单位情况的专题报告》。2017 年 7 月 1 日，中共中央发布《中共中央关于修改〈中国共产党巡视工作条例〉的决定》，自 2017 年 7 月 10 日起施行。本次修改对其 42 条中的 6 条进行了“增、补、调”，即增加有关新要求、补充有关新内容、调整有关新条款，为依纪依规开展巡视、推动巡视工作向纵深发展提供了制度保障。主要包括五个方面的内容：一是根据习近平总书记关于巡视工作的重要讲话精神，明确政治巡视定位。二是根据中央新要求，明确一届任期内巡视全覆盖任务。三是根据《中国共产党党内监督条例》的规定，明确巡视监督内容。四是根据实践发展需要，明确中央和国家机关巡视。五是根据全面从严治党向基层延伸的要求，明确市县巡察制度。由于这次修改涉及条文数量较少，仅仅涉及6个条文，在内容上也主要涉及5个方面内容，不属于对原有党内法规的篇幅结构、重要制度、重要内容的重大调整，因此，这次修改形式采取的是修改决定形式。

第三节　党内法规解释

一、党内法规解释的界定

党内法规的解释是对党内法规制度的重要补充和完善。党内法规解释，是指党内法规制定机关根据法定权限和程序，按照一定的标准和原则，对党内法规的含义以及法规所使用的概念、术语等进行进一步说明的活动。党内法规的解释同党内法规具有同等效力。党内法规的解释是党内法规实践的重要组成部分，又是党内法规实施的重要前提。由于党的建设始终处于发展变化之中，部分党内法规比较原则，程序性规范、保障性规范、制裁性规范不配套，有的规定交叉重复甚至相互冲突，有必要加大党内法规解释力度，赋予法规条文更加准确、更具有针对性的内涵，保证党内法规准确有效实施。目前，一些党内法规解释采取部门负责人谈话、工作机构答复的方式，缺乏规范性、权威性，应当由制定机关通过权威渠道和载体进行正式解释并及时公布。

《中国共产党党内法规制定条例》第34条第1款规定，党内法规需要进一步明确条款具体含义或者适用问题的，应当进行解释。中央党内法规由党中央或者授权有关部委解释，中央纪律检查委员会以及党中央工作机关和省、自治区、直辖市党委制定的党内法规由制定机关解释。中央党内法规一般是由中央政治局、中央政治局常务委员会审议通过，按照“谁制定谁解释”原则，中央政治局、中央政治局常务委员会当然有权对中央党内法规作出解释。但中央政治局、中央政治局常务委员会作为党的中央组织，要代表党中央处理很多的重大事情，不太适合经常性地对党内法规条款的具体含义或者适用问题作出解释。在这种情况下，其往往会授权给有关部委解释，就出现了制定权和解释权、制定主体和解释主体的分离问题。如《中国共产党中央委员会工作条例》于 2020 年 9 月 28 日由中央政治局会议审议批准，由中央办公厅负责解释；《中国共产党组织工作条例》于 2021 年 4 月 30 日由中央政治局会议审议批准，由中央组织部负责解释；《中国共产党统一战线工作条例》于 2020 年 11 月 30 日由中央政治局会议修订，由中央统战部负责解释；《中国共产党纪律处分条例》于 2018 年 7 月 31 日由中央政治局会议修订，由中央纪律检查委员会负责解释。

在效力层级上，一般认为党内法规的解释同该党内法规具有同等效力。对此，《中国共产党党内法规制定条例》第 34 条第 2 款规定："党内法规的解释同党内法规具有同等效力。"据此，对党章的解释在效力层级上等同于党章，对准则的解释在效力层级上等同于准则，对条例的解释在效力层级上等同于条例，对规定、办法、规则、细则的解释在效力等级上等同于规定、办法、规则、细则。

二、党内法规解释的主体

党内法规解释主体的确定，一般遵循"谁制定谁解释"原则，由党内法规制定主体来担任党内法规的解释主体。中央党内法规的制定主体一般是党中央，如果党中央在该党内法规中以授权的方式规定了解释主体，则由该被授权机关承担解释任务。在实践中，中央党内法规解释工作，一般由党中央授权规定的解释机关负责。如果有些中央党内法规制定得较早，未明确规定解释机关的，则由中央办公厅请示中央后承办。中央纪律检查委员会、中央工作机关和省、自治区、直辖市党委制定的党内法规一般由其自行解释。根据党内法规解释实践，常见的党内法规解释主体主要有以下几种情形。

（1）一个主体进行解释的情形。如《中国共产党党内法规制定条例》第 42 条规定："本条例由中央办公厅负责解释。"《中国共产党党内监督条例》第 46 条规定："本条例由中央纪律检查委员会负责解释。"《中国共产党统一战线工作条例》第 60 条规定："本条例由中央统战部负责解释。"《中国共产党党委（党组）理论学习中心组学习规则》第 16 条规定："本规则由中央宣传部负责解释。"

（2）两个主体进行解释的情形。如《中国共产党党员权利保障条例》第 51 条规定："本条例由中央纪律检查委员会商中央组织部解释。"《中国共产党党组工作条例》第 44 条规定："本条例由中央组织部会同中央办公厅解释。"《中国共产党地方委员会工作条例》第 32 条规定："本条例由中央办公厅商中央组织部解释。"

（3）三个及三个以上主体进行解释的情形。如《中国共产党工作机关条例（试行）》第 29 条规定："本条例由中央办公厅商中央组织部、中央机构编制委员会办公室解释。"《党政机关厉行节约反对浪费条例》第 64 条规定："本条例由中共中央办公厅、国务院办公厅会同有关部门负责解释。"

不管是党内法规的备案审查，还是党内法规的解释，都是为了提高党内法规的立法质量，增强党内法规建设的合法性，彰显党内法规的严肃性、权威性，目的是建成内容科学、程序严密、配套完备、运行有效的党内法规制度体系。

第四节　党内法规清理

党内法规清理是形成完善的党内法规体系的重要条件。党内法规的清理工作本身是党内法规制度建设的重要步骤，为制度治党、从严治党提供重要依据，是保证党内良好政治生活的一项基础性工作，具有重要的实践意义。随着党内法规制定力度的加大，党内法规数量也急剧增加，为确保前后新旧法规制度衔接协调，需要对党内法规和规范性文件进行清理，然后根据清理工作情况，提出清理意见，该制定的制定，该修改的修改，该废止的废止，该整合的整合，为党内法规的适用提供最新的权威依据。《中国共产党党内法规制定条例》第 37 条规定："制定机关应当组织开展党内法规清理工作，及时开展集中清理，根据需要开展特定内容或者特定范围的专项清理，在制定工作中同步开展即时清理。根据清理情况，作出修改、废止、宣布失效等决定。"这就为党内法规清理工作提供了规范依据。

一、党内法规和规范性文件集中清理工作

从党内法规制度建设实践来看，中华人民共和国成立以来特别是改革开放以来，中国共产党制定了大量党内法规和规范性文件，为规范党组织工作、活动和党员行为，增强党的创造力、凝聚力、战斗力提供了重要制度保障。但由于缺乏清理机制，中华人民共和国成立以来从未对出台的党内法规和规范性文件开展过集中清理，这就造成党内法规制度体系十分庞杂，存在较为突出的不适应、不协调、不衔接、不一致问题：有的规定滞后于实践发展和形势任务需要；有的规定同党章和党的理论路线方针政策相抵触，同宪法和法律不一致；有的规定相互之间交叉重复、冲突打架。党内法规制度体系中存在的这些问题，有损于党内法规制度的严肃性和权威性，有碍于党内法规制度的贯彻执行，也不利于党内法规制度建设的顺利推进。

针对这些情况，党中央决定开展一次党内法规集中清理，一揽子解决党内法规制度中存在的突出问题。《中国共产党党内法规制定条例》也明确要求党内法规制定机关适时对党内法规进行清理。党中央对开展党内法规清理工作高度重视，将其作为加强党的制度建设、深化党的制度建设改革的一项重要举措和任务来部署。2012 年 6 月，党中央批准印发《中共中央办公厅关于开展党内法规和规范性文件清理工作的意见》，启动了中国共产党历史上第一次党内法规和规范性文件集中清理工作。

这次清理的对象是中华人民共和国成立至 2012 年 6 月期间以中共中央文件、中共中央办公厅文件形式发布的党内法规和规范性文件，中央纪委、党中央工作机关制定的党内法规和规范性文件，各省、自治区、直辖市党委制定的党内法规和规范性文件。清理工作按照由近及远、先上位后下位的思路进行。所谓由近及远，是指清理工作分两个阶段实施：第一阶段（2012 年 7 月至 2013 年 9 月），清理 1978 年至 2012 年 6 月制定的党内法规和规范性文件；第二阶段（2013 年 10 月至 2014 年 12 月），清理中华人民共和国成立至 1977 年制定的党内法规和规范性文件。所谓先上位后下位，是指先对中央党

内法规和规范性文件进行清理，待清理结果出来后，中央纪委、党中央工作机关和各省区市党委再开展审核、审批等工作。

为保障中央党内法规和规范性文件清理工作的顺利进行，中共中央还专门成立了党内法规和规范性文件清理工作领导小组。在党内法规和规范性文件清理工作领导小组领导下，中央党内法规和规范性文件清理工作主要分为五个步骤进行。

第一步，确定清理范围。一般由中央办公厅会同国家档案局，对特定时期内中共中央制定的文件进行全面梳理，将其中规范党组织工作、活动和党员行为的党内法规和规范性文件纳入清理范围。

第二步，部门审核。根据“谁起草谁提出清理意见”的原则，综合考虑文件调整事项目前的主管权属，中央办公厅将这些文件分送中央有关部委和单位研究，由有关部委和单位进行审核，提出初步清理意见。

第三步，集中审核。中央办公厅会同中央纪委机关、中央有关工作机关等成立集中审核工作组，对有关部委和单位提出的初步清理意见进行研究论证，对相关文件逐件进行审核，形成拟废止、宣布失效、继续有效 3 个文件目录。

第四步，征求意见。根据工作关联情况，中央办公厅将 3 个文件目录分送有关部委和单位征求意见，形成一致的文件清理处理意见。

第五步，审批发布。中央办公厅起草清理决定稿，按程序报请中央审批通过，以中共中央文件形式发布。

二、党内法规和规范性文件集中清理后的处理

中共中央集中两年时间，对中华人民共和国成立至 2012 年 6 月出台的中央文件进行全面摸底排查、集中清理，彰显了中共中央对党内法规的管党治党作用和地位的高度重视，进一步增强了全党的党内法规制度意识，进一步推动党内法规制度建设的深入发展，进一步把党要管党、全面从严治党的要求制度化、规范化。中央党内法规和规范性文件集中清理结束，标志着党内法规制度建设进入一个新的阶段。

对于清理出来的党内法规和规范性文件，党中央统一采取了废止、宣布失效、继续有效等三种处理方式：(1) 文件主要内容同党章和党的理论路线方针政策相抵触或同宪法和法律不一致的，文件已明显不适应现实需要的，文件已被新的规定涵盖或替代的，一律废止。例如，20 世纪五六十年代一些中央文件关于刑事案件处理程序的规定，与目前《刑事诉讼法》的规定相抵触。这类文件都在此次被废止之列。(2) 调整对象已消失、文件事实上已不再执行的，文件适用期已过的，有关事项或任务已完成、文件不需要继续执行的，一律宣布失效。(3) 文件内容不存在问题的，或者虽存在一些问题但不影响继续执行的，或者目前尚无其他文件可以替代、废止时机条件还不成熟的，继续有效。文件内容存在一些问题，需作修改，但修改前也继续有效。例如，1959 年中共中央《关于统一管理党、政档案工作的通知》、1965 年中共中央《关于党内同志之间的称呼问题的通知》等，虽有一定历史痕迹，但主要内容和精神仍然适用，对当前工作仍具有重要指导意义，在这次清理过程中被保留了下来。

党内法规和规范性文件清理完毕后，需要在强化党内法规制度执行力的基础上，继续研究制定一批基础主干性党内法规，整合形成一批综合性党内法规，抓紧制定一批实践急需的党内法规，及时修订一批不适应现实需要的党内法规，有效解决党内法规制度中存在的缺失、“碎片化”、“老化”等问题。这次党内法规和规范性文件集中清理意义重大、影响深远，不仅摸清了党内法规制度建设的基本情况，还给整个党内法规制度体系进行了一次全面检查，基本解决了党内法规制度中存在的不适应、不协调、不衔接、不一致问题，促进了党内法规同国家法律的衔接和协调，为下一步形成完善的党内法规体系、全面推进依法治国和依规治党相结合奠定了坚实的制度基础。

第九章 党内法规实施

制度的生命在于实施，制度的权威也在于实施。党内法规实施是党内法规制度建设的关键环节和核心要素。制定法规很重要，但更重要的是抓执行、抓落实、抓实施。党内法规制定出来之后，必须要强化制度执行，加强监督检查，提高党内法规执行力，构建高效权威的党内法规实施体系，确保党内法规的执行落实。

第一节 党内法规遵守

全面依法治国是一个系统工程，是国家治理领域一场广泛而深刻的革命，法治建设，必须加强国法党规的宣传，弘扬法治精神，传播法治理念，恪守法治原则，注重对法治理念、法治思维的培育，充分发挥法治文化的引领、熏陶作用，形成守法光荣、违法可耻的社会氛围，大力推进全民尊法守法用法信法，使人民认识到国法党规既是保障自身权利的有力武器，也是必须遵守的行为规范，培育办事依法、遇事找法、解决问题靠法的良好环境，自觉抵制违法行为，自觉维护法治权威。[1] 对此，2019 年 9 月 3 日发布的《中国共产党党内法规执

① 习近平. 加快建设社会主义法治国家. 求是，2015 (1).

行责任制规定（试行）》第 2 条规定："各级党组织和全体党员负有遵守党内法规、维护党内法规权威的义务。各级党组织和党员领导干部必须增强'四个意识'、坚定'四个自信'、做到'两个维护'，牢固树立执规是本职、执规不力是失职的理念，切实担负起执行党内法规的政治责任。"

一、学习党内法规是前提基础

学习是一种自我完善的能力，对于党员干部来说尤其重要，它是一种责任，更是一种态度，要端正学习的态度。学习不但可以提升干部的知识，更能提升干部的素质，增强创新的能力，只有不断地学习，才能更全面地认识法、理解法、运用法，才能提升党员干部的工作能力和执政水平。党员干部要把学习宪法和党章作为首要任务。宪法是国家的根本大法，是党和人民意志集中体现，具有最高的法律地位、法律权威、法律效力。特别是十三届全国人大一次会议表决通过的宪法修正案，把党的十九大确定的重大理论观点和重大战略部署载入国家根本法，把党和人民在实践中取得的重大理论创新、实践创新、制度创新成果上升为宪法规定，这是保证党和国家长治久安的顶层设和制度安排，为新时代坚持和发展中国特色社会主义提供强有力的保障，为实现中华民族伟大复兴提供强有力的保障。党章就是党的根本大法，是全党必须遵循的总规矩。党章规定了党的理想信念宗旨、组织保障、行为规则和纪律约束，每一条都凝结着党的建设的历史经验，是全党必须遵循的根本行为规范。全面从严治党，首先应当充分发挥党章在推进党的事业和党的建设中的根本性规范和指导作用，学习党章，遵守党章，依据党章和党内法规管党治党，不断提升党的建设的科学化、制度化水平。要原原本本地学习党章，深刻把握其本质内涵、精髓要义、内在特点，虔诚而执着、至信而深厚，做到身有所正、言有所规、行有所止。

二、尊崇党内法规是内生动力

只有思想上尊崇党内法规，才能行动上遵守党内法规。现实工作中，一些党员干部特别是领导干部在看问题、作决策、采取措施的时候，往往缺乏法治思维和法治意识，往往认为只要是有利于经济社会发展的，就可以成为各种施政行为的理由，不用过多考虑各种决策程序和操作程序，可以绕开各种党规制度的条条框框。这种以发展的理由来思考问题的思维方式，以合理性来代替合法性和合规性，其根源就是对国法党规的漠视。习近平同志强调："领导干部要把对法治的尊崇、对法律的敬畏转化成思维方式和行为方式，做到在法治之下、而不是法治之外、更不是法治之上想问题、作决策、办事情。"尊崇法治就要树立法治思维，学会用法治思维思考问题，彻底摈弃人治思想和罔顾程序正义、丢弃规则规范、漠视权力边界的长官意志，牢固树立宪法法律至上、法律面前人人平等、权由法定、权依法使等基本法治观念，以法治方式定分止争，自觉约束手中权力，自觉践行依法执政，面对各种危害法治、破坏法治、践踏法治的行为敢于挺身而出、坚决斗争。对此，要真诚尊崇党章党规，把党章党规作为提高党性修养的根本标准，内化于心、外化于行，做党章党规的坚定执行者和忠实捍卫者。

三、遵守党内法规是关键环节

依法治国是我国宪法确定的治理国家的基本方略，而能不能做到依法治国，不仅在于中国共产党能不能坚持依法执政，各级政府能不能依法行政，还在于领导干部能不能做守法护法的捍卫者。法治的权威源自人民的内心拥护和真诚信仰。党员干部要以身作则、以上率下，做到心中有法、虑必及法、行必依法，成为社会主义法治的忠实崇尚者、自觉遵守者、坚定捍卫者，从我做起、带头守法，自觉严格按照国法党规来检验工作决策、落实过程和实际成效。要牢记法律红线不可逾越、纪律底线不可触碰，带头遵守制度、执行制度，带头坚守国法党规的尊严和权威，决不能让法治建设出现"破窗效应"，决不能让国法党规沦为"橡皮泥""稻草人"。要强化纪律自觉，把党规党纪刻印在心上，把他律要求转化为内在追求，做到明底线、知边界、不越轨。要注重关口前移，坚持惩前毖后、治病救人的方针，抓早抓小、动辄则咎，发现苗头及时提醒，触碰底线及时纠正。要坚持执纪必严，提高纪律执行力，维护纪律严肃性，敢于较真碰硬，坚决杜绝姑息迁就、法不责众，让铁规生威、铁纪发力。

四、用好党内法规是根本目的

法律的生命力在于实施。对党员干部而言，要做用法的模范，必须把功夫下在提高运用法治思维和法治方式想问题、作决策、办事情的能力上。在推进依法行政、建设法治政府的过程中，党员干部要带头依法行政、依法办事，依法用权、依法履行职责，善于用法治思维和法治方式想问题作决策，把合不合法、合不合规作为决策的前置审查条件，最大限度防止决策不当、决策失误。绝不允许任何人凌驾于法律之上，要依法设定权力、规范权力、制约权力、监督权力，在法治的范畴内想民之所想、解民之所困、办民之所需，做到有法必依、执法必严，重大决策要科学民主、公开透明，接受群众和社会组织的广泛监督。2019 年 9 月 3 日发布的《中国共产党党内法规执行责任制规定（试行）》第 9 条规定："党员领导干部应当敢于担当、勇于负责，以上率下、以身作则，带头学习宣传党内法规，带头严格执行党内法规。党委（党组）书记应当认真履行本地区本单位党内法规执行第一责任人职责，分管党内法规工作的班子成员承担党内法规执行直接责任，其他班子成员按照'一岗双责'要求抓好分管领域党内法规执行工作。"因此，党员领导干部要履行本地区本单位党内法规执行第一责任人的职责，统筹推进党内法规的制定、执行和实施工作，善于用法治思维和法治方式推动改革发展，自觉在法治基础上凝聚改革共识，用法治方式化解改革风险，强化法治在维护群众权益、调处利益关系中的权威地位，强化法治在化解社会矛盾、维护和谐稳定中的保障作用，做到法定职责必须为、法无授权不可为，不断提高社会治理的法治化水平。

第二节　党内法规执行

一、法规制度的生命力在执行

一分部署，九分落实。党内法规制定出来以后，一个更重要的任务是抓好党内法规的执行落实。习近平同志专门强调指出，我们的制度体系要完善，但当前最突出的问题在于很多制度没得到严格执行。制度的生命力在执行，有了制度没有严格执行就会形成"破窗效应"，因此，要狠抓制度执行，扎牢制度笼子，真正让铁规发力、让禁令生威。当前，做好党内法规执行工作，需要着重做好以下几个方面工作。

一要明确主体责任。党内法规制度建设是党的一项非常重要的工作，各党委（党组）必须要负起主体责任，将党内法规的制定和执行重任担当起来。在党内法规执行过程中，要及时建立健全贯彻落实体制机制，明确党委（党组）在其中的主体责任，确保在党内法规贯彻执行上，主体明确、责任清晰、机制顺畅。2019 年 9 月 3 日发布的《中国共产党党内法规执行责任制规定（试行）》规定，在党中央集中统一领导下，建立健全党委统一领导、党委办公厅（室）统筹协调、主管部门牵头负责、相关单位协助配合、党的纪律检查机关严格监督的执规责任制，统分结合、各司其职，一级抓一级、层层抓落实。其中，地方各级党委对本地区党内法规执行工作负主体责任，应当坚决贯彻党中央决策部署以及上级党组织决定，带头严格执行党内法规，并领导、组织、推进本地区党内法规执行工作，支持和监督本地区党组织和党员领导干部履行执规责任；党委办公厅（室）负责统筹协调本地区党内法规执行工作，推动党委关于党内法规执行部署安排的贯彻落实；党委职能部门、办事机构、派出机关、直属事业单位等，对主要规定其职权职责的党内法规，负有牵头执行的责任，并组织、协调、督促、指导有关党组织和党员领导干部执行有关党内法规；其他相关单位应当按照党内法规规定各司其职、各尽其责，协助配合牵头部门共同执行党内法规。总的来说，就是党组（党委）对本单位（本系统）执行有关党内法规负主体责任，领导、组织、推进本单位（本系统）党内法规执行工作。街道、乡镇党的基层委员会和村、社区党组织，国有企业党委，实行党委领导下的行政领导人负责制的事业单位党组织，对本地区本单位执行有关党内法规负主体责任，领导、组织、推进本地区本单位党内法规执行工作。其他单位中党的基层组织按照规定推动有关党内法规在本单位的执行。

二要完善配套规范。中央党内法规是党中央规范全国各级党组织和全体党员的法规，往往具有概括性、抽象性、普遍性特点。由于我国地域辽阔、人口众多，各地区各部门发展程度不一，社会情况迥异，中央党内法规在进行统一规定时，很难面面俱到地对各地各部门的所有情况都兼顾，只能站在中央层面、从全国大局高度，就一些全局性、根本性、重要性的问题进行概括性、统一性的规定。因而，在中央党内法规出台之后，往往需要各地各部门党组织结合本地区本部门实际，制定实施细则，出台配套规范，将中央党内法规精神和本地区本部门实际情况结合起来。

三要做好实施保障。党内法规是管党治党的重要依据，党内法规执行力建设也是深入推进新时代党的制度建设的重要内容，是开展伟大斗争、建设伟大工程的重要保障，是坚持和加强党的全面领导的重要抓手。因此，要将党内法规的执行落实纳入党和国家事业大局，纳入各级党委（党组）重要议事日程，纳入中央和地方巡视巡查监督检查范围。党委（党组）每年至少召开 1 次会议专题研究党内法规执行工作，将党内法规纳入理论学习中心组学习和干部教育培训的重要内容。牵头执行部门应当将党内法规宣传教育作为履行执规责任的重要方面，加大党内法规宣传教育力度。各级党组织应当采取有效措施，增强党员干部的执规意识，提高执规能力，严格执规标准，规范执规程序，提升执规效果。执行党内法规应当遵循下列基本要求：(1) 担当作为，恪尽职守，不得不作为、乱作为；(2) 严格执规，令行禁止，不得打折扣、搞变通；(3) 公正执规，坚持党内法规面前人人平等，不得搞特殊、开后门；(4) 规范执规，按照规定的主体、权限、程序等执行党内法规。

二、提高党内法规的执行力

当前，党内法规的贯彻落实情况总体上是好的，但是在具体执行过程中也存在一些影响党内法规执行力建设的问题，主要有以下几点。

一是有些党委（党组）对党内法规的重视程度不够，重传达、轻落实，重制定、轻执行。在党内法规的执行过程中，有些党委（党组）政治站位不高，“四个意识”不强，对党内法规工作“说起来重要，做起来次要，忙起来不要”，并没有真正纳入重要议事日程；有些党委传达学习党内法规精神不及时、不深入、不到位；有些党委学习敷衍了事，贯彻落实走过场，有学习无研讨、有传达无落实、有部署无举措、有表态无行动的问题较为突出。

二是部分党内法规的可操作性还需进一步细化实化。提升党内法规的科学性、可操作性是确保执行力的前提。由于党内法规是新生事物，理论界和实务界对党内法规的逻辑结构、规范属性还在进一步研究之中，再加上一些党内法规制定部门工作人员对党内法规与党内文件的区别没有严格加以区分，导致一些党内法规的科学性、可操作性与国家法律相比，还有一定的差距。实践中，一些党内法规的政治性有余、规范性不足，只提原则笼统的口号要求，缺乏具体的规范要求和落实措施；一些党内法规甚至被定了密级，普通党员看不到。这些问题的存在导致了这些党内法规可操作性不强，自然会严重影响其执行力。

三是党内法规执行力存在逐层弱化现象。总体上看，在党内法规执行问题上，存在上级党委比下级党委重视、地方党委比部门党组重视、党务干部比业务干部重视的情况。有的基层党委没有站在全局谋划党内法规工作，保障不够，力度不大，存在有部署、无落实的情况；有的基层党委把落实党内法规等同于开会、签责任状、听汇报，工作措施偏空、偏软、偏虚。出现这种现象的主要原因是对党内法规的认识不足，重视不够，督导力度不够，对各级党委（党组）的“硬任务”约束力不强。

四是党内法规工作机构欠缺，工作人员严重不足。任何工作都需要一定的工作机构和人员来落实，党内法规工作也不例外，但由于党内法规是一个新事物，各级党组织的认识程度不一，重视程度不一，导致实践中党内法规缺少专门工作机构和工作人员。在这种情况下，是很难把党内法规工作做好的，也很难把党内法规执行好。

要想切实解决影响党内法规执行力建设的上述问题，提高党内法规执行力，避免党内法规被弱化、虚化、淡化，需要从以下几个方面来加以推进。

一是提升站位，进一步强化主体责任。各级党组织应当以高度的政治责任感、有力的工作措施落实党内法规工作要求，把党内法规工作作为党的制度建设的重要内容纳入重要议事日程，推动党内法规工作与本职工作紧密结合，形成各级党组织统一领导、党政齐抓共管，党组织一把手带头负责、班子成员分工负责，一级抓一级、层层抓落实的工作格局。对各级党委（党组）来说，应当强化抓党内法规执行是本职、不抓是失职、抓不好是渎职的理念，加强对党内法规的学习培训，保证党内法规能够真正落到实处。

二是提高认识，进一步加大宣传力度。现在很多党委（党组）和大部分党员对党内法规的认识了解往往还停留在《中国共产党章程》《关于新形势下党内政治生活的若干准则》《中国共产党问责条例》《中国共产党纪律处分条例》等“明星”法规上，对整体的党内法规制度体系学得不深、用得不多。对此，应进一步加大党内法规学习宣传力度，建立健全党内法规制度统一发布平台，完善宣传报道、宣讲解读机制，健全新闻发布和答记者问等制度，把党内法规制度纳入法治宣传规划，提高党内法规制度透明度和知晓率。系统性开展党内法规学习活动，将党内法规制度作为党员学习教育的重要内容，列入党支部学习计划，纳入各级党委（党组）中心组学习内容，纳入各级党校（行政学院）、干部学院的必修课，纳入党员教育考察培养体系，强化党内法规认同，增强执行主动性和自觉性，使自觉执行党内法规的观念入脑入心，内化为指导行动的思想准则和坚定信念，教育引导广大党员干部牢固树立法规制度意识。

三是科学立规，进一步完善制度体系。“内容科学，程序严密，配套完善、运行有效”的党内法规制度体系，是确保党内法规贯彻执行的前提。党中央要加强顶层设计，通过及时的立、改、废、释形式，不断完善党内法规制度体系，增强党内法规的实效性、针对性和协调性。

四是注重实效，进一步提高可操作性。党内法规的可操作性是确保执行力的前提。一部党内法规的可操作性越强，往往越容易实施，贯彻执行的效果也越好。这就需要对已出台的党内法规进行系统清理，尤其是要结合党的十九大精神和《深化党和国家机构改革方案》精神，开展新一轮党内法规清理工作。对操作性不强的党内法规进行细化和补充，对定密涉密的党内法规按程序进行降密解密，对即将出台的党内法规尽量减少其抽象模糊表述，增强其操作性。

五是明确机构，进一步加强专业队伍建设。专门工作机构是开展工作的前提，专业工作人员是做好工作的基础，党内法规执行离不开专业工作人员的参与。无论是从上到下进行督察，还是自下而上开展工作，都迫切地需要一大批专业化人才，都需要配备专门工作机构来定岗定编定人员。这就需要由党中央明确党内法规专门工作机构，配齐配强党内法规工作岗位，优化岗位选拔和晋升方式，选拔使用精通法律法规、党的建设工作的专业高学历人才，重点面向党内法规工作人员开展定期培训轮训，通过上挂锻炼、定向培养等方式，有效提升基层党内法规工作人员的理论素养和业务能力，着力打造一支素养高、业务精、纪律强的党内法规工作人员队伍。

六是理顺机制，进一步增强协调配合。一部党内法规的顺利执行，往往涉及多个部门和机关，既不能与国家法律相冲突，也不能与其他党内法规相冲突，尤其是在深化党和国家机构改革大背景下，党内法规执行往往面临着与国家法律法规的协调配合问题，需要进一步完善党内法规多部门协调配合执行的工作机制，充分发挥纪委监委，组织、宣传、统战、政法委，立法，公安、国家安全、司法等部门的作用，形成工作合力，统筹抓好党内法规执行工作。2011 年 7 月，中央层面成立了专门的党内法规工作机构——中办法规局，各地各部门也在不断推动建立党内法规工作机构。为了完善党内法规制定工作体制机制，统筹推进中央党内法规制度体系建设，2015 年 8 月，中共中央还专门建立了中央党内法规工作联席会议制度，由中办法规局、中央纪委、中组部、中宣部等 14 个部门参加，对推动党内法规制度建设起到了较好的统筹和协调作用。

七是加强督查，进一步健全考核监督。党中央要建立健全党内法规执行情况考核指标体系，充分发挥考核“指挥棒”作用，通过专题督查、巡视巡查等途径，对党内法规贯彻落实情况进行监督检查，及时发现和纠正执行中的偏差，促进党内法规良性运行。对此，可以借鉴人大系统执法监督的做法，每年选择若干问题，拟定年度执规检查计划，有计划地对有关党内法规制度实施情况进行执规检查，不断强化监督职能、提升监督效果，加大责任追究力度，确保党内法规制度得到严格遵守和执行，使党内法规制度真正成为党员干部的硬约束。

第三节　党内法规评估

一、党内法规评估的依据

评估与督查、备案、清理、救济一样，是党内法规实施的重要内容，是提高党内法规制定质量的重要环节。对党内法规执行情况、实施效果开展评估是修改完善党内法规、提升党内法规执行力的有效途径。《中国共产党党内法规制定条例》第 36 条规定：“坚持制定和实施一体推进，健全党内法规执行责任制，加大党内法规宣传、教育、培训力度，对党内法规执行情况、实施效果开展评估，加强监督执纪问责，确保党内法规得到有效实施。”因此，党内法规评估的内容是主要是两项：第一项是党内法规的执行情况评估，主要是对党内法规执行主体的执行情况、党组织和党员领导干部执规责任的履行情况等问题进行评估；第二项是党内法规的实施效果评估，主要是对党内法规在管党治党实践中的作用和实效性进行评估。实践中，对党内法规的评估不仅仅限于执行情况、实施效果等方面的评估，对党内法规的制定、调整事项、民意调查等决策风险方面的内容也可以根据实际需要予以评估。

2019 年 9 月 3 日发布的《中国共产党党内法规执行责任制规定（试行）》第 15 条对党内法规制定机关开展评估的情形做了进一步的规定，明确了党内法规制定机关可以视情对党内法规执行情况、实施效果开展评估，督促党组织和党员领导干部履行执规责任，推动党内法规实施。

开展党内法规实施评估工作是事关党的制度建设的大事情，需要认真对待、严肃开展。党内法规制定机关开展党内法规实施评估工作一般应当事先制订年度计划，有序推进，逐步开展。鉴于当前党内法规的数量较多，很多党内法规是中央政治局或中央政治局常务委员会审议通过的，位阶较高、权威性较强，所涉内容也较为重要，不宜轻易加以评估。因此，《中国共产党党内法规执行责任制规定（试行）》第 15 条规定，应当列入实施评估范围的党内法规主要包括五种情形：上位党内法规和规范性文件作出新规定、提出新要求的；相关法律法规作出新规定的；规范和调整事项发生较大变化的；执行过程中遇到较大困难、意见反映较多的；试行期满或者没有规定试行期但试行超过 5 年的。同时，该条还规定，根据工作需要，实施评估可以对 1 部党内法规或者其中的若干条款开展专项评估，也可以对相关联的若干部党内法规开展一揽子评估。实施评估结束后应当形成评估报告，向有权机关汇报，供修改时参考使用。有些社会关注度比较高的党内法规评估报告，也可以同时向社会公布，回应社会关切。

随着党内法规制度建设的逐步完善，有必要根据《中国共产党党内法规制定条例》《中国共产党党内法规执行责任制规定（试行）》的有关规定，参照党内法规和规范性文件清理工作，制定关于党内法规评估的具体办法，对党内法规评估的主体、内容、方式、标准和步骤作出规定，并适时组织专门力量对一些关系全局、党员群众关注的重要党内法规开展执行情况、实施效果评估，积累制定经验，提高制定质量。

二、党内法规评估的主体

根据评估行为主体的不同，可以将其分为执规主体评估和第三方评估两种情形。

（1）执规主体评估，主要是党内法规执行主体对自己制定的党内法规或对下级党组织依照党内法规制定权限制定的党内法规的执行情况、实施效果开展的评估。如《中国共产党工作机关条例（试行）》第 20 条规定："党的工作机关应当建立有效的督查、评估和反馈机制，确保领导班子决策落实。"《中国共产党地方委员会工作条例》第 26 条规定："党的地方委员会通过全会作出的决策，由常委会负责组织实施；常委会作出的决策，由常委会委员分工负责组织实施。党的地方委员会应当建立有效的督查、评估和反馈机制，确保决策落实。决策执行过程中需作重大调整的，应当按照谁决策、谁调整的原则通过召开全会或者常委会会议决定。"

（2）第三方评估，是相对于第一方评估和第二方评估而言的。党内法规第一方评估一般是指党内法规执行主体的自我评估；第二方评估是指党内法规上级执行主体对下级执行主体的检查评估；第三方评估与前两者相对，是指由与党内法规执行主体和被评估党内法规执行主体无隶属关系和利益关系的专业性评估机构开展的评估活动，通常包括独立第三方评估和委托第三方评估。如《中国共产党机构编制工作条例》第 24 条第 3 款规定："各级机构编制委员会办公室应当采用科学方法，对机构编制执行情况和使用效益进行客观评估，或者委托第三方进行评估。评估结果作为改进机构编制管理、优化编制资源配置的重要依据。"《法治政府建设与责任落实督察工作规定》第 14 条规定："督察单位可以委托科研院校、专业机构、人民团体、社会组织等对被督察单位开展第三方评估，提出意见建议。"《脱贫攻坚责任制实施办法》第 5 条规定："国务院扶贫开发领导小组负责全国脱贫攻坚的综合协调，建立健全扶贫成效考核、贫困县约束、督查巡查、贫困退出等工作机制，组织实施对省级党委和政府扶贫开发工作成效考核，组织开展脱贫攻坚督查巡查和第三方评估，有关情况向党中央、国务院报告。”第三方评估作为一种必要而有效的外部制衡机制，弥补了传统的党内法规自我评估的缺陷，在提高党内法规制定质量方面具有不可替代的促进作用。

三、党内法规评估的方式

鉴于党内法规评估的重要性，现在越来越多的党内法规中都规定了评估条款。根据评估的事项和内容的不同，可以把评估分为决策评估和实施评估两种主要形式。

(1) 决策评估，主要是对制定事关管党治党重大问题、事关党员义务权利重要问题、事关监督执纪问责重要制度等重大决策事项的党内法规，进行风险评估。如《关于新形势下党内政治生活的若干准则》在“七、发扬党内民主和保障党员权利”中规定：“畅通党员参与讨论党内事务的途径，拓宽党员表达意见渠道，营造党内民主讨论的政治氛围。健全党内重大决策论证评估和征求意见等制度。”《中国共产党机构编制工作条例》第 13 条规定：“各级机构编制委员会办公室研究论证机构编制事项时，应当进行深入调查研究和合法合规性审查，重大问题应当进行专家论证和风险评估。研究论证时应当充分听取各方面意见。”《中国共产党政法工作条例》第 23 条第 2 款规定：“决策时，应当先行调查研究，提出适当方案，充分听取各方面意见，进行风险评估和合法合规性审查，按照规定提请相关会议讨论和决定。”《中国共产党党务公开条例（试行）》第 6 条规定：“党的组织应当根据所承担的职责任务，建立健全党务公开的保密审查、风险评估、信息发布、政策解读、舆论引导、舆情分析、应急处置等工作机制。”开展党内法规重大决策风险评估，是提高治理能力的重要举措，是保障党员权益的重要机制，对促进依法、科学、民主决策，提升党内法规制定质量，提高党内法规执行力，具有重要意义。

(2) 实施评估，主要是对党内法规执行情况、实施效果开展评估。如《中国共产党党校（行政学院）工作条例》第 25 条规定：“党校（行政学院）应当加强教学的组织管理，建立健全规章制度，形成职责明确、分工协作的教学实施和运行机制，建立和完善学习考核体系和教学效果评估体系。”《中国共产党党组工作条例》第 35 条规定：“党组决策一经作出，应当坚决执行。党组应当督促推动本单位领导班子依法依章程及时全面落实党组决策。党组成员应当在职责范围内认真抓好党组决策贯彻落实。党组应当建立有效的督查、评估和反馈机制，确保党组决策落实。”

第十章 党内法规监督

提高党内法规的实施效果，对党内法规实施情况开展切实有效的监督是关键环节。在党内法规工作中，要进一步加大监督力度，用监督传递压力、用压力推动落实。建立健全督促检查党内法规制度实施常态化机制，加强党内法规备案审查工作；加大党内法规执行力度，将实施情况纳入巡视巡查、督促检查的重要内容；完善党内法规救济程序，为党内法规在各级各部门落地生根，推进全面从严治党提供重要保障。

第一节 党内法规备案

党内法规备案是党内监督的重要形式，是党内法治的重要制度，是推进党内法规制度体系协调统一的重要抓手。在实践中，不仅党内法规需要进行备案审查，数量众多的党内规范性文件更是成为影响党的制度建设的重要因素，也需要纳入备案审查的范围。对此，《中国共产党党内法规制定条例》和《中国共产党党内法规和规范性文件备案审查规定》专门对党内法规和规范性文件的备案工作进行了规定，为做好党内法规和规范性文件的备案工作提供了规范依据和具体指南。

《中国共产党党内法规制定条例》第35条规定："中央纪律检查委员会以及党中央工作机关和省、自治区、直辖市党委制定的党内法规应当自发布之日起30日内报党中央备案。中央办公厅按照有关规定负责具体审查工作。"在此基础上，为了将党内法规和规范性文件备案工作落细落实，党中央又专门出台了《中国共产党党内法规和规范性文件备案审查规定》，对党内法规和规范性文件备案工作进行了详细而具体的规定。根据这两部党内法规的规定，我国的党内法规和规范性文件备案工作主要包括以下几个方面。

一、备案目的

党内法规和规范性文件备案工作的根本目的，是维护党内法规和党的政策的统一性、权威性，保证党内法规和规范性文件同党章和党的理论、路线、方针、政策相一致，同宪法和法律相一致，从而维护党内法规制度体系的合法性、正当性。对党内法规和规范性文件进行审查，有利于强化对党内法规和规范性文件的监督，解决党内法规和规范性文件存在的冲突、打架等问题；有利于推动形成上下协调、左右衔接的制度机制，加快构建科学完善的党内法规体系；有利于发扬党内民主、保障党员权利，及时清理与党内法治建设要求不一致的法规文件；有利于督促党内法规的实施，维护党内法规制度体系的严肃性、权威性。对党内法规和规范性文件进行备案审查和清理评估的最终效果是保证党内法规同国家法律的衔接协调，保障法治体系的和谐统一。国家法律和党内法规的不一致，不仅会影响全面依法治国的落实，而且会影响全面从严治党的推进。

二、备案范围

党内法规和规范性文件备案的范围，仅仅限于中央纪律检查委员会、中央工作机关和省、自治区、直辖市党委制定的党内法规和规范性文件。这里所说的党内法规主要是指中央纪律检查委员会、中央工作机关和省、自治区、直辖市党委制定的规定、办法、规则、细则层级的党内法规，不包括党的中央组织制定的党章、准则、条例层级的党内法规；这里所说的规范性文件，是指党组织在履行职责过程中形成的具有普遍约束力、在一定时期内可以反复适用的决议、决定、意见、通知等文件，包括贯彻执行中央决策部署、指导推动经济社会发展、涉及人民群众切身利益、加强和改进党的建设等方面的重要文件。

原则上，所有的党内法规和规范性文件都应当予以备案，应当做到以下三点要求：一是有件必备，凡属备案审查范围的都应当及时报备，不得瞒报、漏报、迟报；二是有备必审，对报备的党内法规和规范性文件应当及时、严格审查，不得备而不审；三是有错必纠，对审查中发现的问题应当按照规定作出处理，不得打折扣、搞变通、做选择。

需要注意的是，有些党内文件不具有普遍约束力、不可反复适用，它既不属于党内法规，也不属于党内规范性文件，自然不属于备案范围，如印发领导讲话、年度工作要点、工作总结等内容的文件，关于人事调整、表彰奖励、处分处理以及机关内部日常管理等事项的文件，请示、报告、会议活动通知、会议纪要、情况通报等文件，以及其他按照规定不需要备案审查的文件。

三、备案审查工作主体

根据《中国共产党党内法规和规范性文件备案审查规定》第 4 条规定，各级党委，党的纪律检查委员会、党委（决策）议事协调机构以及党的工作机关、党委直属事业单位，党组（党委）承担备案审查工作主体责任，是备案审查工作的当然主体。党内法规建设是法治建设的重要组成部分，是党领导法治建设的重要体现。党内法规和规范性文件的备案审查工作是党的工作在党的制度建设领域的具体展开，必须要在各级党委（党组）的领导下开展，所以各级各类党组织是备案审查工作的主体。

中国共产党作为执政党，对党和国家各项工作都发挥着“总揽全局、协调各方”的领导作用。具体到备案审查工作，实践中往往由各级党委办公厅（室）作为牵头协调部门来具体负责办理本级党委备案审查工作，统筹协调、督促指导本地区备案审查工作。这是因为党委办公厅（室）作为党委综合部门，承担党内文件的制定、印发、督查职能，是党内文件流转的总关口，由其来具体负责备案审查工作就顺理成章。同时，与具体党内法规和规范性文件有关的各个部门和单位也应在职责范围内积极协助党委办公厅（室）开展备案审查工作，共同发挥审查把关作用。有些党内法规和规范性文件的内容可能不仅仅涉及党内关系，还有可能会涉及同级人大常委会、政府，影响到党外干部、普通公民，特别是一些党政联合制定的党内法规和规范性文件，影响面会更加广泛。这种情况下，党内法规和规范性文件的备案审查工作就不仅仅是党内工作，需要各级党委与同级人大常委会、政府等有关方面建立健全备案审查衔接联动机制，确保法治体系的协调统一。

依照备案审查工作的相关规定，应当备案的党内法规和规范性文件，自发布之日起30日内由制定机关报送中央备案，联合发布的党内法规和规范性文件由主办机关报送中央备案。具体工作由制定机关或者主办机关所属负责法规工作的机构承担。在具体工作机构上，由中央办公厅代表中央承办党内法规和规范性文件备案工作，具体事务由中央办公厅法规工作机构即中央办公厅法规局来办理。因此，依照规定应当备案的党内法规和规范性文件，直接报送中央办公厅法规工作机构。

四、备案程序

根据制定主体和效力位阶的不同，党内法规和规范性文件的备案主体和备案程序有所不同。对于中央纪律检查委员会、党中央（决策）议事协调机构以及党中央工作机关、党中央直属事业单位，党中央批准设立的党组（党委），各省、自治区、直辖市党委制定的、按照规定应当备案的党内法规和规范性文件，需要按照程序直接向党中央报备。

对于上述党组织以外的党组织制定的党内法规和规范性文件，原则上都应当向上一级党组织报备，如地市级党委制定的规范性文件，按照规定应当省级党委备案。如果是多个党组织联合制定的党内法规和规范性文件，由牵头党组织向共同的上级党组织报备。党组织对下级党组织报备的党内法规和规范性文件进行审查，具体工作一般由其所属法规工作机构或者承担相关职能的工作机构办理，通常是各级党委办公厅（室）。党中央明确规定党组织将其制定的党内法规和规范性文件报送特定主体备查、审核的，除要从其规定予以送审外，同时有关党组织还应当按照一般要求进行报备，也就是说，这种情况下要向两个报送主体履行两次报备程序。向地方党委报备规范性文件的党组织范围，参照向党中央报备的党组织范围予以确定。

随着依法治国、依规治党的深入推进，党内法规的数量越来越多，特别是基层党组织制定的规范性文件数量会成倍增加，党内法规和规范性文件的备案审查工作任务也会异常繁重，单靠党中央和特定的有关备案审查工作主体来完成备案审查工作难度颇大。在这种情况下，中央纪律检查委员会以及党中央工作机关、有关中央国家机关部门党组（党委）可以根据工作需要，依照备案工作规定的精神建立系统内备案制度，同时逐步实行党的基层组织向批准其设立的党组织报备规范性文件制度，从制度源头上推进备案审查工作向基层延伸、向纵深发展。

五、备案审查内容

党内法规和规范性文件备案工作的核心是对报送备案的党内法规和规范性文件进行审查。审查机关对报备的符合审查要求的党内法规和规范性文件，应当予以登记，从形式审查和实质审查两方面进行审查。备案审查主体一般先进行形式审查，在形式审查的基础上，再按照具体、统一、可操作的实质性备案审查内容标准，进行实质性审查。

形式审查主要是指规范性审查。主要包括报备文件要素是否齐全、名称使用是否适当，体例格式是否正确，表述是否规范等。一般来说，报备党内法规和规范性文件，应当提交 1 份备案报告、正式文本和备案说明，装订成册，并报送电子文本。备案说明应当写明制定背景、政策创新及其依据、重要数据指标来源、征求意见、审议签批等情况。报备机关应当在每年 2 月 1 日前，将上一年度文件目录报送审查机关备查。对于不报送或者不按时报送应当备案的党内法规和规范性文件的，由中央办公厅责令其限期补报。中央办公厅法规工作机构在办理党内法规和规范性文件备案审查事宜时，需要报送机构说明有关情况的，报送机构应当在规定期限内予以说明。

实质审查主要是对该党内法规和规范性文件进行政治性、法律性、政策性、合理性、合规性等审查，主要包括以下三种：首先是政治性审查，包括是否认真贯彻落实习近平新时代中国特色社会主义思想，是否同党的基本理论、基本路线、基本方略相一致，是否与党中央重大决策部署相符合，是否严守党的政治纪律和政治规矩等；其次是合法合规性审查，包括是否同宪法和法律相一致，是否同党章、上位党内法规和规范性文件相抵触，是否与同位党内法规和规范性文件对同一事项的规定相冲突，是否符合制定权限和程序，是否落实精简文件、改进文风要求等；最后是合理性审查，包括是否适应形势发展需要，是否可能在社会上造成重大负面影响，是否违反公平公正原则等。

六、备案审查机制

在备案审查中，审查机关应当根据不同情形，对报备的党内法规和规范性文件作出相应处理决定，并督促报备机关及时办理。报备机关应当认真落实审查机关的处理决定。备案审查机关的审查期限一般为 30 日。作为备案审查机关的中央办公厅法规工作机构，应当在收到报送备案的党内法规和规范性文件后 30 日内完成备案审查。为了保证党内法规和规范性文件备案工作的规范有序进行，党中央还建立了年度备案制度。每年 1 月 31 日前，中央纪律检查委员会、党中央工作机关和省、自治区、直辖市党委应当将上一年度发布的党内法规和规范性文件目录，送中央办公厅法规工作机构备查。备案审查结果一般分为三种情形：一是符合备案条件的直接予以备案通过；二是存在特定情形需要进一步处理后予以备案通过；三是不予备案通过。

一是直接予以备案通过。对审查中没有发现问题的党内法规和规范性文件，审查机关应当直接予以备案通过，并及时反馈报备机关。对未发现问题的党内法规和规范性文件，审查机关一般在30日内完成审查处理工作。发现可能存在问题的，可以适当延长审查处理时间，但一般不超过3个月。经审查符合备案条件的党内法规和规范性文件，由中央办公厅法规工作机构存档备查，并及时将备案情况通报报送机构，同时公布已备案的党内法规和规范性文件目录。

二是存在特定情形需要进一步处理后予以备案通过。主要包括三种特定情形：第一种是提出建议后予以备案通过。党内法规和规范性文件没有原则性问题，但存在下列情形之一，审查机关可以予以备案通过，并向报备机关提出建议：(1) 有关规定基本合法合规，但需要在执行中把握好尺度的；(2) 有关规定实施后上级精神发生变化或者新的改革措施即将出台，需要报备机关了解掌握的；(3) 有关方面提出的意见建议具有较高参考价值的；(4) 其他需要提出建议的情形。第二种是告知不规范情形后予以备案通过。党内法规和规范性文件没有原则性问题，但存在名称使用、体例格式、文字表述等不规范情形的，审查机关可以予以备案通过，并将相关情况告知报备机关。第三种是书面提醒后予以报备通过。党内法规和规范性文件没有原则性问题，但存在下列情形之一，审查机关可以予以备案通过，并对报备机关进行书面提醒：(1) 有关政治表述不够规范的；(2) 有关规定在执行中可能产生偏差或者引起误解的；(3) 有关规定不够合理的；(4) 制定程序不规范的；(5) 不符合精简文件、改进文风要求的；(6) 其他需要提醒的情形。报备机关在收到书面提醒后应当主动整改，并将相关情况及时通知有关方面，防范有关问题产生不利影响。审查机关要求报告处理情况的，报备机关应当在收到书面提醒后30日内报告。

三是不予备案通过。党内法规和规范性文件存在下列情形之一，审查机关应当不予备案通过，并要求报备机关进行纠正：(1) 违背党章、党的理论和路线方针政策的；(2) 违反宪法和法律的；(3) 同上位党内法规和规范性文件相抵触的；(4) 明显不合理的；(5) 不符合制定权限的；(6) 其他需要纠正的情形。对审查发现的问题，审查机关可以发函要求报备机关纠正，也可以由报备机关主动纠正。纠正可以采用修改原文件、印发补充文件等方式。报备机关应当在收到纠正要求后30日内报告相关处理情况，对复杂敏感、容易产生不利影响的事项，应当及时会同有关方面采取有效措施妥善处理。纠正后的党内法规和规范性文件符合要求的，审查机关按程序予以备案通过。报备机关未在规定时限内纠正问题或者报告有关纠正措施，且无正当理由的，审查机关可以作出撤销相关党内法规和规范性文件的决定。

做好党内法规和规范性文件备案审查工作，需要一系列的保障与监督措施。首先，要加强备案审查工作信息化建设，建立健全覆盖全面、互联互通、功能完备、操作便捷的备案专网，提高备案审查工作信息化水平；其次，为了强化党组织党内法规和规范性文件备案审查工作的主体责任，党组织应当加强对备案审查工作情况的监督检查、考核评价、表彰奖励，将相关结果在一定范围内通报；再次，为了提高党内法规和规范性文件备案审查的严肃性和权威性，应实行党内法规和规范性文件备案审查责任追究制度，对在工作中出现违反报备工作程序和时限要求导致报备不规范、不及时甚至不报备的，对审查机关指出的问题拒不整改或者整改不及时、不到位的，违反审查工作程序和时限要求审查不规范、不及时或者出现明显错误的情形，并且造成严重后果的，应当依规依纪追究有关党组织、党员领导干部以及工作人员的责任；最后，根据党内法规同国家法律的衔接和协调机制要求，在实行党内法规和规范性文件备案审查机制的同时，还应建立党内法规和规范性文件备案审查与国家法规、规章和规范性文件备案审查衔接联动机制，要求省、自治区、直辖市党委建立相应的备案制度，按照下备一级原则开展备案工作。

第二节　党内法规督查

党内法规督查，即党内法规的制定机关、执规主体或其他有权组织对党内法规的实施情况进行的监督检查、督促检查，目的在于推动党内法规实施，促进执规责任落实。党内法规督察的结果，既有可能对实施不力、工作不到位的党组织和人员进行责任追究，也有可能对实施较好、工作开展有力的党组织和人员进行奖励表彰。党内法规督查是提高党内法规执行力，加强党内法规制度建设的重要抓手和有效举措。党内法规督查常见的形式有：将党内法规执行情况纳入党组织和党员领导干部履行执规责任情况的监督，将党内法规执行情况纳入巡视巡察监督工作内容，将党内法规落实情况纳入法治政府建设与责任落实督察范围。

一、将党内法规执行情况纳入党组织和党员领导干部履行执规责任情况的监督

“徒法不足以自行。”党内法规制定出来之后，随之而来的就是党内法规的实施问题，所以要着力提高党内法规执行力，把制度的刚性立起来。当前，党内法规的实施情况整体较好，但在一些党内法规的执行上还存在“上热中温下冷”，先紧后松、上紧下松、外紧内松等现象，机械执行、选择执行、烦琐执行、变通执行问题都不少。特别是少数党员领导干部党规意识淡薄，执规能力不强，对出台的党内法规不学不懂不了解，没有真正把制度要求落实到位。要建立对党内法规制度执行情况监督检查的常态化机制，应当将党内法规制度的执行情况作为加强和规范党内监督、开展巡视巡察的重要内容，将党内法规制度执行情况纳入巡视巡察反馈意见，并做好督促整改工作。为贯彻落实党中央关于全面依法治国的部署要求，推动党政主要负责人切实履行推进法治建设第一责任人职责，2016 年 11 月 30 日实施的《党政主要负责人履行推进法治建设第一责任人职责规定》第 7 条规定：“党政主要负责人应当将履行推进法治建设第一责任人职责情况列入年终述职内容，上级党委应当对下级党政主要负责人履行推进法治建设第一责任人职责情况开展定期检查、专项督查。”而 2019 年 9 月 3 日发布的《中国共产党党内法规执行责任制规定（试行）》，就是为了提高党内法规执行力，推动党内法规全面深入实施制定的一部专门党内法规。

《中国共产党党内法规执行责任制规定（试行）》共19条，逐一明确规定党委、党组、党的工作机关、党的基层组织、党的纪律检查机关等各级各类党组织和党员领导干部的执规责任，围绕部署推动执规工作、执规能力建设、实施评估等建立健全保障机制，并对监督考核、责任追究等提出要求。《中国共产党党内法规执行责任制规定（试行）》第10条规定："党的纪律检查机关应当带头严格执行党内法规，并对其他党组织和党员领导干部履行执规责任进行监督检查，切实维护党章和其他党内法规。"《中国共产党党内法规执行责任制规定（试行）》第14条规定："上级党组织应当加强对下级党组织和党员领导干部履行执规责任情况的监督，对重要党内法规的执行情况进行督导检查，对发现的普遍性问题在一定范围内通报。各级党组织应当重视发挥党员、群众和新闻媒体等在监督执规责任履行中的积极作用，推动形成执规工作合力。党组织和党员领导干部履行执规责任情况，应当纳入领导班子和领导干部考核内容，可以与党风廉政建设责任制、党建工作、法治建设等考核相结合。"

将党内法规执行情况纳入党组织和党员领导干部履行执规责任情况的监督，就是从根本上破解党内法规"执行难"问题的一项重要举措。为了更好地强化各级党组织和党员领导干部的执规责任，党的十八大以来制定的很多重要党内法规，都在正文中明确规定了党委、党组、党的工作机关、党的基层组织、党的纪律检查机关等各级各类党组织和党员领导干部的执规责任，并将党内法规执行情况纳入党组织和党员领导干部履行执规责任情况的监督检查之中。如《中国共产党组织工作条例》第42条规定："各级党委（党组）应当落实全面从严治党主体责任，加强对本条例执行情况的监督检查，将本条例执行情况纳入领导班子和领导干部考核内容，纳入巡视巡察范围。"《中国共产党统一战线工作条例》第58条规定："各级党委（党组）应当落实全面从严治党主体责任，加强对本条例执行情况的监督检查，将本条例执行情况纳入领导班子、领导干部目标管理和考核体系，纳入政治巡视巡察、监督执纪问责范围。"《中国共产党党校（行政学院）工作条例》第67条规定："各级党委应当对本条例执行情况进行监督检查。在党委统一部署和协调下，上级党校（行政学院）会同有关部门对下级党委以及党校（行政学院）的执行情况定期进行检查。对于违反本条例的地区、部门和单位，追究有关人员的责任。”《中国共产党机构编制工作条例》第 24 条规定：“各级机构编制委员会及其办公室应当按照相应权限，对机构编制工作规定贯彻落实情况进行监督检查，纠正违纪违法行为，并按照有关规定向本级党委提出问责建议。建立机构编制核查制度，各级机构编制委员会在本级党委一届任期内至少组织 1 次管理范围内的机构编制核查。”《中国共产党党务公开条例（试行）》第 22 条规定：“党的组织应当建立健全党务公开工作督查机制，开展经常性检查和专项督查，专项督查可以与党风廉政建设责任制检查考核、党建工作考核等相结合。督查情况应当在适当范围通报。”

在实践中，党内法规督查是一项专业性比较强的业务工作，需要一支专业精干的督查队伍。实践中往往从纪委监委、组织、宣传、政法、巡视办等多家党内法规执行部门抽调业务骨干组成督查组，集中对督查组成员进行专题业务培训，列出督查清单，详细讲解督查内容、流程、方式，提升督查人员督查水平，确保督查工作顺利有效开展。

二、将党内法规执行情况纳入巡视巡察监督工作内容

巡视是党章赋予的重要职责，是加强党的建设的重要举措，是从严治党、维护党纪的重要手段，是加强党内监督的重要形式。实践证明，巡视制度有效、管用，是党内监督、群众监督、社会监督相结合的有效方式，破解了一党长期执政条件下党内监督的难题，有力印证了中国共产党完全有决心、有能力解决自身存在的问题，实现自我净化、自我完善、自我革新、自我提高，对推进全面从严治党具有战略、战术双重意义。2017 年 7 月 1 日修改的《中国共产党巡视工作条例》第 2 条规定：“党的中央和省、自治区、直辖市委员会实行巡视制度，建立专职巡视机构，在一届任期内对所管理的地方、部门、企事业单位党组织全面巡视。中央有关部委、中央国家机关部门党组

（党委）可以实行巡视制度，设立巡视机构，对所管理的党组织进行巡视监督。党的市（地、州、盟）和县（市、区、旗）委员会建立巡察制度，设立巡察机构，对所管理的党组织进行巡察监督。开展巡视巡察工作的党组织承担巡视巡察工作的主体责任。”

2013 年 4 月 25 日，习近平同志在中央政治局常务委员会审议《关于中央巡视工作领导小组第一次会议研究部署巡视工作情况的报告》时明确指出：“巡视是党章赋予的重要职责，是加强党的建设的重要举措，是从严治党、维护党纪的重要手段，是加强党内监督的重要形式。”2016 年 12 月 13 日印发的中共中央《关于加强党内法规制度建设的意见》强调，要强化监督检查，将党内法规制度实施情况作为各级党委督促检查、巡视巡察的重要内容，对重要党内法规制度实施情况开展定期督查、专项督查。在这之后，很多的党内法规都强调要将党内法规的执行情况纳入巡视巡察监督工作内容。如《中国共产党普通高等学校基层组织工作条例》第 36 条规定：“高校党的建设和思想政治工作情况应当纳入巡视巡察，作为学校领导班子综合评价和领导人员选拔任用的重要依据，作为‘双一流’建设等工作成效评估的重要内容。开展党组织书记抓基层党建述职评议考核工作，强化考核结果运用。对党的建设和思想政治工作重视不够、落实不力的，应当及时提醒、约谈；对出现严重问题的，按照有关规定严肃追责问责，督促抓好问题的整改落实。”《中国共产党统一战线工作条例》第 58 条规定：“各级党委（党组）应当落实全面从严治党主体责任，加强对本条例执行情况的监督检查，将本条例执行情况纳入领导班子、领导干部目标管理和考核体系，纳入政治巡视巡察、监督执纪问责范围。”《中国共产党地方组织选举工作条例》第 43 条规定：“本条例由党的中央委员会以及中央纪律检查委员会和地方各级委员会、纪律检查委员会负责监督实施，执行情况纳入巡视巡察监督工作内容。”《中国共产党党组工作条例》第 40 条规定：“党组（党委）及其成员执行本条例情况，应当自觉接受纪检监察机关、本单位基层党组织和党员群众的监督，纳入巡视巡察范围和党员民主评议内容。”《中国共产党重大事项请示报告条例》第 41 条规定：“党组织应当建立健全重大事项请示报告工作督查机制，并将执行请示报告制度情况纳入日常监督和巡视巡察范围。”《中国共产党支部工作条例（试行）》第31条规定：“村、社区党支部工作纳入县级党委巡察监督工作内容。”

从2018年2月22起，十九届中央第一轮巡视全面展开，15个中央巡视组开始对30个地方和单位党组织进行政治巡视。十九届中央巡视组对被巡视党组织进行全面政治体检，至少包括八项内容：学习贯彻习近平新时代中国特色社会主义思想情况，贯彻落实党章和党的十九大精神情况，落实意识形态工作责任制情况，选人用人和基层党组织建设情况，执行中央八项规定精神和整治“四风”情况，党规党纪执行情况，领导干部廉洁自律和整治群众身边腐败问题情况，以及十八届中央巡视整改落实情况等。这些巡视内容中，一个非常重要的内容就是检查被巡视党组织贯彻落实党章情况和党规党纪执行情况。

三、将党内法规落实情况纳入法治政府建设与责任落实督察范围

习近平同志指出，有些法规制度之所以执行不了、贯彻不下去，一个重要原因就是责任不明确，违反规定后怎么处罚无章可循。为此，在法规制度建设中，应当明确划分责任主体，防止出现责任主体分散、责任主体职责交叉等问题。为此，党中央决定将党内法规落实情况纳入法治政府建设与责任落实督察范围，以更好地明确党内法规落实的主体责任。督察作为一项监督制度，其本义是提醒、敦促有关单位和人员遵纪守法。督察的对象侧重于有明确问题导向或线索指向的单位和人员，结果很可能导致责任追究。负责督察工作的主体，一般是上级机关或掌握一定权力的机关单位，在很多情况下往往需要法律法规、党章党规的授权。

当前，一些地区和部门对法治政府建设特别是党内法规制度建设的重视程度、领导力度、推进速度还有待进一步加强。开展督察的目的，就是希望通过督察工作推进法治政府建设、党内法规制度建设，落实主体责任，形成从党政主要负责人到全体党政机关工作人员的责

任闭环体系。根据党政机关在推进法治政府建设上的不同定位和职责，明确督察工作的主要内容。对地方各级党委，主要督察履行推进本地区法治建设领导职责，加强法治政府建设的情况；对地方各级党政主要负责人，主要督察在全局工作中加强法治政府建设的情况；对领导班子其他成员，主要督察在分管工作范围内履行推进法治政府建设相关职责的情况。近年来，各地区、各部门围绕法治政府建设、党内法规制度建设开展了不少督察工作，取得了积极成效，但做法不一、标准不同，缺乏规范统一的要求和程序，需要进一步对督察组织实施作出具体规定，着力提高督察工作的程序性、针对性和可操作性，进一步运用好督察结果，对不作为、乱作为、慢作为的干部要警醒和惩戒，使其真正发挥督促、倒逼、问责、激励作用。

2016 年 11 月 30 日实施的《党政主要负责人履行推进法治建设第一责任人职责规定》第 5 条第 2 项专门强调，党政主要负责人作为推进法治建设第一责任人，履行“坚持全面从严治党、依规治党，加强党内法规制度建设，提高党内法规制度执行力”的职责。而 2019 年 4 月 15 日实施的《法治政府建设与责任落实督察工作规定》第 7 条规定：“对地方各级党委重点督察主要负责人履行推进法治建设第一责任人职责，加强法治政府建设的情况，以及党委其他负责人在其分管工作范围内履行相关职责情况。地方各级党委主要负责人应当坚持以身作则、以上率下，带头抓好推进本地区法治建设，加强法治政府建设的各项工作。”因此，在法治政府建设与责任落实督察工作中，对党政主要负责人履行推进法治建设第一责任人职责，特别是履行“坚持全面从严治党、依规治党，加强党内法规制度建设，提高党内法规制度执行力”的职责进行督察，是督察工作的重要内容和题中应有之义。

根据《党政主要负责人履行推进法治建设第一责任人职责规定》第 8 条、第 9 条规定，上级党委应当将下级党政主要负责人履行推进法治建设第一责任人职责情况纳入政绩考核指标体系，作为考察使用干部、推进干部能上能下的重要依据。党政主要负责人不履行或者不正确履行推进法治建设第一责任人职责的，应当依照《中国共产党问责条例》等有关党内法规和国家法律法规予以问责。在具体实践中，可以根据实际情况考虑如何将履行执规责任情况纳入领导班子和领导干部考核重要内容，纳入党组织书记抓党建工作述职评议考核内容，纳入领导干部年终目标绩效考核重要内容。同时，按照“好”“较好”“一般”“差”四个等次对被督察单位进行评估，对在学习宣传、执行落实党内法规不力或不担当不作为、检查评估为“差”等情形的，部门（单位）年终目标绩效考核不能评为一等次，领导班子年度考核不能评为“优秀”等次，并根据相关党内法规要求，启动问责机制，严肃追究有关责任人责任。

第三节　党内法规救济

一、党员权利救济的重要意义

党员权利是党内民主的基础。党内民主是党的生命，没有党内民主就没有党的兴旺发达。什么时候有了党内民主，我们党和党所领导的事业就充满生机；什么时候党内民主受到削弱和破坏，党就会犯错误，党的事业就会遭受严重挫折。对于中国共产党而言，在长期执政的条件下，发展党内民主是党始终面临和必须认真解决的重大问题，这个问题的核心就涉及党内民主和党员权利的关系。民主集中制的实质就是党内民主和党员权利的关系。所谓党内民主就是由党的性质、宗旨和奋斗目标所决定的，体现在党的制度和党内生活中的，由全体党员一律平等地、直接或间接地决定党内一切重大事务的权利。要保障党员的权利就必须发展党内民主，因为这本身就是一个权利。党员的权利是平等的，党员是党的主体，有权平等地、直接或间接地决定党内的一切重大事务。所有党员在党内一律平等，都有平等地参与党内各种事务的权利，这是党内民主的精髓和核心，是实现党内民主的基础和前提条件。党员权利的平等也就意味着全体党员不论职务高低、资历年龄，在党内的地位是平等的，义务和权利是对等的，决不允许有超越组织和其他党员之上的组织或家长式的人物存在。党内民主的核心就是党员权利，发展党内民主的实质就是要保障党员权利。民主集中制的实质就是通过发展党内民主彰显党员权利、汇集党内智慧，通过适当集中聚集党内力量、形成统一共识。

党员是党的主体，党内民主发挥得如何关键是看党员权利发挥得如何，也就是说，党员各项民主权利的实现程度标志着党内民主的发展程度。离开党员民主权利的发挥，党内民主就没有基础，所以要发展党内民主，就必须让广大党员说话，而且要保证党员有权决定党内的重大事务。从制度层面上讲，党章对党员必须履行的义务和享有的权利都作了详尽的规定，有八项权利和八项义务。这些规定包含了党员在党内生活中充分发表意见的权利，包含了充分参与党的决策的权利，包含了监督制约党的领导机关和领导干部的权利，党章对这些权利规定得比较详细完善。1980 年 2 月，党的十一届五中全会上通过的《关于党内政治生活的若干准则》强调，党员的权利受到侵犯，是违法犯罪行为。1995 年印发的《中国共产党党员权利保障条例（试行）》，明确规定侵犯党员权利的行为应该受到惩处。

曾经有一段时期，党内的权力配置结构并不十分科学，某些领导干部用党员授予的权力取代了党员的主体地位，把自己的工作职权当作特权，这是党员权利得不到保障的根本性原因。政党作为一个政治组织，要求它的成员必须以服从组织为前提，但这种服从决不意味着剥夺党员权利的主体地位。以机制的力量切实保证党员的主体权利，同时以机制的力量限制党员选出的某些领导干部的权力，我们对这方面的有关制度规定还很薄弱。如果只停留在党员参与而不是拥有对党内事务决策的权利，这些权利仅仅由少数人来行使，所谓党员权利的保障就都是空的，广大党员就不可能感到自己在党内的主体地位，就不可能保障自己的权利不受侵犯，甚至不可能保障自己的人身权利不受侵犯。对侵犯党员民主权利的人，不管涉及谁，不管职务高低，都应该受到相应党规国法的严厉制裁。在党员权利保障问题上，既要对敢于坚持党内民主、捍卫党员权利的党员进行激励和表扬，更要让那些践踏党内民主、侵犯党员权利的少数分子受到应有的严厉惩处。

党的十九大后，随着国家经济社会形势的不断发展，党员权利保障工作出现了一些新情况新问题。广大党员特别是年轻党员的法治意识、权利意识和主体意识不断增强，依法依规享有权利、行使权利、保障权利的自觉性更加主动更加强烈，这些新情况新问题的出现对党员权利保障的范围、方式、渠道、措施等提出了更多更高的新要求。在实践中，虽然这几年党的领导不断强化，党的建设不断完善，全面从严治党也更加有力，但在有些地方、有些部门，党内民主的建设还跟不上时代的发展，党内监督的力度距离人民群众的期待还有一定的距离，党员权利保障现状还有一些不尽如人意的地方：有的领导干部民主作风不够，习惯搞"家长制、一言堂"；有的领导干部不能平等对待同志，随意辱骂殴打党的干部；有的党员居心叵测、心怀不轨，故意实施诬告陷害行为；有的领导干部违反民主集中制原则，经常个人决定重大问题；有的领导干部存在命令主义、形式主义、官僚主义问题，甚至打击报复、歧视刁难正常行使权利的党员；有的党员权利被侵犯后存在申诉无门、控告无效等问题。这些问题严重影响了党内政治生态，严重违反党内民主制度，严重侵害党员正常权利，必须要加以解决。

因此，从党内法规和救济制度上保障党员权利，有助于通过发展党内民主推动人民民主。从党内法规和救济制度上保障党员权利，有助于保证党进行民主决策和科学决策。通过充分发扬党内民主，健全党内民主制度，就能够使党的各项决策充分反映广大党员的意愿，使党的决策走上民主化、科学化的轨道，保证党的路线方针政策的正确性和有效贯彻执行。

二、党员权利救济的制度渠道

无救济则无权利，有损害必有偿复。从制度渠道上保障党员权利，对党员受到侵害的权利进行救济，是建立健全充分反映党组织意志和党员意愿的党内民主制度的前提和基础。只有建立健全发扬党内民主、保障党员权利、严肃党的纪律的党内法规制度体系，才能使党内民主的保障、党员权利的救济、党的纪律的实施具有明确的制度依据和坚实的制度基础。从制度层面来看，对党员权利的救济方式主要有申辩、申诉和控告。

1. 党内申辩

申辩即申述理由、加以辩解。党员的党内申辩权，是指党员有权实事求是地对被反映的本人问题向党组织作出说明、解释；在党组织讨论决定对自身处分或者作出鉴定时，有权参加和进行申辩，其他党员可以为其作证和辩护。

申辩权是党员的一项基本权利，也是党员权利救济的重要方式。《中国共产党章程》第 43 条规定："党组织对党员作出处分决定，应当实事求是地查清事实。处分决定所依据的事实材料和处分决定必须同本人见面，听取本人说明情况和申辩。如果本人对处分决定不服，可以提出申诉，有关党组织必须负责处理或者迅速转递，不得扣压。对于确属坚持错误意见和无理要求的人，要给以批评教育。"《中国共产党党内监督条例》第 44 条规定："党组织应当保障监督对象的申辩权、申诉权等相关权利。经调查，监督对象没有不当行为的，应当予以澄清和正名。对以监督为名侮辱、诽谤、诬陷他人的，依纪严肃处理；涉嫌犯罪的移送司法机关处理。监督对象对处理决定不服的，可以依照党章规定提出申诉。有关党组织应当认真复议复查，并作出结论。"《中国共产党问责条例》第 11 条规定："查明调查对象失职失责问题后，调查组应当撰写事实材料，与调查对象见面，听取其陈述和申辩，并记录在案；对合理意见，应当予以采纳。调查对象应当在事实材料上签署意见，对签署不同意见或者拒不签署意见的，调查组应当作出说明或者注明情况。调查工作结束后，调查组应当集体讨论，形成调查报告，列明调查对象基本情况、调查依据、调查过程，问责事实，调查对象的态度、认识及其申辩，处理意见以及依据，由调查组组长以及有关人员签名后，履行审批手续。"

在实践中，党员的党内申辩权主要包括两种情形：第一种情形是党员有权实事求是地对被反映的本人问题向党组织作出说明、解释；第二种情形是党员在基层党组织讨论决定对自身处分或者作出鉴定时，有权参加和进行申辩，其他党员可以为其作证和辩护。需要注意的是，党员在申辩时，其他党员在为其作证或者辩护时，必须坚持实事求是的原则，作伪证者应受到党纪追究。申辩人有如下权利：（1）申辩人有权依据事实和党纪政纪的有关规定，就自己是否有错、错轻还是错重等情况进行陈述和辩解，不受任何组织和个人的干涉与影响。（2）申辩人有权知悉党组织认定的错误事实材料，对自己不承认的事实、情节提出不同意见，并进行辩解；对自己曾经承认过的事实、情节，认为又有新的补充内容，可以提出与之前不同的意见。（3）申辩人有权向党组织提供证明自己无错或错轻的证据线索和证据材料。（4）申辩人对认定事实的证据持有异议时，有权提出重新调查或鉴定的要求。

作为监督执纪工作的专责机关，纪检监察机关有权对党组织和党员违反党章和其他党内法规，违反国家法律、法规，违反党和国家政策、社会主义道德，危害党、国家和人民利益的行为，依照相关规定给予党纪政纪处分。因此，在监督执纪中如何保障党员正当权利就成为权利救济的重要环节。对此，《中国共产党党员权利保障条例》第35条专门规定："在对党员进行监督执纪中应当充分保障党员权利，严格依规依纪依法开展工作，不得使用违反党章党规党纪和法律法规的手段、措施。对于本人的说明和申辩、其他党员所作的证明和辩护，应当认真听取、如实记录、及时核实，合理的予以采纳；不予采纳的，应当说明理由。党员实事求是的申辩、作证和辩护，应当受到保护。处理、处分所依据的事实材料应当同本人见面。处理、处分的决定应当向本人宣布，并写明党员的申诉权以及受理申诉的组织等内容。事实材料和决定应当由本人签署意见，对签署不同意见或者拒不签署意见的，应当作出说明或者注明情况。"

2. 党内申诉

申诉，是指国家机关工作人员和政党、团体成员等对所受处分不服时，向原机关或上级机关提出自己的意见。党内申诉权是指党员对于党组织给予本人的处理、处分或者作出的鉴定、审查结论不服的，有权按照规定程序逐级向本人所在党组织、上级党组织直至中央提出申诉。

申诉权是党员的一项基本权利，多部重要党内法规都确认了党员的申诉权。《中国共产党章程》第4条规定，党员有权利向党的上级组织直至中央提出请求、申诉和控告，并要求有关组织给予负责的答复。党的任何一级组织直至中央都无权剥夺党员的这项权利。《关于新形势下党内政治生活的若干准则》规定，要保障党员申辩、申诉等权利。对执纪中的过错或违纪行为，要依规及时纠正、消除影响并追究有关组织和人员的责任。《中国共产党纪律处分条例》第42条规定，执行党纪处分决定的机关或者受处分党员所在单位，应当在6个月内将处分决定的执行情况向作出或者批准处分决定的机关报告。党员对所受党纪处分不服的，可以依照党章及有关规定提出申诉。《党政机关厉行节约反对浪费条例》第62条规定，受到责任追究的人员对处理决定不服的，可以按照相关规定向有关机关提出申诉。受理申诉机关应当依据有关规定认真受理并作出结论。申诉期间，不停止处理决定的执行。

申诉权是党员的一项重要权利。党组织应当认真处理党员的申诉，并给予负责的答复。对于党员的申诉，有关党组织应当按照规定进行复议、复查，不得扣压。上级党组织认为必要时，可以直接或者指定有关党组织进行复议、复查。经复议、复查，对于全部或者部分纠正的案件，重新作出的决定应当在一定范围内宣布；对于处理正确而本人拒不接受的，给予批评教育；对于无正当理由反复申诉的，有关党组织应当正式通知本人不再受理并在适当范围内宣布。党员对党组织给予其他党员的处理、处分或者鉴定、审查结论提出的意见，有关党组织应当认真研究处理、如实记录，并进一步核实，采纳其合理意见。党员认为党组织给予其他党员的处理、处分或者作出的鉴定、审查结论不当的，有权按照规定程序逐级向党组织直至中央提出意见。向上级党组织直至党中央提出申诉是党员的权利，任何部门都不能剥夺，但申诉权也要按照程序进行，那就是要逐级申诉，而不能越级申诉，否则也有可能构成违纪。对此，《中国共产党纪律检查机关监督执纪工作规则》第59条规定，对不服处分决定的申诉，由批准或者决定处分的党委（党组）或者纪检监察机关受理；需要复议复查的，由纪检监察机关相关负责人批准后受理。申诉办理部门成立复查组，调阅原案案卷，必要时可以进行取证，经集体研究后，提出办理意见，报纪检监察机关相关负责人批准或者纪委常委会会议研究决定，作出复议复查决定。决定应当告知申诉人，抄送相关单位，并在一定范围内宣布。坚持复议复查与审查审理分离，原案审查、审理人员不得参与复议复查。复议复查工作应当在 3 个月内办结。

3. 党内控告

控告主要是指被害人向纪检监察机关报告、揭发党组织、党员以及监察对象涉嫌违纪或者职务违法、职务犯罪问题并要求依法惩治的行为。《中国共产党权利保障条例》第 19 条规定："党员有党内控告权，合法权益受到党组织或者其他党员侵害的，有权向本人所在党组织、上级党组织直至中央提出控告，要求对侵害其合法权益的行为依规依纪进行处理。"因此，党员的党内控告权，主要是指党员受到打击、迫害、诬告陷害或因为揭发检举某些人、某些组织而受到错误打压、报复时，有权向本人所在党组织、上级党组织直至中央提出控告，要求对侵害其合法权益的行为依规依纪进行处理。

控告作为党员的一项基本权利，其行使主体一般是被害人，控告要能指出违法违纪嫌疑人和违法违纪事实。《中国共产党章程》第 4 条规定，党员有权利向党的上级组织直至中央提出请求、申诉和控告，并要求有关组织给予负责的答复。党的任何一级组织直至中央都无权剥夺党员的这项权利。为了保障党员的党内控告权，党组织应当严格落实党内民主监督各项制度，畅通监督渠道，支持和鼓励党员发扬斗争精神，同各种违纪违法行为和不正之风作斗争。对于党员的批评、揭发、检举、控告以及提出的有关处理、处分和罢免、撤换要求，党组织应当按照规定及时恰当处理，并给予负责的答复。党组织应当保障检举控告人的权益，对检举控告人的信息以及检举控告内容必须严格保密，严禁将检举控告材料转给被检举控告的组织和人员。提倡和鼓励实名检举控告，对实名检举控告优先办理、优先处置，告知受理情况、反馈处理结果；对于检举控告严重违纪违法问题经查证属实的，应当给予表扬。对于党员检举控告和反映的问题，任何党组织和领导干部都不准隐瞒不报、拖延不办。对于通过正常渠道反映问题的党员，任何组织和个人都不准打击报复，不准擅自进行追查，不准采取调离工作岗位、降格使用等惩罚措施。

群众路线是党的生命线和根本工作路线，想问题、作决策、办事情都要站在群众的立场上，通过各种途径了解群众的意见和要求、批评和建议。检举、控告是党章、宪法赋予党员、公民的重要权利。处理检举控告，是中国共产党倾听党员和群众呼声、依靠人民群众开展反腐败工作的重要方式，是纪检监察机关贯彻党的群众路线、保障党员民主权利的重要举措。党的纪律检查机关作为监督执纪问责的专责机关，担负着保障党员权利的重要职责，应加强对党组织和领导干部履行党员权利保障工作职责情况的监督检查，受理和处置有关党员权利保障方面的检举、控告和申诉，检查和处理侵犯党员权利方面的案件，对侵犯党员权利的党组织和党员作出处理、处分决定或者提出处理、处分建议。对阻挠、压制、侵害党员党内控告权的行为的处理、处分，《中国共产党纪律处分条例》第 79 条专门进行了规定："有下列行为之一的，给予警告或者严重警告处分；情节较重的，给予撤销党内职务或者留党察看处分；情节严重的，给予开除党籍处分：（一）对批评、检举、控告进行阻挠、压制，或者将批评、检举、控告材料私自扣压、销毁，或者故意将其泄露给他人的；（二）对党员的申辩、辩护、作证等进行压制，造成不良后果的；（三）压制党员申诉，造成不良后果的，或者不按照有关规定处理党员申诉的；（四）有其他侵犯党员权利行为，造成不良后果的。对批评人、检举人、控告人、证人及其他人员打击报复的，从重或者加重处分。党组织有上述行为的，对直接责任者和领导责任者，依照第一款规定处理。"

没有程序就没有正义。党员的党内控告权利救济不仅需要实体上的确认保护，更需要程序上的细化保障。为了保障党内控告权利的实现，2020 年 1 月 21 日中共中央办公厅发布了《纪检监察机关处理检举控告工作规则》。该规则对检举控告的接收和受理、检举控告的办理、实名检举控告的处理、检举控告情况的综合运用、当事人的权利和义务、诬告陷害行为的查处，以及纪检监察机关及其工作人员在处理检举控告中的工作要求和责任等作了详细规定。制定该规则有利于进一步坚持和完善党和国家监督体系，拓宽党内监督、群众监督渠道，畅通检举控告渠道，完善激励保障机制，保障检举控告人监督权利，维护党员、干部合法权益，规范纪检监察机关处理检举控告的接收、受理、办理、处置程序，促进监督执纪执法权正确行使，调动党员、干部和广大群众参与监督的积极性，不断增强人民群众对党的信任和信心，厚植党的执政根基。

第十一章　党内法规发展

党内法规既是管党治党的重要依据，也是建设社会主义法治国家的有力保障，需要在管党治党实践中加以发展、在法治中国建设中加以创新。新时代党内法规建设，要以改革创新精神加快补齐党建方面的法规制度短板，推进党内法规制度供给侧结构性改革，构建以党内法规制度为主导的权力制约和监督体系，建立党内法规同国家法律的衔接和协调机制，尽快形成比较完善的党内法规制度体系。

第一节　推进党内法规制度供给侧结构性改革

一、党内法规制度“供给侧结构性改革”的核心要义

党内法规既是管党治党的重要依据，也是建设社会主义法治国家的有力保障。坚持制度治党、依规治党，是以习近平同志为核心的党中央推进全面从严治党战略布局的重大举措，也是十八大以来党中央管党治党、执政兴国的鲜明特征。党的十九届四中全会延续了党中央加强制度建设的优良传统和政治优势，对坚持和完善党的领导制度体系、完善全面从严治党制度作出重要部署，强调要把“坚持和完善中国特色社会主义法治体系，提高党依法治国、依法执政能力”作为13个“坚持和完善”的重要内容，加强党内法规制度建设研究，着

眼于坚持和加强党的全面领导，按照精准有效、务实管用原则，统筹推进党内法规制度的立改废释工作，不断深化党内法规制度“供给侧结构性改革”，加快形成完善的党内法规体系。

供给侧结构性改革思想是习近平同志治国理政新理念新思想新战略的重要内容，最初源自经济领域，旨在调整经济结构，用增量改革促存量调整，优化要素配置，提升经济增长的质量和数量。供给侧改革主要是相对于需求侧改革而言的，需求侧改革主要有投资、消费、出口三驾马车，供给侧改革包括劳动力、土地、资本、制度创造创新等要素，因此，制度的创造创新，本身就是供给侧结构性改革的重要内容之一。党内法规制度作为制度建设的重要组成部分，自然也要搞好制度“供给侧结构性改革”，更好地发挥制度的根本性、全局性、稳定性、长期性作用，形成制度整体效应。

党内法规制度“供给侧结构性改革”的核心要义，就是从提高制度供给质量出发，以增量改革推进现有存量结构调整，强调制度创造创新，扩大有效制度供给，提高制度建设对实践需求的适应性和灵活性，提高党内法规制度体系建设的科学性和有效性，更好满足管党治党的现实需要，促进党和国家事业的健康有序发展。具体来说，就是通过新修新订的党内法规，来优化现存的党内法规制度体系、提高党内法规的整体质量，在加快推进党内法规制度建设的基础上，构建系统完备、科学规范、运行有效的制度体系，使各方面制度更加成熟更加定型。

相对于较为成熟的国家法律体系，党内法规制度体系的理论研究与体系建设相对比较滞后，尚未形成完善的党内法规制度体系。从党内法规的形成发展历程来看，在建党初期，制定党内法规的主要目的是规范党组织工作、活动和党员行为，并没有考虑要从顶层设计的高度来制定一个科学完善的党内法规制度体系。这就导致了党内法规制度体系建设从一开始就带有实用性、功利性和临时性痕迹，只是后来，随着党内法规的数量越来越多，党内法规调整的领域越来越广，条文粗糙、笼统抽象、内容重复、条文冲突等问题日益显现。如果不抓紧解决好党内法规制度体系建设问题，厘清各种党内法规之间的逻辑关系，那就很容易造成不同党内法规之间的边界不清、冲突抵触，就无法有效维护党内法规制度体系的协调统一，就不能适应全面从严治党、依规治党的现实需要。[①] 党内法规制度体系建设问题，尤其是党内法规制度“供给侧结构性改革”问题开始逐渐浮出水面，成为新时代党的制度建设的重要内容。

二、党内法规制度“供给侧结构性改革”的思想脉络

党内法规制度“供给侧结构性改革”的任务目标是，构建系统完备、科学规范、运行有效的党内法规制度体系，推动形成制度整体效应。党的十八大以来，以习近平同志为核心的党中央高度重视党内法规制度建设，着眼管党治党、执政治国战略，对新形势下构建党内法规制度体系、全面提高党的建设科学化水平提出明确要求并作出重要部署，党内法规制度体系建设特别是党内法规制度“供给侧结构性改革”问题被提上重要议事日程。

2012 年 11 月，习近平同志在十八届中央政治局第一次集体学习时指出，坚持以实践基础上的理论创新推动制度创新，坚持和完善现有制度，从实际出发，及时制定一些新的制度，构建系统完备、科学规范、运行有效的制度体系，使各方面制度更加成熟更加定型。[②] 这是党的十八大以来，习近平同志关于制度“供给侧结构性改革”思想的首次呈现，具有昭示性意义。2013 年 11 月，党的十八届三中全会提出，到 2020 年在重要领域和关键环节改革上取得决定性成果，形成系统完备、科学规范、运行有效的制度体系，使各方面制度更加成熟更加定型，这就进一步明确了制度“供给侧结构性改革”的方法步骤、重点关键、目标任务等。2014 年 10 月，党的十八届四中全会提出，建设中国特色社会主义法治体系，建设社会主义法治国家，形成完备的法律规范体系、高效的法治实施体系、严密的法治监督体系、有力的法治保障体系，形成完善的党内法规体系，这实际上是对党内

---

① 李忠. 构建依规治党法规制度体系研究. 西北大学学报，2017（5）.

② 习近平. 紧紧围绕坚持和发展中国特色社会主义 学习宣传贯彻党的十八大精神. 人民日报，2012-11-19.

法规制度“供给侧结构性改革”的体系目标提出了明确要求。2016年12月底，习近平同志对全国党内法规工作会议作出重要指示，强调要以改革创新精神加快补齐党建方面的法规制度短板，力争到建党100周年时形成比较完善的党内法规制度体系。[①] 这再一次充分彰显了党内法规制度“供给侧结构性改革”的思想精髓和核心要义，标志着党内法规制度“供给侧结构性改革”思想的呼之欲出。

党的十九大后，党内法规制度“供给侧结构性改革”逐渐走向深入。2017年10月，党的十九大报告专门强调指出，要增强依法执政本领，加快形成覆盖党的领导和党的建设各方面的党内法规制度体系，加强和改善对国家政权机关的领导，这就从顶层设计的高度对党内法规制度“供给侧结构性改革”的背景原因、重要目标和根本目的等问题进一步作出回答。2019年7月9日，习近平同志在中央和国家机关党的建设工作会议上明确指出，要处理好建章立制和落地见效的关系，搞好制度“供给侧结构性改革”，空白缺位的抓紧建立，不全面的尽快完善，成熟经验及时推广。这是习近平同志第一次明确提出制度“供给侧结构性改革”概念，标志着党内法规制度“供给侧结构性改革”正式成为新时代党和国家制度建设，特别是党内法规制度建设的重要内容。党的十九届四中全会则以“坚持和完善中国特色社会主义制度、推进国家治理体系和治理能力现代化”为主题，第一次系统描绘了中国特色社会主义制度的图谱，深刻阐释了当前党和国家制度建设的显著优势、任务举措、总体目标，全面部署了推进制度建设的重大任务和重要举措，并把“加快形成完善的党内法规体系”作为制度建设的重要目标，这本身就是坚持制度治党、依规治党，推进制度“供给侧结构性改革”的重大举措和具体体现。2019年9月，党中央在修订后的《中国共产党党内法规制定条例》的印发通知中明确要求，各地区各部门要以条例为基本遵循做好党内法规制定工作，抓住提高质量这个关键，搞好制度“供给侧结构性改革”，形成制度

① 坚持依法治国与制度治党、依规治党统筹推进、一体建设. 人民日报，2016-12-26.

整体效应。[①] 这就标志着党内法规制度“供给侧结构性改革”工作，已经正式成为党内法规工作、党内法规制度建设的重要内容和关键环节。

三、党内法规制度“供给侧结构性改革”的逻辑内涵

当前党内法规制度体系的问题主要是结构性问题，具体包括供给结构、区域结构、层级结构、领域结构、实施结构等问题，这几个方面的结构性问题既相对独立又相互叠加，需要通过制度“供给侧结构性改革”有针对性地加以解决。

（1）党内法规制度的供给结构。截至 2021 年 7 月 1 日，现行有效的党内法规共 3 615 部，数量不可谓不多。但普遍存在的突出问题是，很多党内法规特别是地方党内法规质量总体不高，不能完全满足管党治党的实践需求。从供给结构看，党内法规制度体系建设必须要从“重数量”向“重质量”转变，抓住提高质量这个关键，按照“于法周延，于事有效”原则，确保党内法规的针对性和实效性，加强党内法规制度“供给侧结构性改革”，统筹推进各领域各层级各类型党内法规制度的立改废释，推动形成比较完善的有机统一整体。

（2）党内法规制度的效力结构。从效力层级上看，党内法规一般分为党章、准则、条例、规定、办法、规则、细则 4 级 7 种。目前，党章只有 1 部，准则只有 3 部，大量的党内法规是规定、办法层级，需要进一步优化党内法规的效力结构、层级结构，加大准则、条例层级的供给数量，也加大规则层级的供给数量，注重从程序规程上管党治党。从层级结构看，党内法规一般分为中央党内法规、部委党内法规、地方党内法规三类。其中，中央党内法规居于引领地位。[②] 截至 2021 年 7 月 1 日，现行有效中央党内法规 211 部，部委党内法规 163 部，而地方党内法规 3 241 部，约占整个党内法规总量的 90%，可以

① 中共中央印发《中国共产党党内法规制定条例》《中国共产党党内法规和规范性文件备案审查规定》《中国共产党党内法规执行责任制规定（试行）》. 人民日报，2019－09－16.

② 宋功德. 党规之治. 北京：法律出版社，2015：292.

说，地方党内法规数量占了绝大多数。对这种显著失衡的制度结构，也需要从实践出发，进一步加以优化。

（3）党内法规制度的内容结构。党内法规制度体系，是以党章为根本，以民主集中制为核心，以准则、条例等中央党内法规为主干，由各领域各层级党内法规制度组成的有机统一整体。按照“规范主体、规范行为、规范监督”相统筹相协调原则，我们基本确立了以“1＋4”为基本框架的党内法规制度体系，即在党章之下分为党的组织法规制度（153 部）、党的领导法规制度（772 部）、党的自身建设法规制度（1 319 部）、党的监督保障法规制度（1 370 部）4 大板块。从内容结构上看，根据 2021 年 7 月 1 日的统计数据，党的组织法规制度数量相对较少，有 153 部，党的领导法规制度次之，有 772 部，而党的自身建设法规制度和党的监督保障法规制度数量较多，各有 1 319、1 370 部。因此，需要加大党的组织法规制度、领导法规制度的供给力度，进一步优化党内法规制度内容结构。

（4）党内法规制度的实施结构。制度的生命力在于执行。建章立制很重要，但更重要的是制度执行，所以一分部署还要九分落实。对此，习近平同志 2019 年 7 月在内蒙古考察时专门强调，党内法规不少，主要问题在于执行不力，有的是缺乏执行能力，有的是缺乏执行底气，要强化法规制度执行，不能打折扣。① 当前党内法规制度建设总体上已进入有规可依的阶段，但在不同程度上还存在重传达轻落实、重制定轻执行的现象，有规不依、落实不力，上紧下松、外紧内松，牛栏关猫、来去自如等问题时有发生，使制度成了“橡皮筋”“稻草人”，导致“制度失灵”，出现“破窗效应”。党内法规制度建设，必须遵循“务实管用、简便有效”原则，深入推进党内法规制度实施结构改革，注重实体性规范和保障性规范的结合和配套，着力增强制度执行力、针对性、操作性，坚决维护制度的严肃性和权威性，做到制度面前人人平等、执行制度没有例外，切实用制度管权管事管人。

---

① 牢记初心使命　贯彻以人民为中心发展思想　把祖国北部边疆风景线打造得更加亮丽. 人民日报，2019－07－17.

第二节 构建以党内法规为主导的权力制约和监督体系

在规范形态上，制度治党主要表现为依规治党，本质是制度建设在政党领域的展开。在法治社会，一切权力主体的行为都要有法可依、依法而为，政党作为国家最高政治领导力量，也享有和行使着公权力，自然要在法治的轨道上运行。从法治的角度来看，腐败的本质是公权力的异化，是由于权力的结构失衡和运行过程的不受控制所导致的一种背离权力设定目标的非正常现象。权力本来是来源于人民，起源于权利，其根本目的是更好地保障人民权利。但是，权力的易蚀性本性决定了一旦权力得不到有效的制约，就会异化为权利的杀手，沦为侵害权利最为剧烈的人民公敌。因此，要想从根源上反腐败，最为根本的一条就是加大对权力的制约和监督力度，将权力的配置和运行纳入制度建设的轨道中来。

针对权力的极易腐蚀、容易腐败的天性，为了确保权力的正当行使，防止其腐化为恶，西方古典思想家们构想了多种思路来对权力进行制约和监督，其中比较典型的主要有自然法理论、市民社会理论和主权理论。自然法理论认为在世俗权力之上存在一个高高在上的自然法，世俗权力只能服从而不能违反；市民社会理论认为，在“政治国家”之外存在一个并列的“市民社会”，在市民社会领域遵循社会自治原则，国家权力不能任意侵入；主权理论认为在国家权力之上存在一个更高的权力——主权，国家权力来源于主权并服从主权。尽管这三种理论在权力限制方式上有着较大差异，但从方法论角度来看，三种在本质上是相同的，即都是试图通过在权力之外找到一个另外的或更高的权威来限制权力。这种限制权力方式的根本性缺陷在于，通过寻找或构造一个更高的权力来限制权力，实际上还是试图通过外在于权力的另一种力量来限制权力，这种努力和尝试往往会因为国家权力的独立性和强制性沦为一种空想。

权力制约和权力监督的路径很多，通过道德、宗教、舆论、权利等方式都可以在不同程度上达到权力制约和监督的目的。从人类社会发展的历史来看，这些诸多的权力限制手段都没有真正束缚住权力的恣意和滥用，都没有完全消解权力异化所带来的消极腐败现象。因此，在总结历史上的成功经验和惨痛教训的基础上，人们逐渐意识到，在权力掌握强制力和单方支配力的前提下，仅仅寄希望于外在于权力的其他力量来限制权力是无法实现权力制约和权力监督的历史重任的，必须要转变思维，从权力结构内部入手，将权力分解为几个大致平衡的子权力，通过这些地位平等、权能相当的若干个子权力之间的相互制衡来最终实现权力的正当行使。

从腐败产生的根源上看，由于权力结构的配置失衡必然会导致权力的不受制约，从而导致权力运行的不受监控，最终导致腐败现象的发生。因此，从权力结构和运行机制角度来看，腐败的根源在于权力的结构失衡和运行机制的不受监控。在这个意义上，要想从根源上预防腐败的发生，需要建立健全决策权、执行权、监督权既相互制约又相互协调的权力结构，形成结构合理、配置科学、程序严密、制约有效的权力运行机制。要充分发挥监督制约效能，必须完善权力运行制约和监督方面的实体性制度和程序性规定，实现监督制约体制和机制创新，最终形成全方位、多层次的监督制约体系。同时，按照权力制约和协调原则，做到决策更加科学、执行更加顺畅、监督更加有力，既保证权力高效运行，又保证权力正确行使，建立健全权力运行监控机制，推进权力运行程序化和公开透明，从而在根源上预防腐败现象的发生。

从历史上看，我国历来高度重视权力运行的制约和监督问题，许多党和国家领导人都对权力运行的制约和监督问题进行过深刻论述，为我们现阶段的权力制约和监督、反腐倡廉工作奠定了基础，明确了方向。改革开放伊始，在反思“文华大革命”教训的基础上，以邓小平同志为核心的党中央开始重视制度建设的作用，使得国家权力的行使走上法制化、制度化、规范化的道路。邓小平同志指出：“我们过去发生的各种错误，固然与某些领导人的思想、作风有关，但是组织制度、工作制度方面的问题更重要。这些方面的制度好可以使坏人无法任意横行，制度不好可以使好人无法充分做好事，甚至会走向反面。……领导制度、组织制度问题更带有根本性、全局性、稳定性和长期性。”① 从此以后，通过加强制度建设来制约和监督权力的运行，确保权力的正当行使就成为我们的不二选择。党的十六大明确将建立科学有效的权力运行机制作为权力制约和监督工作的核心，提出加强对权力的制约和监督，建立结构合理、配置科学、程序严密、制约有效的权力运行机制，从决策和执行等环节加强对权力的监督，切实健全、严格执行党内监督制度。党的十七大进一步提出要“建立健全决策权、执行权、监督权既相互制约又相互协调的权力结构和运行机制”。

党的十八大之后，在总结历史经验教训的基础上，以习近平同志为核心的党中央高度重视权力制约和监督问题，在多个场合多次强调要健全权力运行制约和监督体系。在 2012 年 12 月 4 日的首都各界纪念现行宪法公布施行 30 周年大会上，习近平同志指出：“要健全权力运行制约和监督体系，有权必有责，用权受监督，失职要问责，违法要追究，保证人民赋予的权力始终用来为人民谋利益。”在 2013 年 1 月的十八届中央纪委第二次全会上，习近平同志强调：“要加强对权力运行的制约和监督，把权力关进制度的笼子里，形成不敢腐的惩戒机制、不能腐的防范机制、不易腐的保障机制。”在 2013 年 4 月的中央政治局第五次集体学习时，习近平同志再一次强调：“反腐倡廉的核心是制约和监督权力。”2015 年 6 月 26 日，习近平同志在十八届中央政治局第二十四次集体学习时讲话指出，腐败的本质是权力出轨、越轨，许多腐败问题都与权力配置不科学、使用不规范、监督不到位有关。反腐倡廉法规制度建设要围绕授权、用权、制权等环节，合理确定权力归属，划清权力边界，厘清权力清单，明确什么权能用、什么权不能用，强化权力流程控制，压缩自由裁量空间，杜绝各种暗箱操作，把权力运行置于党组织和人民群众监督之下，最大限度

① 邓小平文选：第 2 卷. 北京：人民出版社，1994：333.

减少权力寻租的空间。这些重要论述，从不同方面共同揭示了树立正确的权力观、制约和监督权力的重要性，也表明了党中央对权力制约和监督问题的高度重视。

基于这种考虑，党的十八届三中全会高度重视权力运行的制约和监督体系建设，强调“坚持用制度管权管事管人，让人民监督权力，让权力在阳光下运行”，并进一步指出这是把权力关进制度笼子的“根本之策”。党的十八届四中全会也把权力制约与监督体系建设作为一个重点工作来抓，提出要“加强党内监督、人大监督、民主监督、行政监督、司法监督、审计监督、社会监督、舆论监督制度建设，努力形成科学有效的权力运行制约和监督体系，增强监督合力和实效”。党的十八届六中全会更是明确指出：“监督是权力正确运行的根本保证，是加强和规范党内政治生活的重要举措。必须加强对领导干部的监督，党内不允许有不受制约的权力，也不允许有不受监督的特殊党员。要完善权力运行制约和监督机制，形成有权必有责、用权必担责、滥权必追责的制度安排。”

2017 年 10 月 18 日，党的十九大提出，要健全党和国家监督体系，并将其上升为新时代中国特色社会主义发展的战略安排。增强党自我净化能力，根本靠强化党的自我监督和群众监督，要加强对权力运行的制约和监督，让人民监督权力，让权力在阳光下运行，把权力关进制度的笼子，强化自上而下的组织监督，改进自下而上的民主监督，发挥同级相互监督作用，加强对党员领导干部的日常管理监督。深化政治巡视，坚持发现问题、形成震慑不动摇，建立巡视巡察上下联动的监督网。构建党统一指挥、全面覆盖、权威高效的监督体系，把党内监督同国家机关监督、民主监督、司法监督、群众监督、舆论监督贯通起来，增强监督合力。① 2019 年 10 月 31 日，党的十九届四中全会指出，党和国家监督体系是党在长期执政条件下实现自我净化、自我完善、自我革新、自我提高的重要制度保障。必须健全党统

① 习近平. 决胜全面建成小康社会　夺取新时代中国特色社会主义伟大胜利——在中国共产党第十九次全国代表大会上的报告. 人民日报，2017-10-28.

一领导、全面覆盖、权威高效的监督体系，增强监督严肃性、协同性、有效性，形成决策科学、执行坚决、监督有力的权力运行机制，构建一体推进不敢腐、不能腐、不想腐体制机制，确保党和人民赋予的权力始终用来为人民谋幸福。①

阳光是最好的防腐剂，监督是预防腐败的利器。党和国家监督体系是党在长期执政条件下实现自我净化、自我完善、自我革新、自我提高的重要制度保障，必须健全党统一领导、全面覆盖、权威高效的监督体系，增强监督严肃性、协同性、有效性，形成决策科学、执行坚决、监督有力的权力运行机制，确保党和人民赋予的权力始终用来为人民谋幸福。加强制度建设，就是通过立法立规方式保证依规治党与依法治国、党内监督与国家监督有机统一，将党内监督同国家机关监督、民主监督、司法监督、群众监督、舆论监督贯通起来，不断提高党和国家的监督效能。党的制度建设要贯彻全面深化改革、全面依法治国的要求，加大党内法规制度建设力度，把中央要求、群众期盼、实际需要、新鲜经验结合起来，本着“于法周延、于事有效”的原则制定新的法规制度、完善已有的法规制度、废止不适应的法规制度，努力形成系统完备的党内法规制度体系。当前，完善我国监督体系，既要加强党内监督，又要加强国家监督。从监督对象上看，党内监督是对全体党员尤其是对党员干部实行的监督，国家监督是对所有行使公权力的公职人员实行的监督。我国80%的公务员和超过95%的领导干部是共产党员，这就决定了党内监督和国家监督具有高度的内在一致性。

为了实现党对国家的全面领导，保证党的路线方针政策在国家经济政治生活中切实得到执行，党必须对涉及国家发展的各项问题进行领导、监督，确保党的意志能够得到贯彻落实。在这个意义上，只有加强党内监督，才能有效保证党对国家生活的领导。从内容上看，党对国家生活的监督主要体现为三个方面：第一，政治监督，即监督国家机关及其公务人员在各项工作中是否严格按照党的路线方针政策办

---

① 中国共产党第十九届中央委员会第四次全体会议公报. 人民日报，2019-11-01.

事。第二，组织监督，即党的各级组织部门通过对各级国家机关各部门的主要负责人的考察、选择、任免、培训，将执政党的意志与人民选举的意志有机统一起来，保证党对国家公职人员的管理和监督。第三，思想监督，即国家机关中的各级党组织，经常做公务员的思想政治工作，督促和检查其勤政廉政情况，以保证其在政治上、思想上同党中央保持一致。打铁必须自身硬。党要管党、从严治党，“管”和“治”都包含监督。对中国共产党来说，增强自我净化、自我完善、自我革新、自我提高能力，保持和发展党的先进性、纯洁性，必须强化党内监督。党的执政地位决定了党内监督在党和国家各种监督形式中是最基本的、第一位的。只有以党内监督带动其他监督、完善监督体系，才能为全面从严治党提供有力制度保障，管党治党、治国理政的各项任务才能落到实处。

进入新时代以来，党中央高度重视党内法规在管党治党、治国执政中的根本作用，坚持党要管党、全面从严治党，坚持思想建党和制度治党紧密结合，坚持全面从严治党与依规治党一体建设，严肃党内政治生态，严格党内监督，严厉惩治腐败，有效地遏制住了腐败多发高发势头，为构建内容科学、程序严密、配套齐全、运行有效的党内法规制度体系奠定了坚实基础，为全面从严治党提供了重要保障和根本遵循，为管党治党、治国执政提供了重要抓手和有效利器，为开创治国理政新局面提供了重要保证和制度支撑。《中国共产党章程》《关于新形势下党内政治生活的若干准则》《中国共产党廉洁自律准则》《关于改进工作作风、密切联系群众的八项规定》《中国共产党党内监督条例》《中国共产党巡视条例》《中国共产党纪律处分条例》《中国共产党问责条例》《中国共产党纪律检查机关监督执纪工作规则》等一系列重要党内法规的修订出台，意味着全面从严治党中的基础性、骨干性、支柱性党内法规已经基本齐全，标志着全面从严治党制度体系框架基本形成。

在全面从严治党的法规体系中，这些基础性、骨干性、支柱性的党内法规之间存在密切的有机联系，这种联系也是全面从严治党的内在运行逻辑，即全面从严治党以《中国共产党党章》为根本遵循，以

《关于新形势下党内政治生活的若干准则》《中国共产党廉洁自律准则》《关于改进工作作风、密切联系群众的八项规定》为基础要求，依据《中国共产党党内监督条例》对党内政治生活、廉洁自律情况和作风建设情况进行全面监督，注重发挥《中国共产党巡视条例》的监督利剑功能。对于监督中发现的违规违纪问题，依照《中国共产党纪律处分条例》给予相应的纪律处分，同时对负有管党治党责任的党组织尤其是党员领导干部，依据《中国共产党问责条例》进行问责。不论是监督执纪还是问责处理，都要严格按照《中国共产党纪律检查机关监督执纪工作规则》规定的程序流程进行。

第三节　建立党内法规同国家法律的衔接和协调机制

一、党内法规与国家法律的关系

法治是实现国家治理体系和治理能力现代化的必然要求，依法执政是党治国理政的基本方式。党内法规与国家法律都是中国共产党依法治国、依法执政的重要依据，党内法规制度体系和国家法律规范体系都是中国特色社会主义法治体系的重要组成部分。国家法律是由享有立法权的立法机关行使国家立法权，依照法定程序制定、修改并颁布，并由国家强制力保证实施的基本法律和普通法律的总称。党内法规和国家法律之间存在密切联系：从根本上说，党内法规和国家法律都是党的意志的具体体现，都反映最广大人民的根本利益；从形式上看，党内法规与国家法律都是通过严格程序制定、具有规范性和约束力的行为规范；对于中国社会主义法治建设来说，二者又是相互补充、相互协调的。在这个意义上，党内法规既是管党治党的重要依据，也是国家法律的重要保障，更是建设社会主义法治国家的有力保障。

作为一种行为模式与规范形态，党内法规与国家法律具有明显的不同，这些不同主要体现在以下几个方面。

第一，制定机关不同。党内法规的制定机关主要是党的中央组织、中央纪律检查委员会、党中央工作机关和省、自治区、直辖市党委，所制定的党内法规包括党章、准则、条例、规定、办法、规则、细则等。而我国国家法律的立法体制分为中央和地方两个大的立法层次，不同层次的机关制定不同效力的法律、法规或规章。如全国人民代表大会及其常委会可以制定法律，国务院可以制定行政法规，省级、地市级人民代表大会可以制定地方性法规，国务院部门可以制定部门规章，省级、地市级政府可以制定地方政府规章。

第二，制定程序不同。党内法规的制定程序一般包括规划、计划、起草、审批、发布、备案、清理、评估等程序，而全国人大及其常委会制定法律的基本程序，包括法律案的提出、法律案的审议、法律案的表决、法律的公布四个阶段。

第三，调整对象不同。党内法规是党的中央组织以及中央纪律检查委员会、党中央工作机关和省、自治区、直辖市党委制定的规范党组织的工作、活动和党员行为的党内规章制度的总称。因此，党内法规主要调整的是党组织的工作、活动和党员行为，而国家法律的调整对象是指法律调整和规范的社会关系。从大的法律门类来说，各个门类的法律都是调整特定的社会关系。通常认为，我国的法律体系包括七个法律门类，即宪法及宪法相关法、民法商法、行政法、经济法、社会法、刑法、诉讼与非诉讼程序法。其中，宪法调整的是公民权利和国家权力之间的关系；民法调整的是平等主体之间的人身关系和财产关系；刑法调整的是犯罪与刑罚之间的关系。

第四，严格程度不同。从法的位阶来看，国家宪法法律要高于党内法规，但从法的效果来看，党内法规要严于国家法律。从党的先进性建设的角度来看，这是因为加入中国共产党，成为中国共产党这个执政党组织的一员，就要模范遵守国家法律，按照党规党纪以更高标准严格要求自己。只有这样，才能充分体现中国共产党的先锋队性质，才能体现党的先进性。习近平同志在十八届四中全会上就《全面依法治国决定（讨论稿）》向全会所作的说明指出："在我们国家，法律是对全体公民的要求，党内法规制度是对全体党员的要求，而且很多地方比法律的要求更严格。我们党是先锋队，对党员的要求应该更严。”

党内法规严于国家法律，有两层含义：一是对党组织的规范和约束要严于其他国家机关、社会团体等。党组织的先锋队特性要求对党组织的约束不能低于、松于其他组织。特别是党组织应该率先遵守由自己提出的国家法律或法令，为全社会守法作出表率。二是对党员的规范和约束要严于一般的公民。这是因为党员入党誓词中就有“遵守党的纪律”的要求，这意味着党员入党时就已经把自己的一些权利让渡了出去，自愿接受更为严格的党纪约束，这是一种承诺。基于这个道理，我们可以看出，在党内法规的制定和执行过程中，党员应该按照严于法律的要求约束自己、约束自己所在的党组织。比如，与他人发生不正当性关系是一个道德问题，我国法律中没有“通奸罪”条款，“性贿赂”也未入罪。从国家法律的角度，“与他人发生不正当性关系”不是罪，是社会层面违反道德规范的问题，无法将其纳入法律惩处的范畴，顶多是给予道德谴责但从党内法规的角度，“与他人发生不正当性关系”的行为在性质上却是一种比较严重的违反生活纪律的行为。也就是说，对于党员干部来说，“与他人发生不正当性关系”的行为尽管不“违法”，但却“违纪”。对此，《中国共产党党员纪律处分条例》专门把“违反生活纪律行为”专列为第 11 章，其中第 135 条规定：“与他人发生不正当性关系，造成不良影响的，给予警告或者严重警告处分；情节较重的，给予撤销党内职务或者留党察看处分；情节严重的，给予开除党籍处分。利用职权、教养关系、从属关系或者其他相类似关系与他人发生性关系的，从重处分。”

第五，实施方式不同。党内法规主要是以党的纪律作为强制手段。《中国共产党纪律处分条例》第 3 条规定，党的纪律是党的各级组织和全体党员必须遵守的行为规则。党组织和党员必须牢固树立政治意识、大局意识、核心意识、看齐意识，自觉遵守党章，严格执行和维护党的纪律，自觉接受党的纪律约束，模范遵守国家法律法规。该条例第 7 条规定，党组织和党员违反党章和其他党内法规，违反国家法律法规，违反党和国家政策，违反社会主义道德，危害党、国家和人民利益的行为，依照规定应当给予纪律处理或者处分的，都必须受到追究。而法律通常是指由国家确认社会认可的立法机关制定规范的行为规则，并由国家强制力保证实施的，以规定当事人权利和义务为内容的，对全体社会成员具有普遍约束力的一种特殊行为规范。

二、党内法规同国家法律的衔接和协调

虽然党内法规和国家法律在功能上有所区分，但从本质作用上看，二者是统一的，都是中国特色社会主义法治体系的重要构成部分。首先，国家法律体系和党内法规体系的建设共同服务于实现国家治理体系和治理能力现代化的目标。所谓国家治理体系，指的是“在党领导下管理国家的制度体系，包括经济、政治、文化、社会、生态文明和党的建设等各领域体制机制、法律法规安排。”所谓国家治理能力，指的是“运用国家制度管理社会各方面事务的能力”。依法治国和依规治党的实质是将党和国家的各项事业纳入法治的轨道，通过制度化的方式管理各方面的事务，将制度上的优势转化为管理的效能。其次，党内法规和国家法律在价值取向上具有一致性，都坚持宪法至上原则。宪法是一个国家法律体系的基础，处于法律秩序层级结构的顶点。违反宪法的法律，将会失去法律效力。党内法规也必须与宪法保持一致，否则，党内法规的规范效力也会受影响。无论是国家法律，还是党内法规，都必须以宪法为根本遵循，体现作为社会共识的宪法价值和精神。最后，党内法规在条件成熟时可以经过法定程序上升为国家法律。党的十八届四中全会提出：“必须坚持党领导立法、保证执法、支持司法、带头守法，把依法治国基本方略同依法执政基本方式统一起来，把党总揽全局、协调各方同人大、政府、政协、审判机关、检察机关依法依章程履行职能、开展工作统一起来，把党领导人民制定和实施宪法法律同党坚持在宪法法律范围内活动统一起来，善于使党的主张通过法定程序成为国家意志，善于使党组织推荐的人选通过法定程序成为国家政权机关的领导人员，善于通过国家政权机关实施党对国家和社会的领导，善于运用民主集中制原则维护中央权威、维护全党全国团结统一。”因此，党的主张、党的政策、党

的法规可以通过法定程序成为具有国家意志性质的国家法律。

党内法规同国家法律相衔接和协调的必要性在人大代表的言论免责权问题上体现得尤为明显。言论免责权是指全国人大代表在全国人民代表大会各种会议，包括大会全体会议、代表团全体会议、代表团小组会议上的发言和表决不受法律追究。同时，全国人大代表在列席原选举单位的人民代表大会各种会议上的发言，也不受法律追究。此外，地方各级人民代表大会代表在人民代表大会会议上的发言和表决，也不受法律追究。需要注意的是，我国法律所规定的言论免责指的是“不受法律追究”，即任何国家机构和公民个人不得因人大代表的“发言和表决”而要求追究其责任。由此产生的问题是，如果人大代表是党员，能否因人大代表的发言和表决而追究其党纪政务责任呢？从理论上讲，党员有服从党的纪律的义务，对于违纪的党员人大代表，有关党组织有权予以处分处理，这是全面从严治党、依规治党的题中应有之义。但是，对于党员人大代表来说，其具有党员和人大代表的双重属性，尽管其作为人大代表身份的发言和表决不受法律追究，但其作为党员的发言和表决如果违反政党纪律仍然要受到党规党纪的追究，因此，这种言论免责权实际上并不是真正意义上的免责权。这是因为，人大代表的言论免责权的本质是作为人大代表所享有的特权，其主要价值就在于保障人大代表能更好地代表民意，履行职责，完成其应有的神圣使命。在我国，人大代表不仅仅是一种资格，同时还是一种政治待遇，而党员人大代表往往首先强调其政治身份，其次才是其资格。因此，即使党员人大代表的发言和表决不会受到法律上的任何追究，但也有可能会因违反党的纪律规矩而面临党纪处理的风险，这肯定会影响党员人大代表发言和表决权的正常行使。在党员人大代表的言论免责权问题上，可以看出，国家法律与党内法规的衔接协调是一个非常重要的实践问题。

要实现党内法规与国家法律的衔接，必须加强党内立法部门与国家立法部门之间的沟通协调，形成常态化的工作机制。第一，在立法前，党内的法规工作机构、人大的法律工作机构、政府的法制工作机构应当定期交流、通报情况，研究哪些事项需要由党内法规来规定，哪些事项需要党内立法与国家立法通力协作和配合解决，开展对需要由党内法规和国家法律共同调整的问题的立法调研和论证。第二，完善党内法规起草过程中的征求意见程序。《中国共产党党内法规制定条例》第25条规定："党内法规草案形成后，应当广泛征求意见。"对征求意见的范围，该条例并没有规定向国家立法部门征求意见。但是，对需要党内法规和国家法律共同发挥作用的领域，例如，党政机关公共权力行使、党政领导干部从政行为、党风廉政建设等方面的责任和分工，为了保证党内法规与国家法律相衔接，统筹规划党内法规和国家法律两种方式和手段，可以征求国家立法部门的意见。第三，建立健全党内法规和国家法律立法后的实施评价、备案审查和定期清理机制。在实践中，可以通过立法后的实施评价，及时发现并弥补党内法规衔接国家法律的制度空缺，或者及时修改与国家法律不相匹配的党内法规；通过备案审查，及时纠正党内法规与国家法律不一致的问题，保证党内法规和国家法律的融贯与协调；通过定期清理，适时将不符合党内法规定位的党内规定转化为国家法律，及时将落后于时代和政治情势的党内规定废止。

三、实现党内法规同国家法律的衔接和协调

从国家治理体系现代化的角度看，国家治理体系实际上就是国家制度体系，中国特色社会主义国家治理体系主要由党内法规制度体系和国家法律制度体系构成。推进国家治理体系现代化，就必须同时推进党内法规制度体系和国家法律制度体系现代化。[①] 党的十八届五中全会把依规治党和依法治国作为党依法执政的两个轮子，要求全面提高党依据宪法法律治国理政、依据党内法规管党治党的能力和水平。党的十八届六中全会坚持思想建党和制度治党紧密结合，审议通过了《关于新形势下党内政治生活的若干准则》和修订后的《中国共产党党内监督条例》两部重要的党内法规，在党的历史上具有里程碑式的意义，再次凸显了党中央对党内法规的高度重视。党的十九大进一步

① 张文显. 统筹推进依法治国与依规治党意义重大. 人民日报，2017-05-02.

提出，要全面增强依法执政本领，加快形成覆盖党的领导和党的建设各方面的党内法规制度体系，加强和改善对国家政权机关的领导。

因此，国家治理体系与党内法规制度体系之间具有内在逻辑关系：党内法规制度建设的根本目标是推进国家治理体系和治理能力现代化，国家治理体系建设同时取决于执政党的制度体系建设。2013年11月9日至12日召开的党的十八届三中全会明确提出："全面深化改革的总目标是完善和发展中国特色社会主义制度，推进国家治理体系和治理能力现代化。"其中，完善和发展中国特色社会主义制度是全面深化改革的根本前提，推进国家治理体系和治理能力现代化是全面深化改革的本质体现。2013年12月20日，中共中央印发了《建立健全惩治和预防腐败体系2013—2017年工作规划》并指出，全面推进惩治和预防腐败体系建设，是全党的重大政治任务和全社会的共同责任，对于坚持党要管党、从严治党，深入开展党风廉政建设和反腐败斗争，推进国家治理体系和治理能力现代化，实现"两个一百年"奋斗目标和中华民族伟大复兴的中国梦，具有重大意义。

国家法律是由享有立法权的立法机关行使国家立法权，依照法定程序制定、修改并颁布，由国家强制力保证实施的基本法律和普通法律的总称。党内法规制度体系和国家法律制度体系之间存在密切联系：从根本上说，党内法规和国家法律都是党的意志的具体体现，都反映最广大人民的根本利益；从形式上看，党内法规与国家法律都是通过严格程序制定、具有规范性和约束力的行为规范。因此，从国家治理体系建设角度来看，推进国家治理体系与治理能力现代化，必须要实现党内法规同国家法律的衔接和协调，这就要坚持以党章和宪法为基本遵循。党内法规制度建设必须坚持以宪法为最高依据、以党章为根本遵循，坚持"宪法至上、党章为本"原则。党章规定"党必须在宪法和法律的范围内活动"。《中国共产党党内法规制定条例》也规定，制定党内法规应当遵守"党必须在宪法和法律的范围内活动"的原则。

需要注意的是，2018年3月11日，十三届全国人大一次会议第三次全体会议经投票表决通过了《中华人民共和国宪法修正案》，充实坚持和加强中国共产党全面领导的内容。宪法修正案在宪法第一章《总纲》第1条第2款“社会主义制度是中华人民共和国的根本制度”后增写一句，内容为：“中国共产党领导是中国特色社会主义最本质的特征。”在宪法正文中增加了坚持和加强中国共产党全面领导的内容，对于党内法规制度体系建设具有重要的影响。在宪法正文中增加党的领导条款，其实是为党内法规制度体系建设提供了最高法意义上的规范依据。众所周知，宪法是国家根本大法，是治国理政的总章程，是党和人民意志的集中体现，也是中国特色社会主义法治体系的总遵循。不仅国家法律要根据宪法来制定，作为中国特色社会主义法治体系重要组成部分的党内法规也要根据宪法来制定。在党的领导条款写入宪法之前，党内法规制度体系建设的最高直接规范依据是党章。虽然《中央党内法规制定工作五年规划纲要（2013—2017年）》中也提出了“宪法为上、党章为本”，要求党内法规制定工作要以宪法为遵循，保证党内法规体现宪法和法律的精神和要求，保证党内法规制度体系与中国特色社会主义法律体系内在统一，确保各级党组织和党员在宪法和法律范围内活动，认真履行党内的各项职责和义务。但究其内容实质，“宪法为上”更多的还是留停在原则精神层面，而没有落实到规范依据层面。但在党的领导条款写入宪法正文之后，党内法规制度体系建设的直接最高规范依据就变成了具有规范性质的宪法正文中的具体条款，这意味着宪法条文正式成为党内法规制度体系的最高法依据。由此，宪法不仅控制国家法律体系的发展方向，更是直接统率整个党内法规制度体系建设，统摄整个党内法规制度体系的价值取向，宪法本身也成为党内法规制度体系的重要组成部分并具有最高效力位阶。

后 记

中国特色社会主义进入新时代，全面依法治国深入推进，党内法规制度建设取得令人瞩目的成就。党内法规既是管党治党的重要依据，也是建设社会主义法治国家的有力保障。加强党内法规体系建设，也成为建设中国特色社会主义法治体系的重要内容，是推进国家治理体系和治理能力现代化的重要保障。同时，党内法规事关各级党组织和全体党员，把握党内法规的实质要义和精神内涵，正确理解党内法规的含义和要求，有利于深入推进新时代党的建设新的伟大工程。

本书以习近平新时代中国特色社会主义思想为指导，以党的百年历程中，特别是党的十八大以来的党内法规制度建设为背景，从党内法规的概念特征、历史发展、性质原则、地位作用、制度体系、规范效力、制定体制、实施机制、监督救济、改革发展等方面，系统介绍党内法规的理论基础、制度框架和运行逻辑，对广大党员干部和读者更好地了解党内法规在法治建设中的突出地位和重要作用，系统掌握党内法规的基本原理、核心要义和实践要求，具有较好的帮助指导作用。

本书中关于习近平总书记的相关重要论述，除注明出处外，均来自“学习强国”学习平台和“中国共产党新闻网”。本书在编写过程中参考了专家学者的观点、论述和精神，但囿于篇幅、体例没有一一列出，在此表示感谢和致歉。需要指出的是，由于作者理论水平有限，实践经验不足，本书的错误纰漏之处在所难免，恳请广大读者批评指正。

作者

2022 年 1 月 10 日

图书在版编目（CIP）数据

读懂党内法规/秦强著. --北京：中国人民大学出版社，2022.3
ISBN 978-7-300-30366-6

Ⅰ.①读… Ⅱ.①秦… Ⅲ.①中国共产党-党的纪律-法规-学习参考资料 Ⅳ.①D262.6

中国版本图书馆CIP数据核字（2022）第036996号

读懂党内法规
秦 强 著
Dudong Dangnei Fagui

出版发行	中国人民大学出版社		
社　　址	北京中关村大街31号	**邮政编码**	100080
电　　话	010－62511242（总编室）		010－62511770（质管部）
	010－82501766（邮购部）		010－62514148（门市部）
	010－62515195（发行公司）		010－62515275（盗版举报）
网　　址	http://www.crup.com.cn		
经　　销	新华书店		
印　　刷	天津中印联印务有限公司		
规　　格	165 mm×230 mm　16开本	**版　　次**	2022年3月第1版
印　　张	18.25 插页1	**印　　次**	2022年3月第1次印刷
字　　数	257 000	**定　　价**	59.00元